人力资源和社会保障部职业技能鉴定中心
全国计算机信息高新技术考试

Occupational Skill Testing Authority of MOHRSS P.R.China
全国计算机信息高新技术考试推荐教材
OSTA
BHP
人力资源和社会保障部职业技能鉴定中心
北京希望电子出版社
Beijing Hope Electronic Press

会计软件应用（用友软件系列）

用友U8
职业技能培训教程

（高　级）

全国计算机信息高新技术考试
教材编写委员会　编写

北京希望电子出版社
Beijing Hope Electronic Press
www.bhp.com.cn

内容简介

由人力资源和社会保障部职业技能鉴定中心在全国统一组织实施的全国计算机信息高新技术考试是面向广大社会劳动者举办的计算机职业技能考试，考试采用国际通行的专项职业技能鉴定方式，测定应试者的计算机应用操作能力，以适应社会发展和科技进步的需要。

本书是全国计算机信息高新技术考试会计软件应用模块（用友软件系列）用友 U8 高级配套教材，由全国计算机信息高新技术考试教材编写委员会组织编写。全书共分 9 章，主要内容为系统管理、企业应用平台、总账初始化设置、总账日常业务处理、UFO 报表管理、薪资管理、固定资产、应收款管理和应付款管理。

本书是参加会计软件应用（用友软件系列）用友 U8 高级考试考生的必备教材，也可供考评员和培训教师在组织培训时使用，还可供广大读者学习用友会计软件应用知识、自测用友会计软件应用操作技能时使用，也可作为普通高等院校、中等专业学校、技工学校、职业高中及社会培训机构进行用友软件应用技能培训与测评的首选教材。

为方便考生练习，将在北京希望电子出版社公众号和北京希望电子出版社网站（www.bhp.com.cn）上提供本书各单元样题的素材文件、最终文件及操作视频等内容。

需要本书或技术支持的读者，请与北京市海淀区中关村大街 22 号中科大厦 A 座 10 层（邮编：100190）发行部联系，电话：010-82620818（总机），传真：010-62543892，E-mail：bhpjc@bhp.com.cn。体验高新技术考试教材及其网络服务，请访问 www.bhp.com.cn 或 www.citt.org.cn 网站。、

图书在版编目（CIP）数据

会计软件应用（用友软件系列）用友 U8 职业技能培训教程 ：高级 / 全国计算机信息高新技术考试教材编写委员会编写. —北京 ：北京希望电子出版社, 2018.10

ISBN 978-7-83002-362-1

Ⅰ. ①会… Ⅱ. ①全… Ⅲ. ①财务软件—职业培训—教材 Ⅳ. ①F232

中国版本图书馆 CIP 数据核字(2018)第 220442 号

出版：北京希望电子出版社
地址：北京市海淀区中关村大街 22 号
　　　中科大厦 A 座 10 层
邮编：100190
网址：www.bhp.com.cn
电话：010-82620818（总机）转发行部
　　　010-82626237（邮购）
传真：010-62543892
经销：各地新华书店

封面：张　洁
编辑：全　卫
校对：石文涛
开本：787mm×1092mm　1/16
印张：15.25
字数：362 千字
印刷：北京市密东印刷有限公司
版次：2018 年 11 月 1 版 1 次印刷

定价：47.80 元

国家职业技能鉴定专家委员会

计算机专业委员会名单

主 任 委 员：路甬祥

副主任委员：张亚男　周明陶

委　　　员：（按姓氏笔画排序）

丁建民　王　林　王　鹏　尤晋元　石　峰

冯登国　刘　旸　刘永澎　孙武钢　杨守君

李　华　李一凡　李京申　李建刚　李明树

求伯君　肖　睿　何新华　张训军　陈　钟

陈　禹　陈　敏　陈　蕾　陈孟锋　季　平

金志农　金茂忠　郑人杰　胡昆山　赵宏利

赵曙秋　钟玉琢　姚春生　袁莉娅　顾　明

徐广懋　高　文　高晓红　唐　群　唐韶华

桑桂玉　葛恒双　谢小庆　雷　毅

秘　书　长：赵伯雄

副秘书长：刘永澎　陈　彤　何文莉　陈　敏

全国计算机信息高新技术考试

教材编写委员会

全国计算机信息高新技术考试简介

全国计算机信息高新技术考试是根据原劳动部发〔1996〕19 号《关于开展计算机信息高新技术培训考核工作的通知》文件，由人力资源和社会保障部职业技能鉴定中心统一组织的计算机及信息技术领域新职业国家考试。

全国计算机信息高新技术考试面向各类院校学生和社会劳动者，重点测评考生掌握计算机各类实际应用技能的水平，其考试内容主要是计算机信息应用技术。考试采用了一种新型的、国际通用的专项职业技能鉴定方式，根据计算机信息技术在不同应用领域的特征划分模块和平台，各模块按不同平台、不同等级分别进行考试。考生可根据实际需要选取考试模块，也可根据职业和工作的需要选取若干相应模块进行组合而形成综合能力。

目前共出版了 15 个模块，46 个系列，67 个软件版本。

序号	模块	模块名称	编号	平台
1	00	初级操作员	001	Windows/Office（初级操作员）
		办公软件应用	002	Windows 平台（MS Office）（中、高级）
			003	Windows 平台（WPS）（中级）
2	01	数据库应用	012	Visual FoxPro 平台（中级）
			013	SQL Server 平台（中级）
			014	Access 平台（中级）
3	02	计算机辅助设计	021	AutoCAD 平台（中、高级）
			022	Protel 平台（中级）
4	03	图形图像处理	032	Photoshop 平台（中、高级）
			034	3D Studio MAX 平台（中、高级）
			035	CorelDRAW 平台（中、高级）
			036	Illustrator 平台（中级）
5	04	专业排版	042	PageMaker 平台（中级）
			043	Word 平台（中级）
6	05	因特网应用	052	Internet Explorer 平台（中级）
			053	ASP 平台（高级）
			054	电子政务（中级）
7	06	计算机中文速记	061	双文速记平台（初、中、高级）
8	07	微型计算机安装调试与维修	071	IBM-PC 兼容机（中级）
9	08	局域网管理	081	Windows NT/2000 平台（中、高级）
			083	信息安全（高级）
10	09	多媒体软件制作	091	Director 平台（中级）
			092	Authorware 平台（中、高级）

续表

序号	模块	模块名称	编号	平　　台
11	10	应用程序设计编制	101	Visual Basic 平台（中级）
			102	Visual C++平台（中级）
			103	Delphi 平台（中级）
			104	Visual C#平台（中级）
12	11	会计软件应用	111	用友软件系列（中、高级）
			112	金蝶软件系列（中级）
13	12	网页制作	121	Dreamweaver 平台（中级）
			122	Fireworks 平台（中级）
			123	Flash 平台（中级）
			124	FrontPage 平台（中级）
			125	Adobe/Macromedia 平台（中、高级）
14	13	视频编辑	131	Premiere 平台（中级）
			132	After Effects 平台（中级）
15	19	大数据分析	192	投资分析（初、中、高级）

全国计算机信息高新技术考试密切结合计算机技术迅速发展的实际情况，根据软、硬件发展的特点来设计考试内容、考核标准及方法，尽量采用优秀国产软件，采用标准化考试方法，重在考核计算机软件的操作能力，侧重专门软件的应用，培养具有熟练的计算机相关软件操作能力的劳动者。在考试管理上，采用随培随考的方法，不搞全国统一时间的考试，以适应考生需要；向社会公开考题和答案，不搞猜题战术，以求公平并提高学习效率。

人力资源和社会保障部职业技能鉴定中心根据“统一标准、统一命题、统一考务管理、统一考评员资格、统一培训考核机构条件标准、统一颁发证书”的原则进行质量管理。每一个考试模块都制定了相应的鉴定标准、考试大纲并出版了配套的培训教材，各地区进行培训和考试都执行国家统一的鉴定标准和考试大纲，并使用统一教材，以避免“因人而异”的随意性，使证书获得者的水平具有等价性。

全国计算机信息高新技术考试面对广大计算机技术应用者，致力于普及和推广计算机应用技术，提高应用人员的操作技术水平和高新技术装备的使用效率，为高新技术应用人员提供一个应用能力与水平的标准证明，以促进就业和人才流动。

详情请访问全国计算机信息高新技术考试教材服务网（www.citt.org.cn），或是拨打咨询电话（010-82626210、010-82620818）进行咨询。

出 版 说 明

全国计算机信息高新技术考试是根据原劳动部发〔1996〕19 号《关于开展计算机信息高新技术培训考核工作的通知》文件，由人力资源和社会保障部职业技能鉴定中心统一组织的计算机及信息技术领域新职业国家考试。

根据职业技能鉴定要求和劳动力市场化管理的需要，职业技能鉴定必须做到操作直观、项目明确、能力确定、水平相当且可操作性强。因此，全国计算机信息高新技术考试采用了一种新型的、国际通用的专项职业技能鉴定方式，根据计算机信息技术在不同应用领域的特征划分模块和平台，各模块按不同平台、不同等级分别进行考试。考生可根据自己工作岗位的需要，选择考试模块和参加培训。

全国计算机信息高新技术考试特别强调规范性，人力资源和社会保障部职业技能鉴定中心根据“统一标准、统一命题、统一考务管理、统一考评员资格、统一培训考核机构条件标准、统一颁发证书”的原则进行质量管理。每一个考试模块都制定了相应的鉴定标准、考试大纲并出版了配套的培训教材，各地区进行培训和考试都执行国家统一的鉴定标准和考试大纲，并使用统一教材，以避免“因人而异”的随意性，使证书获得者的水平具有等价性。

本书是全国计算机信息高新技术考试会计软件应用模块（用友软件系列）用友 U8 高级配套教材，由全国计算机信息高新技术考试教材编写委员会组织编写。全书共分 9 章，主要内容为系统管理、企业应用平台、总账初始化设置、总账日常业务处理、UFO 报表管理、薪资管理、固定资产、应收款管理和应付款管理。

本书是参加会计软件应用（用友软件系列）用友 U8 高级考试考生的必备教材，也可供考评员和培训教师在组织培训时使用，还可供广大读者学习用友会计软件应用知识、自测用友会计软件应用操作技能时使用，也可作为普通高等院校、中等专业学校、技工学校、职业高中及社会培训机构进行用友软件应用技能培训与测评的首选教材。

参与本书编写工作的有王新玲、苏秀花、房琳琳、王贺雯、张冰冰、王腾、吕志明、宋郁、彭飞、王晨等。

本书的不足之处敬请批评指正。

目 录

第1章　系统管理

随着计算机技术、网络通信及管理软件的日益成熟，企业信息化得到迅速普及，越来越多的企业通过选购商品化管理软件来管理企业的日常业务，提高了工作效率和管理水平。会计信息化是企业信息化的重要组成部分，会计信息化是指企业利用计算机、网络通信等现代信息技术手段开展会计核算，以及利用上述技术手段将会计核算与其他经营管理活动有机结合的过程。本教程将以用友U8 V10.1（以下简称用友U8）为蓝本介绍企业会计信息化的基本应用，主要包括系统管理、企业应用平台、总账、UFO报表、薪资管理、固定资产管理、应收款管理和应付款管理几个部分。本章所介绍的系统管理是企业会计信息化的起点。

本章主要内容

- 理解系统管理的作用
- 角色与用户
- 权限管理
- 企业建账
- 账套输出及引入

评分细则

本章分值为10分，设5个评分点，评分点、分值、得分条件及判分要求如下。

序号	评分点	分值	得分条件	判分要求
1	引入账套	2	正确引入账套	将指定账套引入，以开展后续工作
2	角色管理	2	正确设置角色	按要求完成角色的增加和删除
3	增加用户	2	正确增加用户	操作员编码、名称、口令、所属角色正确
4	设置用户权限	2	正确设置用户权限	用户与账套及权限对应
5	输出账套	2	正确输出账套	输出账套至指定目录

本章导读

综上所述，我们明确了本章所要求掌握的技能考核点以及《会计软件应用（用友软件系列）用友U8试题汇编（高级）》（以下简称《试题汇编》）中对应单元的评分点、分值、得分条件和判分要求等。本章结构及逻辑框架为：

- 样题示范：展示《试题汇编》中的一道真题。
- 基本认知：概括介绍本章考核内容对应的U8子系统的主要功能。

- 技能解析：详细讲解本章中涉及到技能考核点和相关知识点。
- 样题解答：给出真题的详细操作指导。
- 拓展训练：对样题示范中未涵盖的技能考核点进行拓展。

1.1 样题示范

【练习目的】

从《试题汇编》中选取样题，了解本章题目类型，掌握本章重点技能点。

【样题来源】

《试题汇编》第1单元1.1题（随书光盘中提供了本样题的操作视频）。

【操作要求】

在考生文件夹下新建一个文件夹，命名为X1_01。

1．引入账套

以系统管理员admin的身份登录用友U8系统管理，引入C:\2016U8softGJ\Unit1文件夹下的账套文件Y1_01。

2．角色管理

删除“出纳”角色。

3．增加用户

编号	姓名	口令	所属角色
2011	彭飞	无	账套主管
2012	李霞	无	无
2013	秦岚	无	无

4．设置用户权限

（1）设置用户2012拥有201账套“总账”的操作权限。

（2）设置用户2013拥有201账套“总账”→“出纳”和“总账”→“凭证”→“出纳签字”的操作权限。

5．输出账套

将操作结果输出至“考生文件夹\X1_01”文件夹中。

1.2 基本认知

系统管理是用友U8中一个特殊的模块，如图1-1所示。如同建造高楼大厦要预先打牢地基一样，系统管理模块的作用是对整个U8系统的公共任务进行统一管理，U8中任何其他模块的运行都必须以此为基础。

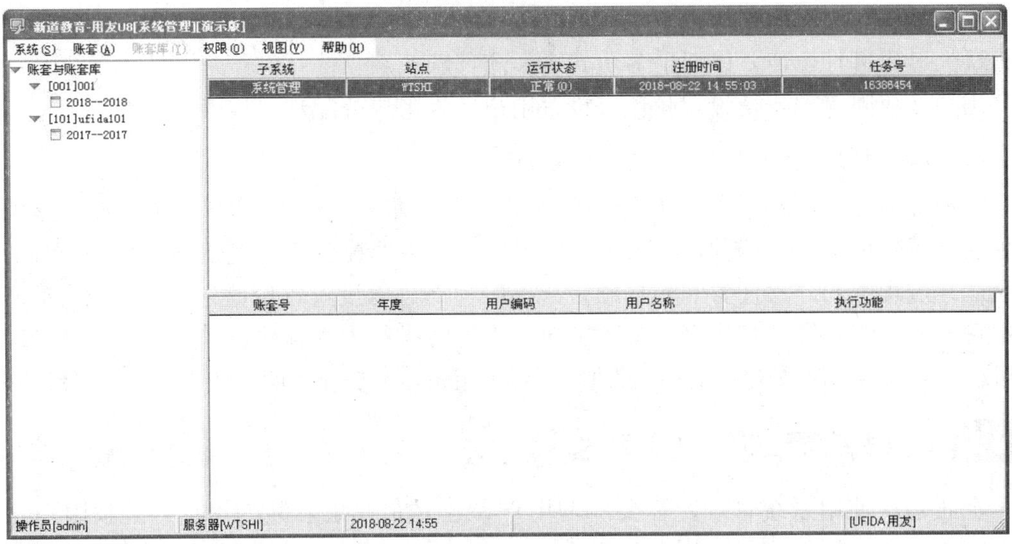

图1-1 系统管理

1.2.1 系统管理的主要功能

系统管理的主要功能包括以下几个方面。

1. 账套管理

账套是一组相互关联的数据。每一个独立核算的企业都有一套完整的账簿体系，把这样一套完整的账簿体系建立在计算机系统中就是一个账套。每一个企业也可以为其每一个独立核算的下级单位建立一个核算账套。换句话讲，在用友U8中，可以为多个企业（或企业内多个独立核算的部门）分别立账，且各账套数据之间相互独立、互不影响，从而使资源得到充分的利用，系统最多允许建立999个企业账套。

账套管理功能一般包括建立账套、修改账套、删除账套、引入/输出账套等。

2. 账套库管理

账套库和账套是两个不同的概念。账套是账套库的上一级，账套是由一个或多个账套库组成。一个账套对应一个经营实体或核算单位，账套中的某个账套库对应这个经营实体的某年度区间内的业务数据。例如，中诚通讯建立"201账套"并于2017年启用，然后在2018年初建2018的账套库，则"201中诚通讯"账套中有两个账套库即"201中诚通讯2017年"和"201中诚通讯2018年"。如果连续使用也可以不建新库，直接录入2018年数据，则"201中诚通讯"账套中就只有一个账套库即"201中诚通讯2017~2018年"。

设置账套和账套库的两层结构的方式好处是：第一，便于企业的管理，如进行账套的上报、跨年度区间的数据管理结构调整等等；第二，方便数据备份输出和引入；第三，减少数据的负担，提高应用效率。

账套库管理包括账套库的建立、引入、输出、账套库初始化和清空账套库数据等。

3. 用户及权限管理

为了保证系统及数据的安全，系统管理提供了权限管理功能。通过限定用户的权限，一方面可以避免与业务无关的人员进入系统，另一方面可以对U8系统所包含的各个模块的操作进行协调，以保证各负其责，流程顺畅。

用户及权限管理包括设置角色、设置用户及为用户分配功能权限等。

4．系统安全管理

对企业来说，系统运行安全、数据存储安全是非常重要的，U8系统管理中提供了三种安全保障机制。第一种，在系统管理界面，可以监控整个系统运行情况、随时清除系统运行过程中的异常任务和单据锁定；第二种，可以设置备份计划，让系统自动进行数据备份，在账套管理和账套库管理中也可以随时进行人工备份；第三种，可以管理上机日志，上机日志对系统所有操作都进行了详细记录，为快速查明问题原因提供了线索。

1.2.2 日常系统管理的应用重点

企业初次使用系统管理，需要新增用户、建立企业账套并为用户分配权限，这部分内容在《会计软件应用（用友软件系列）用友U8职业技能培训教程（会计电算化员级）》中已经介绍。在日常应用中，常用的功能包括角色管理、用户管理、权限管理和系统安全管理。

1．系统管理员和账套主管

鉴于系统管理模块在用友U8中的重要地位，因此对系统管理模块的使用，系统予以严格控制。系统仅允许以两种身份登录系统管理。一种是以系统管理员的身份，另一种是以账套主管的身份。系统管理员和账套主管无论是工作职责还是在U8中的权限都是不同的。

在企业中，系统管理员主要负责信息系统安全。具体包括：数据存储安全、系统使用安全和系统运行安全。对应的具体工作包括监控系统日常运行、网络及系统维护、防范安全风险、数据备份、系统用户权限管理等内容。系统管理员工作性质偏技术，他不能参与企业实际业务处理工作。

账套主管是企业中某业务领域的业务主管，如财务主管。他要根据企业发展需要及业务现状，确定企业会计核算的规则、U8各个子系统参数设置、组织企业业务处理按规范流程运行。账套主管是U8中权限最高的用户，拥有所有子系统的操作权限。

系统管理员和账套主管工作性质不同，在U8中拥有的权限也就不同。两者权限对比如表1-1所示。

表1-1　系统管理员和账套主管权限对比

U8中子系统	功能细分	系统管理员	账套主管
系统管理	账套-建立、引入、输出	√	
	账套-修改		√
	账套库		√
	权限-角色、用户	√	
	权限-权限	√	√
	视图	√	
企业应用平台	所有业务系统		√

需要特别强调的是，虽然两者都有为用户赋权的权限，但在权限范围上还是有很大差别。系统管理员可以为U8系统中所有账套中的任何用户赋予任何级别的权限；而账套主管只能对其所登录的账套的用户赋予权限，并且不能赋予某用户账套主管权限。

2．角色与用户

企业开始应用U8管理业务之前，首先要确定企业中哪些人员可以操作系统，并对操作人员的操作权限进行限定，以避免无关人员对系统进行非法操作。同时也可以对系统所包含的各个功能模块的操作进行协调，使得流程顺畅，并保证整个系统和会计数据的安全。

（1）角色管理

角色是指在企业管理中拥有某一类职能的组织，这个组织可以是实际的部门，也可以是由拥有同一类职能的人构成的虚拟组织。例如实际工作中最常见的会计和出纳两个角色，他们既可以是同一个部门的人员，也可以分属不同的部门，但工作职能是一样的。在设置了角色后，就可以定义角色的权限，当用户归属某一角色后，就相应地拥有了该角色的权限。设置角色的优点在于可以根据职能统一进行权限的划分，方便授权。

（2）用户管理

用户是指有权登录系统，并对系统进行操作和查询的企业人员，即通常意义上的“操作员”。每次注册及登录系统，都要进行用户身份的合法性检查。用户和角色的设置可以不分先后顺序，但对于自动传递权限来说，应该首先设定角色，然后分配权限，最后进行用户的设置。这样在设置用户的时候，选择归属哪一个角色，其就会自动拥有该角色的权限（包括功能权限和数据权限）。一个角色可以拥有多个用户，一个用户也可以分属于多个不同的角色。

3．自动备份与账套输出

所有输入到用友U8系统中的数据都存储在SQL Server数据库管理系统中。

企业实际运营中，存在很多不可预知的不安全因素，如火灾、计算机病毒、误操作、人为破坏等，任何一种情况的发生对系统及数据安全的影响都是致命性的。如何在意外发生时将企业损失降至最低，是每个企业共同关注的问题。因此，系统必须提供一个保存机内数据的有效方法，可以定期将机内数据备份出来存储到不同的介质上。备份数据一方面用于意外发生时恢复数据之用，另外，对于异地管理的公司，还可以解决审计和数据汇总的问题。

用友U8提供了两种方式用于备份数据，设置自动备份计划和账套输出。

（1）设置自动备份计划

设置自动备份计划是一种自动备份数据的方式。利用该功能，可以实现定时、自动输出多个账套的目的，有效减少了系统管理员的工作量，保障了系统数据安全。

以系统管理员或账套主管身份登录系统管理，执行“系统”→“设置备份计划”命令即可。系统管理员既可以对账套设置自动备份计划，也可以对年度账设置自动备份计划。账套主管只能对年度账设置自动备份计划。

（2）输出账套

账套输出是一种人工备份数据的方式，只有系统管理员拥有账套输出的权限。账套输出之后在指定路径下形成两个文件：UFDATA.BAK和UfErpAct.Lst。这两个文件不能直接打开，只能通过系统管理中的账套引入功能引入到U8中，才能正常查询。

1.3 技能解析

1.3.1 引入账套

输入用友U8中的数据是存储于数据库管理系统中的。企业实际运营中，存在许多不可预知的不安全因素，如火灾、计算机病毒入侵、误操作、人为破坏等，任何一种情况的发生对系统及数据安全的影响都可能是致命的。如何在意外发生时将企业损失降至最低，是企业极为关注的问题，系统必须提供一个保存机内数据的有效方法，可以定期将机内数据备份出来存储到异地。备份数据一方面用于意外发生时回复数据之用，另外，对于异地管理的公司，还可以解决提供审计数据和方便集团数据汇总的问题。

账套引入是账套输出的反向操作，是把硬盘上此前的账套备份数据恢复到硬盘指定路径。经过账套输出的文件必须再经过账套引入恢复到U8系统中才能查看并使用。

1.3.2 角色管理

1．角色的作用

京剧中有老生、小生、花旦等角色；财务人员有主管会计、出纳等角色；学校有校长、系主任、教师等角色。与此类同，在用友U8中，角色是指在企业管理中拥有某一类职能的组织，这个组织可以是实际的部门，也可以是由拥有同一类职能的人构成的虚拟组织。设置角色的意义就在于能够方便授权管理。

例如，某集团公司有10位会计主管、30位总账会计、10位成本会计、18位出纳，如果要分别给这68位人员赋权，无疑既耗费时间，又容易出错，日后如果某人岗位调整了还要对其权限进行甄别修改。利用角色管理功能，以上问题就可轻松解决。先设置会计主管、总账会计、成本会计、出纳四种角色；然后分别给以上四种角色赋予对应权限；最后在建立用户时给用户指定所属角色。之后用户岗位发生变化时，只需要重新指定用户所属角色即可。

2．角色管理的内容及需要注意的问题

角色管理包括增加角色、修改角色和删除角色。设置角色时需要注意：

（1）用户和角色的设置不分先后顺序，用户可以根据自己的需要进行设置。但对于自动传递权限来说，应该首先设定角色，然后分配权限，最后进行用户的设置。这样在设置用户的时候，如果选择其归属哪一个角色，则其自动拥有该角色的权限。

（2）一个角色可以拥有多个用户，一个用户也可以分属于多个不同的角色 。

（3）角色是不能登录U8系统进行业务操作的。

1.3.3 增加用户

1．理解用户

企业开始应用U8管理业务之前，首先要确定企业中哪些人员可以操作系统，并对操作人员的操作权限进行限定，以避免无关人员对系统进行非法操作。同时也可以对系统所包含的各个功能模块的操作进行协调，使得流程顺畅，并保证整个系统和会计数据的安全。

用户是指有权登录系统，并对系统进行操作和查询的企业人员，即通常意义上的“操作员”。每次注册及登录系统，都要进行用户身份的合法性检查。

用户和角色的设置可以不分先后顺序，但对于自动传递权限来说，应该首先设定角色，然后分配权限，最后进行用户的设置。这样在设置用户的时候，选择归属哪一个角色，其就会自动拥有该角色的权限（包括功能权限和数据权限）。一个角色可以拥有多个用户，一个用户也可以分属于多个不同的角色 。

2．用户管理的内容

用户管理包括增加用户、修改用户和删除用户。

（1）增加用户

企业中每一个需要使用U8的人员都需要在U8系统中建立用户，拥有唯一的用户编码和登录密码，用户登录时，U8系统以此识别用户身份，并开放该用户有权操作的功能节点。

（2）修改用户

当用户工作岗位发生变化、因故调离时，需要对已有用户信息进行修改。如果工作调整涉及到工作权限的更改，需要修改用户所属角色；如果该用户从企业离职，需要注销当前用户。

1.3.4 设置用户权限

向U8系统中增加操作员之后，如果没有赋予操作员任何权限，该操作员虽然能登录U8，但却无法进行任何操作。因此，需要按照企业内部控制的要求，根据工作分工为操作员分配操作权限。

1．谁可以为操作员赋权

系统管理员和账套主管都可以为操作员赋权，但两者在行使赋权功能时略有区别。区别在于系统管理员可以给操作员赋账套主管权限，而账套主管是没有该权利的。

2．如何为操作员赋权

为操作员赋权时，首先要选择企业账套，即确定为操作员赋予哪个账套的权限；然后选择操作员，即确定给谁赋权；最后选中要给操作员赋予的权限。

从权限级别上，账套主管是U8系统中权限最高的操作员，一个账套可以有多个账套主管。此外，可以赋予操作员U8系统中指定模块、或模块中某个功能的操作权限。

1.3.5 账套输出

用友U8提供了两种方式用于备份数据，设置自动备份计划和账套输出。

1．设置自动备份计划

设置自动备份计划是一种自动备份数据的方式。利用该功能，可以实现定时、自动输出多个账套的目的，有效减少了系统管理员的工作量，保障了系统数据安全。

以系统管理员或账套主管身份登录系统管理，执行“系统”→“设置备份计划”命令即可，如图1-2所示。系统管理员既可以对账套设置自动备份计划，也可以对年度账设置自动备份计划。账套主管只能对年度账设置自动备份计划。

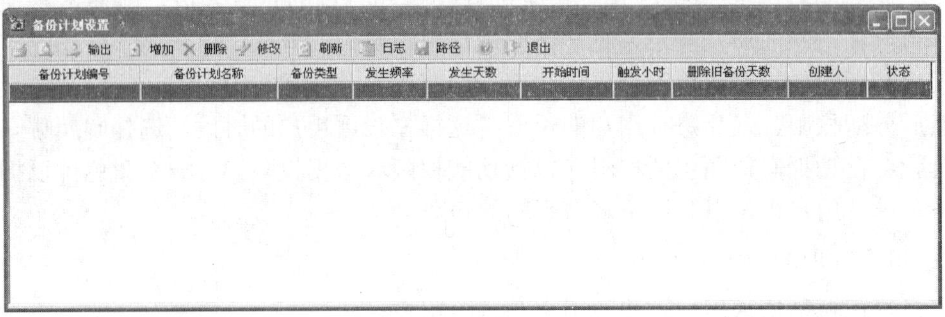

图1-2　备份计划设置

2．输出账套

账套输出是一种人工备份数据的方式，只有系统管理员拥有账套输出的权限。账套输出之后在指定路径下形成两个文件：UFDATA.BAK和UfErpAct.Lst。这两个文件不能直接打开，只能通过系统管理中的账套引入功能引入到U8中，才能正常查询。

1.4　样题解答

1．引入账套

（1）执行“开始”→“所有程序”→“用友U8V10.1”→“系统服务”→“系统管理”命令，进入“用友U8[系统管理]”窗口，如图1-3所示。

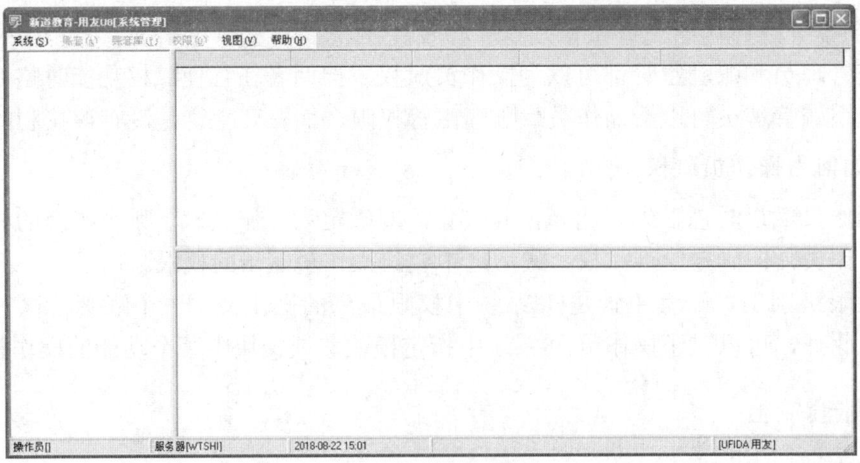

图1-3　系统管理

（2）执行“系统”→“注册”命令，打开“登录”系统管理对话框。

（3）系统中预先设定了一个系统管理员admin，系统管理员初始密码为空，如图1-4所示。

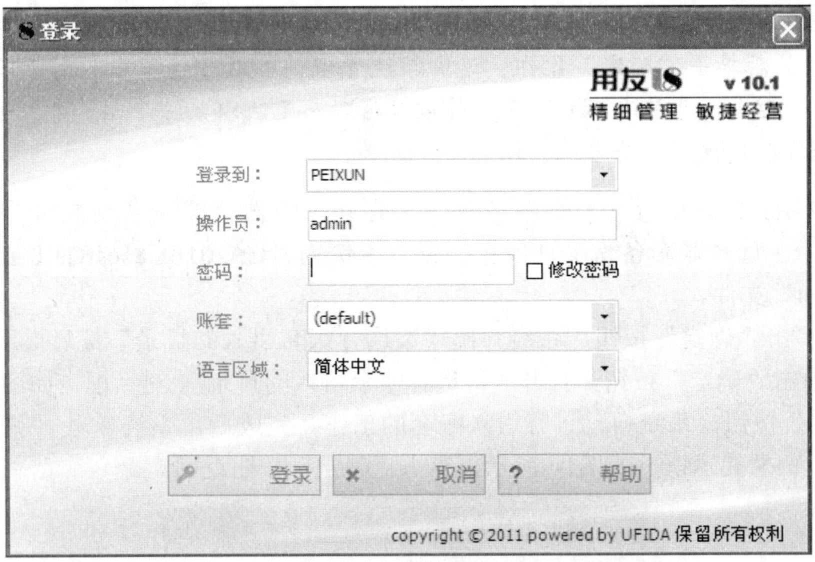

图1-4　系统管理员登录系统管理

（4）单击“登录”按钮，以系统管理员身份进入系统管理。系统管理界面最下方的状态栏中显示当前操作员[admin]，如图1-5所示。系统管理界面中显示为黑色的菜单项即为系统管理员在系统管理中可以执行的操作。

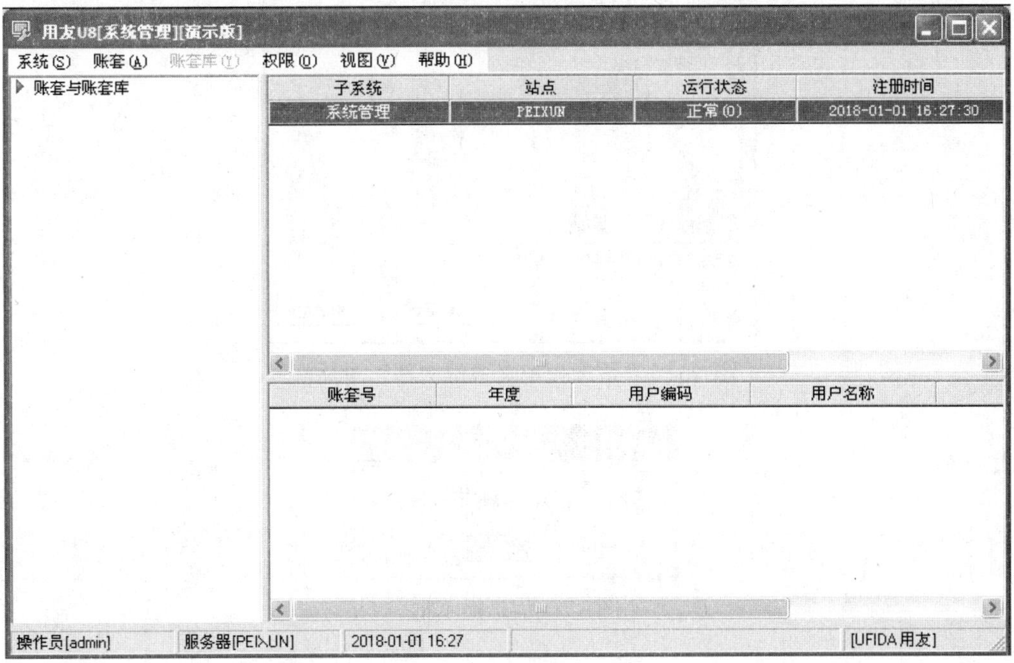

图1-5　以系统管理员身份进入系统管理后

提示：系统管理员的初始密码为空。为保证系统运行的安全性，在企业实际应用中应及时为系统管理员设置密码。设置系统管理员密码为“super”的操作步骤是：在系统管理员登录系统管理对话框中勾选“修改密码”复选框，单击“登录”按钮，打开“设置操作员密码”对话框，在“新密码”和“确认新密码”文本框中均输入“super”。最后单击“确定”按钮，返回系统管理。在教学过程中，由于多人共用一套系统，为了避免由于他人不知道系统管理员密码而无法以系统管理员身份进入系统管理的情况出现，建议不要给系统管理员设置密码。

（5）执行“账套”→“引入”命令，打开“请选择账套备份文件”对话框，如图1-6所示。选择账套备份文件所在位置，本例为“C:\2016U8softGJ\Unit1\Y1_01\UfErpAct.Lst”文件。

（6）单击“确定”按钮，系统弹出“请选择账套引入的目录”信息提示框，如图1-7所示。单击“确定”按钮，打开“请选择账套引入的目录” 对话框，如图1-8所示，单击“确定”按钮，系统自动进行引入账套的工作。完成后，系统弹出 “账套[201]引入成功！” 信息提示框，如图1-9所示，单击“确定”按钮返回。

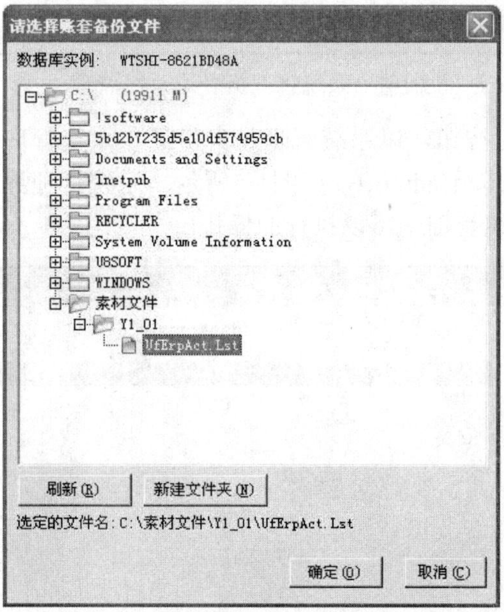

图1-6　“请选择账套备份文件”对话框

图1-7　信息提示框

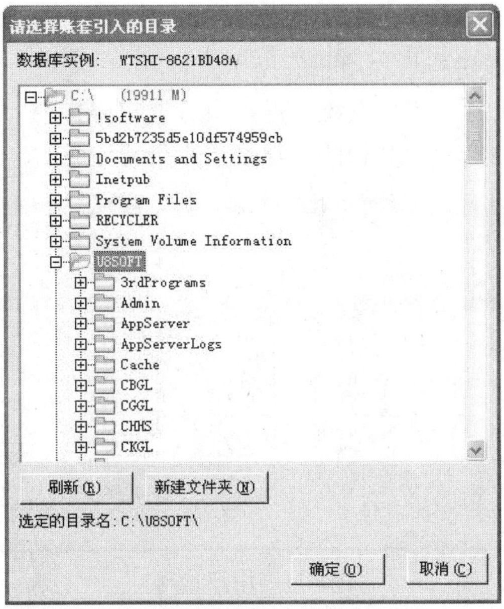

图1-8　“请选择账套引入的目录”对话框

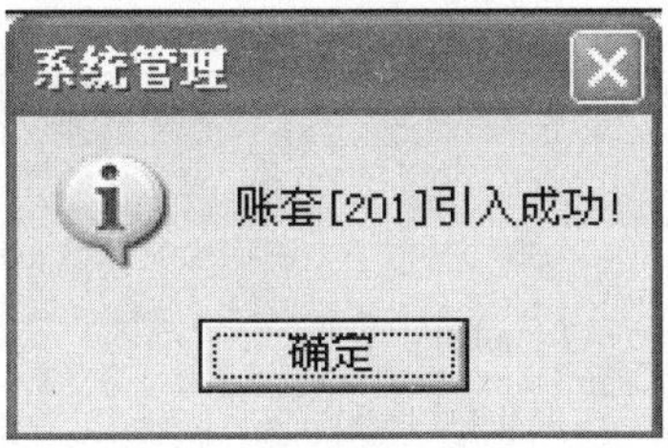

图1-9　引入账套

2．角色管理

（1）执行“权限”→“角色”命令，打开“角色管理”窗口。

（2）选择“出纳”角色所在行，单击“删除”按钮，弹出系统信息提示如图1-10所示。

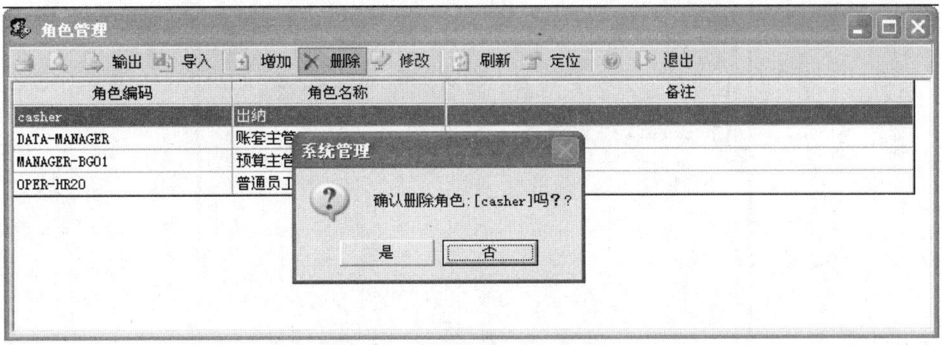

图1-10　删除角色信息提示

（3）单击“是”按钮，删除“出纳”角色。退出“角色管理”窗口。

3. 增加用户

只有系统管理员才能进行增加用户的操作。

（1）以系统管理员身份登录系统管理，执行“权限”→“用户”命令，打开“用户管理”窗口，如图1-11所示。其中的用户是原来设置完成的。

图1-11 用户管理

（2）单击“增加”按钮，打开“操作员详细情况”对话框。按题目要求输入操作员信息，如图1-12所示。

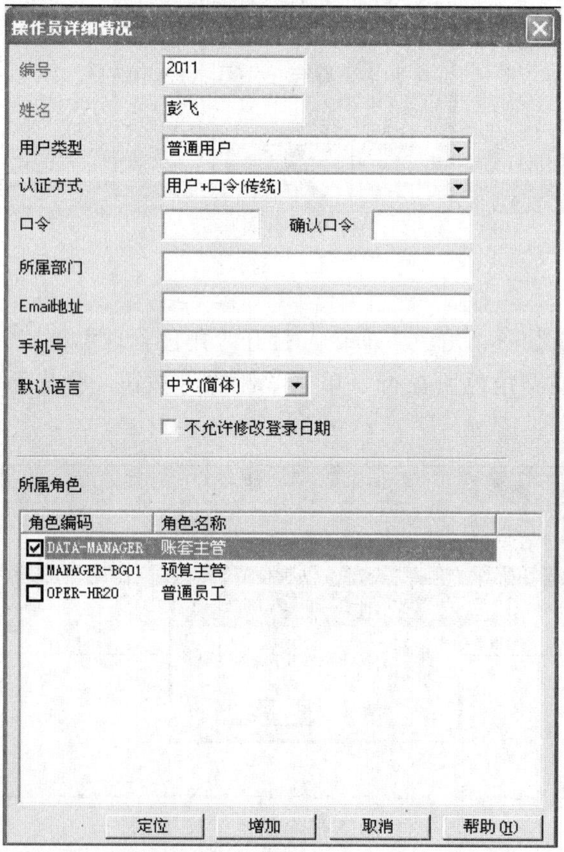

图1-12 增加用户

- 编号：用户编号在U8系统中必须唯一，即使是不同的账套，用户编号也不能重复。本题输入“2011”。
- 姓名：准确输入该用户的中文全称。用户登录U8进行业务操作时，此处的姓名将会显示在业务单据上，以明确经济责任。本题输入“彭飞”。
- 用户类型：有普通用户和管理员用户两种。普通用户是指登录系统进行各种业务操作的人；管理员用户的性质与admin相同，他们只能登录系统管理进行操作，不能接触企业业务。本题采取系统默认（普通用户）。
- 认证方式：提供用户+口令（传统）、动态密码、CA认证、域身份验证四种认证方式。用户+口令（传统）是U8默认的用户身份认证方式，即通过系统管理中的用户管理来设置用户的安全信息。本题采取系统默认。
- 口令：设置操作员口令时，为保密起见，输入的口令字在屏幕上以“*”号显示。本题无需设置口令。
- 确认口令：再次输入口令，通过验证口令一致性来确保口令正确。
- 所属角色：系统预置了账套主管、预算主管、普通员工三种角色。本题选择当前用户所属角色“账套主管”。

（3）单击“增加”按钮，依次设置其他操作员。设置完成后单击“取消”按钮退出。

提示：

- 在“操作员详细情况”对话框中，蓝色字体标注的项目为必输项，其余项目为可选项。这一规则适用于U8所有界面。
- 在增加用户时可以直接指定用户所属角色。如：王欣东的角色为“账套主管”。由于系统中已经为预设的角色赋予了相应的权限，因此，如果在增加用户时就指定了相应的角色，则其就自动拥有了该角色的所有权限。
- 如果已设置用户为“账套主管”角色，则该用户也是系统内所有账套的账套主管。
- 如果定义了用户所属角色，则不能删除。必须先取消用户所属角色才能删除用户。只要所设置的用户在U8系统中进行过业务操作，便不能被删除。
- 如果用户使用过系统又被调离单位，应在用户管理窗口中单击“修改”按钮，在“操作员详细情况”对话框中单击“注销当前用户”按钮，最后单击“取消”按钮返回系统管理。今后该用户无权再进入U8系统。

4．设置用户权限

（1）设置用户2012拥有201账套“总账”的操作权限。

①系统管理员在系统管理中执行“权限”→“权限”命令，进入“操作员权限”窗口。

②在窗口右上角账套下拉列表框中选中“[201]中诚通讯”账套，在左侧的操作员列表中选中“2012李霞”，此时可以看到2012操作员没有任何权限。

③单击“修改”按钮。在右侧界面中，勾选“财务会计”中“总账”前的复选

框，如图1-13所示。

④单击“保存”按钮返回。

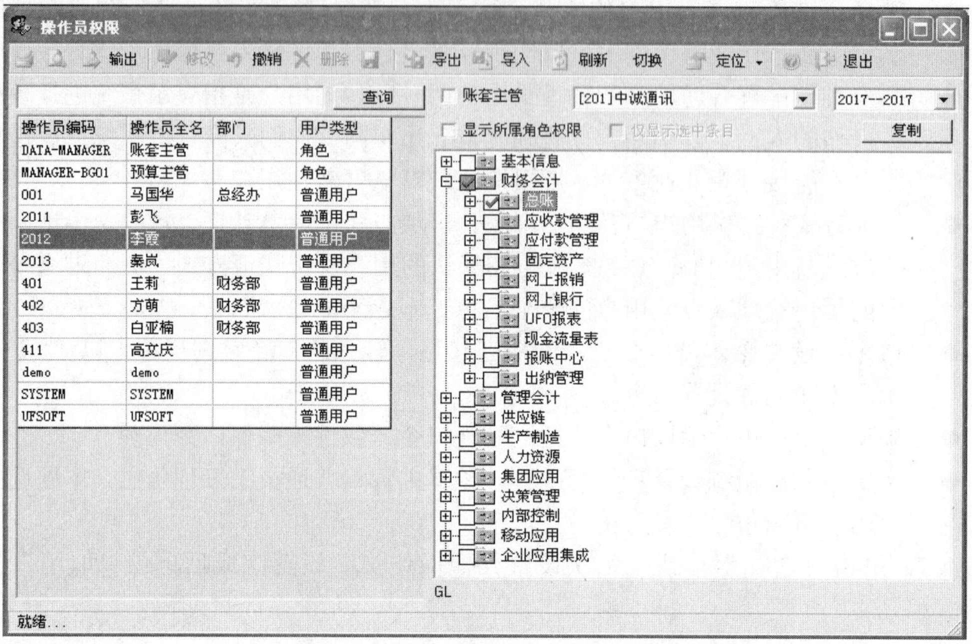

图1-13　为2012操作员设置“总账”权限

提示：

- 只有系统管理员才有权设置或取消账套主管。而账套主管只有权对所辖账套的操作员进行权限设置。
- 设置权限时应注意先分别选中要赋权的“账套”及相应的“用户”。

（2）设置用户2013拥有201账套“出纳”和“出纳签字”的操作权限。

①在左侧的操作员列表中选中“2013秦岚”，此时可以看到2013操作员没有任何权限。

②单击“修改”按钮。在右侧界面中，勾选“财务会计”→“总账”→“凭证”→“出纳签字”和“总账”→“出纳”前的复选框，如图1-14所示。

③单击“保存”按钮，再单击“退出”按钮返回。

5．输出账套

输出账套的工作应由系统管理员在系统管理中的“账套”→“输出”功能中完成。

（1）在E盘中新建“201账套备份”文件夹，再在“201账套备份”文件夹中新建“X1_01”文件夹。

（2）由系统管理员注册系统管理，执行“账套”→“输出”命令，打开“账套输出”对话框。

（3）单击“账套号”栏的下三角按钮，选择“[201]中诚通讯”，在输出文件位置选择“E: \201账套备份\X1_01 \”，如图1-15所示。

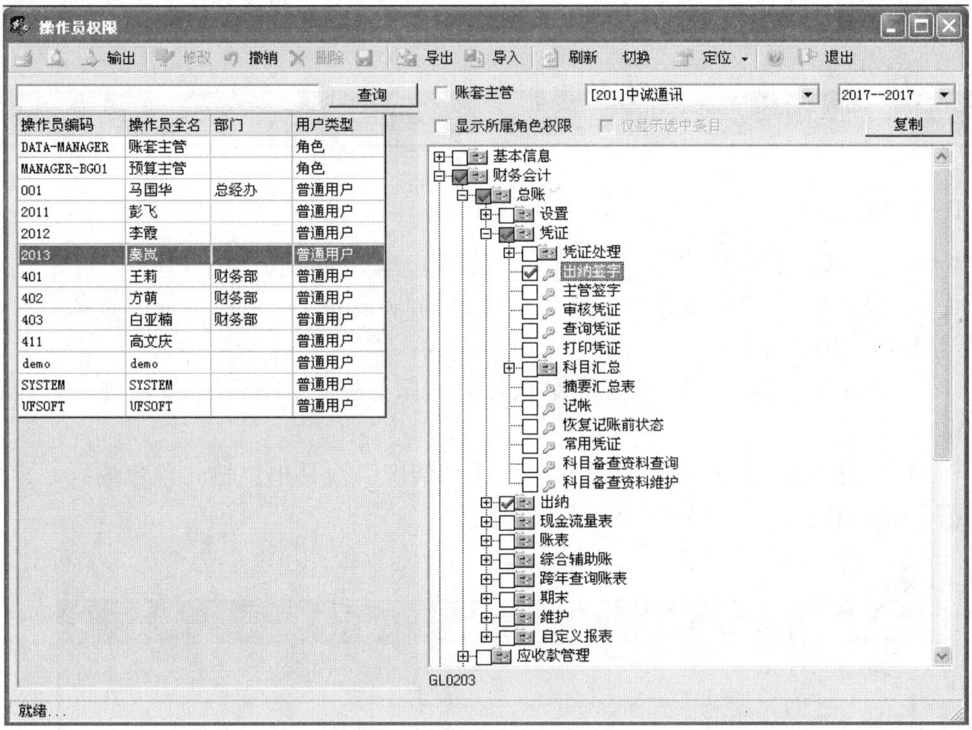

图1-14　为2013操作员设置“出纳”和“出纳签字”的操作权限

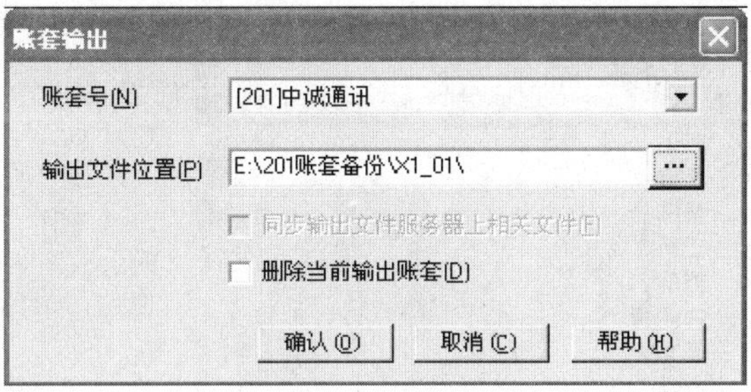

图1-15　账套输出

（4）单击“确认”按钮，系统进行账套数据输出，完成后，弹出“输出成功”信息提示框，单击“确定”按钮返回。

提示：

- 只有系统管理员有权进行账套输出和引入。账套输出后在指定的文件夹内输出两个文件，一个是账套数据文件UFDATA.BAK，一个是账套信息文件UfErpAct.Lst。
- 利用账套输出功能还可以进行“删除账套”的操作。方法是在“账套输出”对话框中勾选“删除当前输出账套”复选框，单击“确认”按钮，系统在删除账套前同样要进行账套输出，当输出完成后系统提示“真要删除该账套吗？”，单击“是”按钮则可以删除该账套。

- 正在使用的账套可以进行账套输出而不允许进行账套删除。
- 备份账套时应先建立一个备份账套的文件夹，以便将备份数据存放在目标文件夹中。

1.5　拓展训练

1．增加角色

高级会计电算化员考试中，除了删除角色外，还有增加角色的操作。

【示例】：增加“总账会计”角色。角色编码：glacc；角色名称：总账会计；所属用户名称：403白亚楠。

（1）由系统管理员在系统管理中执行“权限”→“角色”命令，进入“角色管理”窗口。

（2）单击“增加”按钮，打开“角色详细情况”对话框。输入角色编码、角色名称、选中所属用户名称，如图1-16所示。

（3）单击“增加”按钮。

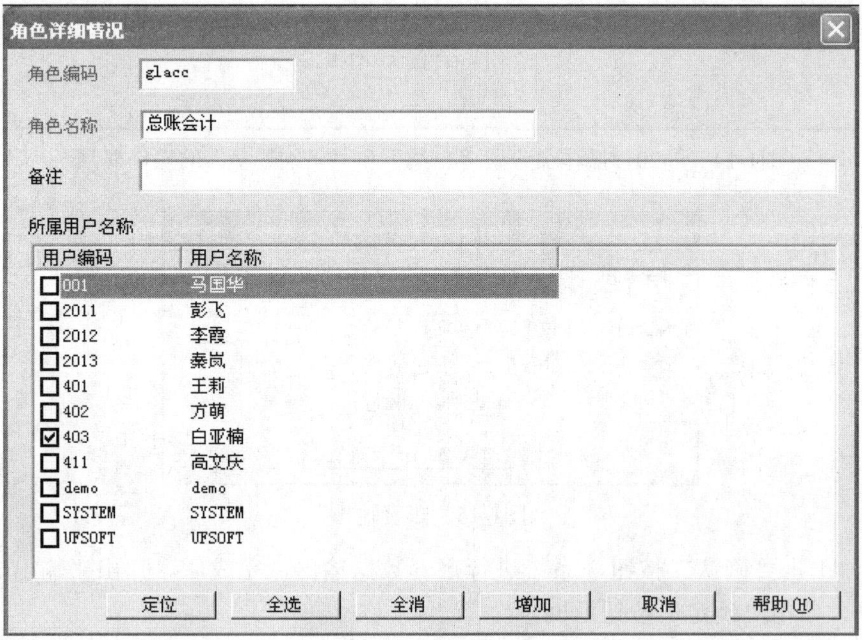

图1-16　增加角色

2．修改用户

为用户授权有两种方式：第一种是在权限管理中为用户选择相应账套的权限，这种方法此前已有介绍；第二种是在建立用户或修改用户时指定用户所属的角色，那么角色所拥有的权限就自动传递给用户。

【示例】：设置用户SYSTEM所属角色为“总账会计”。

假设已在系统中建立了总账会计角色，并为总账会计角色赋予了相应权限。

（1）由系统管理员在系统管理中执行“权限”→“用户”命令，进入“用户管理”窗口。

（2）选择用户“SYSTEM”所在行，单击“修改”按钮，打开“操作员详细情况”对话框，勾选所属角色“总账会计”复选框，如图1-17所示。

（3）单击“确定”按钮。

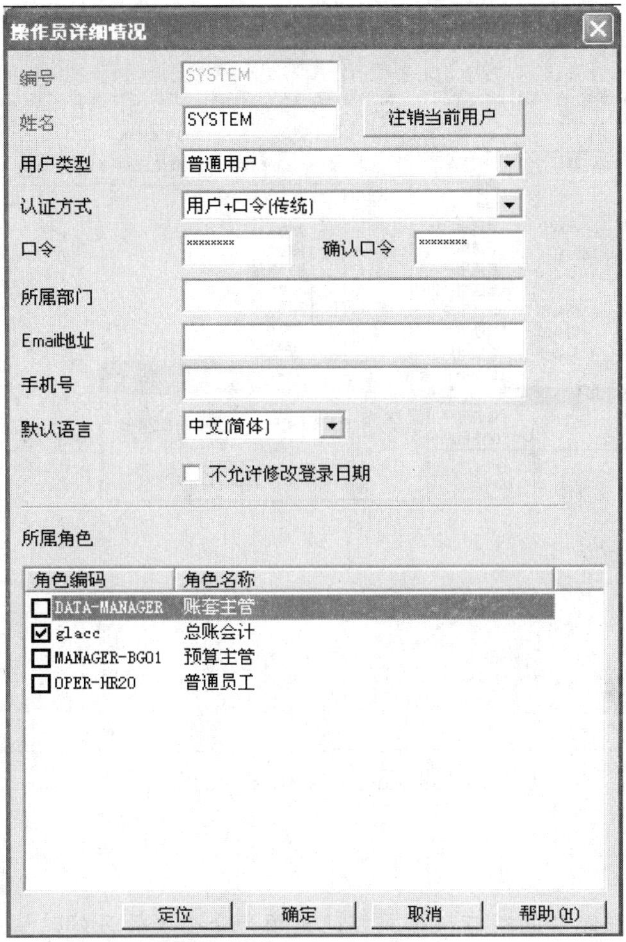

图1-17　修改用户所属角色

3．设置或取消某操作员为账套主管

设置某操作员为账套主管有三种方法。

第一种，在增加该用户时选择对应角色为账套主管，如图1-12所示。

第二种，在建立企业账套过程中，指定该用户为新建账套的账套主管。

第三种，在权限中设置，本例介绍第三种。

【示例】：指定用户demo为201账套的账套主管

（1）以系统管理员身份登录系统管理，执行“权限”→“权限”命令，打开“操作员权限”窗口。

（2）在“账套主管”右边的下拉列表框中选中“[201]中诚通讯”账套。

（3）在左侧的操作员列表中，选中“demo”，从右侧界面中可以看出，demo此时没有任何权限。

（4）勾选“账套主管”复选框，系统弹出“设置普通用户：[demo]账套主管权限吗？”信息提示框，如图1-18所示。单击“是”按钮，即赋予了用户demo 201账套账套主管的权限。右侧界面中U8中的所有功能组均为选中状态，账套主管拥有所有功能的操作权限。

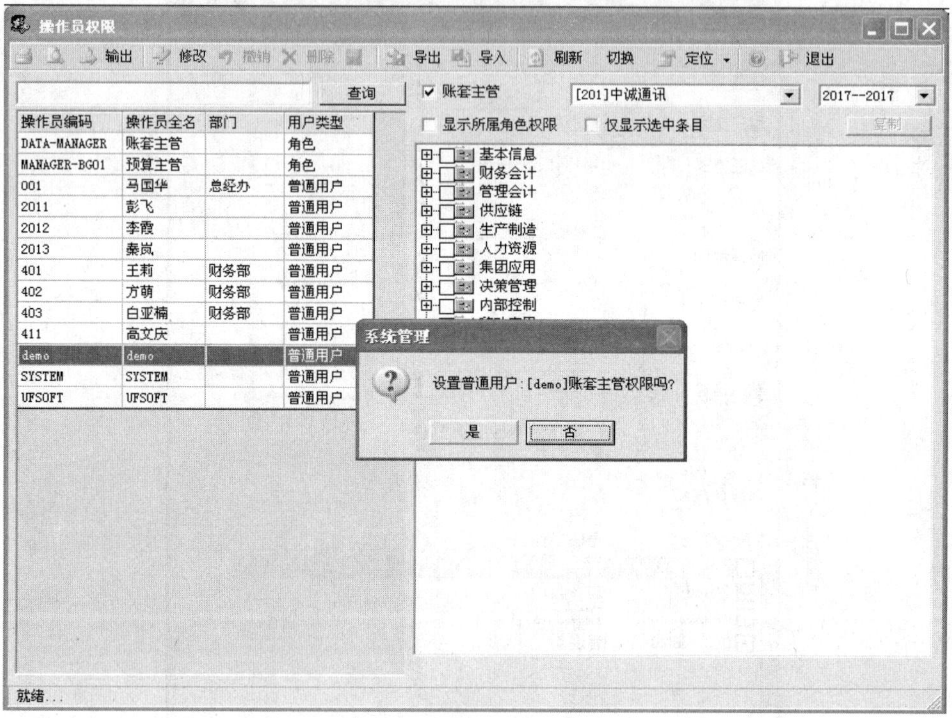

图1-18　设置demo为201账套的账套主管

提示：

- 账套主管拥有该账套的所有权限，因此无须为账套主管另外赋权。
- 一个账套可以有多个账套主管。

第2章　企业应用平台

在系统管理中建立企业账套并为用户分配权限之后，还需要根据企业实际购买的软件模块及工作安排，启用U8子系统，建立经济业务发生时企业进行记录要用到的基础档案信息，如收款要涉及客户、报销要涉及部门和人员、录入凭证要用到凭证类型和会计科目等。这些工作将在U8中的企业应用平台中完成。

本章主要内容

- 理解企业应用平台的作用
- 录入各项基础档案

评分细则

本章分值为8分，设4个评分点，评分点、分值、得分条件及判分要求如下。

序号	评分点	分值	得分条件	判分要求
1	启用系统	2	启用指定系统	启用子系统及启用时间正确
2	设置会计科目	2	增加会计科目、修改会计科目、指定会计科目设置正确	与要求结果一致
3	设置项目目录	2	正确设置项目目录	项目大类、核算科目、项目分类、项目档案设置正确
4	设置本单位开户银行	2	正确设置本单位开户银行	编码、名称、账号正确

本章导读

综上所述，我们明确了本章所要求掌握的技能考核点以及对应《试题汇编》单元的评分点、分值、得分条件和判分要求等。本章结构及逻辑框架为：

- 样题示范：展示《试题汇编》中的一道真题。
- 基本认知：概括介绍本章考核内容对应的U8子系统的主要功能。
- 技能解析：详细讲解本章中涉及到技能考核点和相关知识点。
- 样题解答：给出真题的详细操作指导。
- 拓展训练：对样题示范中未涵盖的技能考核点进行拓展。

2.1 样题示范

【练习目的】

从《试题汇编》中选取样题，了解本章题目类型，掌握本章重点技能点。

【样题来源】

《试题汇编》第2单元2.1题（随书光盘中提供了本样题的操作视频）。

【操作要求】

以系统管理员admin的身份登录用友U8系统管理，引入C:\2016U8softGJ\Unit2文件夹下的账套文件Y2_01。

以2011账套主管的身份（密码为空）登录201账套企业应用平台，登录日期为“2017-01-01”，完成以下工作。

1．启用系统

启用“应收款管理”“固定资产”和“薪资管理”系统，启用日期为“2017-01-01”。

2．设置会计科目

（1）增加会计科目

增加明细科目“190101 待处理流动资产损溢”。

（2）修改会计科目

将“库存商品”“主营业务收入”和“主营业务成本”科目设置为“项目核算”辅助核算。

（3）指定会计科目

指定“1001库存现金”“10020101人民币户”“10020102美元户”和“1012其他货币资金”为现金流量科目。

3．设置项目目录

建立项目大类：产品。

项目分类：1-手机，2-对讲机。

项目目录：

项目编号	项目名称	所属分类码
01	云米手机	1
02	云易手机	1
03	乐士对讲机	2

按产品项目大类核算的会计科目：库存商品、主营业务收入、主营业务成本。

4．设置本单位开户银行

编码：001；银行账号：110001134608；币种：人民币；开户银行：兴业银行丰台支行；所属银行编码：00006。

5．输出账套

将操作结果输出至“考生文件夹\X2_01”文件夹中。

2.2　基本认知

顾名思义，企业应用平台是用友U8的集成应用平台，是用户、合作伙伴访问U8系统的唯一入口，如图2-1所示。

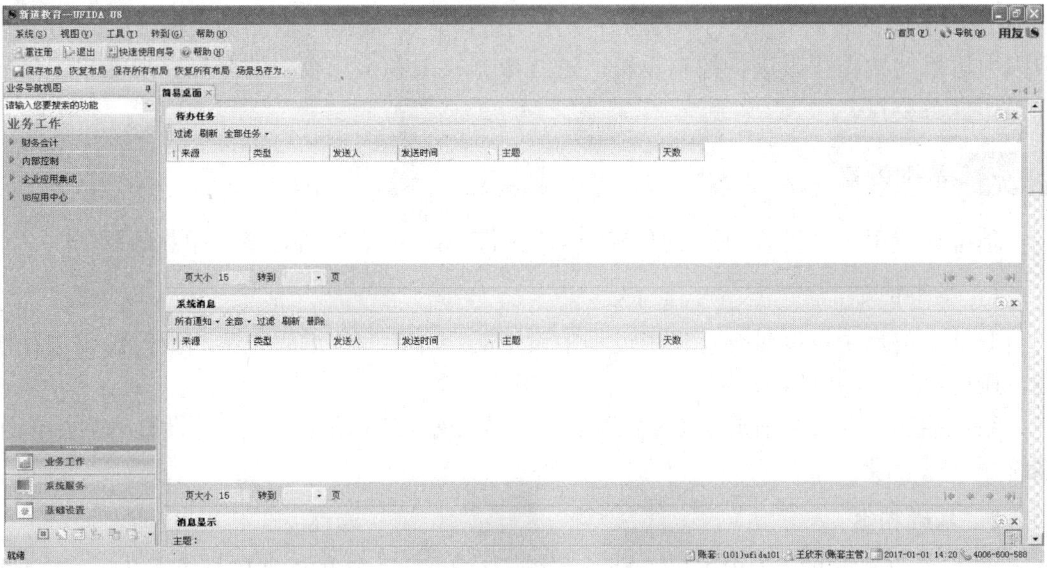

图2-1　企业应用平台

按照不同的用途，企业应用平台中划分了三个功能组：系统服务、基础设置和业务工作。将这三个功能组主要功能展开如图2-2所示。

图2-2　企业应用平台主要功能

2.2.1 系统服务

系统服务主要是为系统安全正常运行而设，主要包括系统管理、服务器配置、工具和权限。

系统管理提供了从企业应用平台启动系统管理模块的通道；服务器配置用于配置U8应用服务器的位置；工具为U8与外部系统接口、U8数据传输提供了便捷处理方式；权限中可以对数据权限进行控制设置、进行数据权限和金额权限的分配、功能权限转授和工作任务委托。

2.2.2 基础设置

基础设置主要是设置用友U8各模块公用的基本信息、基础档案、单据设计等。

1．基本信息

在基本信息中可以对企业建账过程中设定的会计期间、编码方案和数据精度进行修改，还可以进行U8子系统启用设置。

系统启用是指设定在用友U8中各个子系统开始使用的日期。只有设置为启用的子系统才可以登录。

2．基础档案

不同企业选购的是U8中不同的子系统，这些子系统共享基础档案信息，基础档案是U8系统运行的基石。企业在启用新账套之始，应根据本单位的实际情况及业务需求，进行基础档案的整理工作，并正确地录入系统。

录入基础档案注意事项：

（1）档案编码要符合事先设定的编码规则

录入各项基础档案时，一般编码为必输项，在U8系统中编码是该项档案的唯一标识。输入编码时需要遵守事先设定的分类编码规则，该规则在企业建账过程中设定，在企业应用平台“基本信息”→“编码方案”中可以进行修改，如图2-3所示。

图2-3　编码方案

编码规则在档案录入界面中有提示。例如“编码规则：* **”说明该项档案设置了两级编码，第一级编码1位，第二级编码2位。

（2）要注意档案建立的先后顺序

各项基础档案之间存在逻辑关联，如果设置了需要分类，那么需要先建立相关分类再设置档案。例如，如果设置了客户需要分类，那么必须先建立客户分类，在客户分类下再建立客户档案，供应商分类及档案也是如此。

另外，需要先建立部门，才能在部门中建立人员档案。

（3）先建立上级档案再建立下一级档案

如果档案设置了分类编码级次，那么建立档案时，需要先建立上级档案再建立其下一级档案。

删除该档案时，需要先删除下一级档案，再删除上一级档案。

3．单据设置

单据是企业经济业务发生的证明，如代表货物发出的销售发货单、代表材料入库的采购入库单、还有购销业务中的专用发票等。单据设置包括单据格式设置、单据编号设置和单据打印控制。

不同企业各项业务处理中使用的单据可能存在细微的差别，用友U8管理软件中预置了常用单据模板，允许用户对各单据类型的多个显示模板和多个打印模板进行设置，以满足企业个性化的单据格式需求。单据编号是单据的标识，U8系统默认单据采取流水编号。如果企业根据业务需要有特定的编号规则，可以设置为手工编号方式。

2.2.3 业务工作

业务工作中集成了登录用户拥有操作权限的所有功能模块，它们分类归属于各功能组中。企业应用平台为企业用户提供了进入用友U8的唯一入口。

2.3 技能解析

引入的基础账套中已经预置了部门、人员、客户、供应商、外币等部分基础信息，本单元仅对应用比较灵活的基础档案（如会计科目、项目目录）进行着重讲解。

2.3.1 启用系统

1．理解系统启用

系统启用是指设定在U8中各个子系统开始使用的日期，如图2-4所示。用友U8管理软件分为财务会计、管理会计、供应链、生产制造、人力资源、集团应用、决策支持和企业应用集成等功能组，每个功能组中又包含若干模块，它们中大多数既可独立运行，又可以集成使用，但两种用法的数据流程是有差异的。一方面企业可以按照企业信息化规划及本身的管理特点选购不同的子系统；另一方面企业也可能采取循序渐进的策略有计划地先启用一些模块，一段时间之后再启用另外一些模块。系统启用为企业提供了选择的便利，它可以表明企业在何时启用了哪些子系统。只有设置了系统启用的模块才可以登录。

图2-4　系统启用

2．系统启用的方法

系统启用有两种方法。一是由系统管理员在系统管理中创建企业账套完成时进行系统启用设置；二是如果在建立账套时未设置系统启用，则由账套主管在企业应用平台基本信息中进行系统启用的设置。

2.3.2 设置会计科目

设置会计科目是会计核算方法之一，它用于分门别类地反映企业经济业务，是登记账簿、编制会计报告的基础，如图2-5所示。用友U8中预置了现行会计制度规定的一级会计科目，企业可根据本单位实际情况修改科目属性并补充明细科目。

图2-5　会计科目

1．会计科目设置的原则

设置会计科目时应注意：

（1）会计科目的设置必须满足会计报表编制的要求，凡是报表所用数据，需从系统取数的，必须设立相应科目。

（2）会计科目要保持相对稳定。

（3）设置会计科目要考虑各子系统的衔接。在总账系统中，只有末级会计科目才允许有发生额，才能接收各子系统转入的数据，因此，要将各子系统中的核算科目设置为末级科目。

2．会计科目设置的内容，如图2-6所示

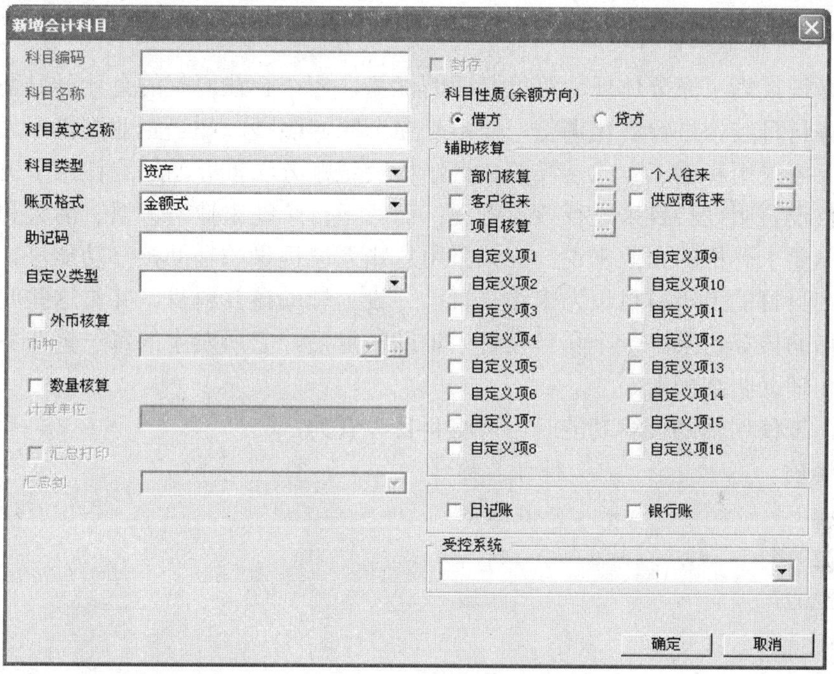

图2-6　新增会计科目

（1）科目编码：应是科目全编码，各级科目编码必须唯一，且必须按其级次的先后次序建立，即先有上级科目，然后才能建立下级科目。科目编码的一级科目编码必须符合现行的会计制度。

（2）科目名称：是指本级科目名称，科目中文名称必须录入。

（3）科目类型：是指会计制度中规定的科目类型，按照科目编码的第1位数字系统自动判断：1-资产，2-负债，3-共同，4-权益，5-成本，6-损益。

（4）账页格式：定义科目在查询及打印时的格式。系统提供金额式、外币金额式、数量金额式、外币数量式供选择。

（5）助记码：用于帮助记忆科目。

（6）外币核算：选中该选项，代表该科目核算外币，必须从币种下拉列表中选择外币种类。

（7）数量核算：选中该选项，代表该科目核算数量，需要手工输入数量计量单位。

（8）科目性质：指科目的余额方向。只能为一级科目设置余额方向，下级科目的余额方向与上级科目保持一致。

（9）辅助核算：是否对该科目设置部门核算、客户往来、供应商往来、个人核算和项目核算。

（10）其他核算。

- 日记账：是否需要对该科目记日记账。库存现金科目需要选中该项。其他科目若有必要，也可以设置序时登记。
- 银行账：是否需要对该科目进行对账管理。银行存款科目需要选中日记账和银行账。

3．会计科目辅助核算设置

一般来说，为了充分体现计算机管理的优势，应在企业原有的会计科目基础上，对以往的一些科目结构进行优化调整，而不是完全照搬照抄。如当企业规模不大，往来业务较少时，可采用和手工方式一样的科目结构及记账方法，即通过将往来单位、个人、部门、项目设置明细科目来进行核算管理；而对于一个往来业务频繁、清欠和清理工作量大、核算要求严格的企业来说，应该采用总账系统提供的辅助核算功能进行管理，即将这些明细科目的上级科目设为末级科目，并设为辅助核算科目，并将这些明细科目设为相应的辅助核算目录。一个科目设置了辅助核算后，它所发生的每一笔业务都将会登记在总账和辅助明细账上。

例如，未使用辅助核算功能时，可将科目设置为：

科目编码	科目名称
1122	应收账款
112201	新淮
112202	江城
……	
1221	其他应收款
122101	差旅费应收款
12210101	杨文
12210102	刘红
……	
6001	主营业务收入
660101	机床
660102	车床
……	
6602	管理费用
660201	办公费
66020101	企管部

66020102　　　　　　财务部

……

启用总账系统的辅助核算功能进行核算时，可将科目设置为：

科目编码	科目名称	辅助核算
1122	应收账款	客户往来
1221	其他应收款	
122101	差旅费应收款	个人往来
6601	主营业务收入	项目核算
6602	管理费用	
660201	办公费	部门核算

一个科目设置了辅助核算后，它发生的每一笔业务都将会登记在总账和辅助明细账上。

4. 指定会计科目

指定会计科目是指定出纳的专管科目，一般指现金科目和银行存款科目，如图2-7所示。指定科目后才能执行出纳签字，从而实现现金、银行管理的保密性，才能查看现金、银行存款日记账。

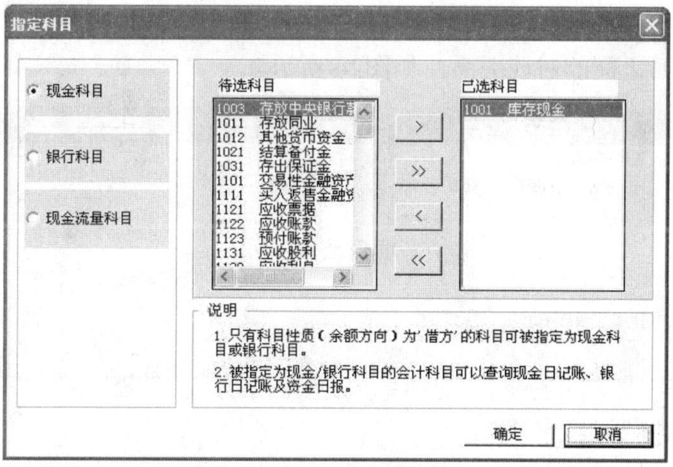

图2-7　指定科目

2.3.3 设置项目目录

项目可以是工程、订单或产品，总之，我们可以把需要单独计算成本或收入的对象都视为项目。在企业中通常存在多种不同的项目，对应地，在软件中可以定义多类项目核算，并可将具有相同特性的一类项目定义为一个项目大类。为了便于管理，还可以对每个项目大类进行细分类，在最末级明细分类下再建立具体的项目档案。为了在业务发生时将数据准确归入对应的项目，需要在项目和已设置为项目核算的科目间建立对应关系。只要遵循以下的提示就可以快速建立项目档案。

（1）定义项目大类。定义项目大类包括指定项目大类名称、定义项目级次和定义项目栏目三项工作，如图2-8所示。项目级次是该项目大类下所管理的项目的级次及每级的位数。项目栏目是针对项目属性的记录。如定义项目大类“工程”，工程下又分了一级，设置1位数字即可，工程要记录的必要内容如“工程号”“工程名称”“负责人”“开工日期”“完工日期”等可作为项目栏目。

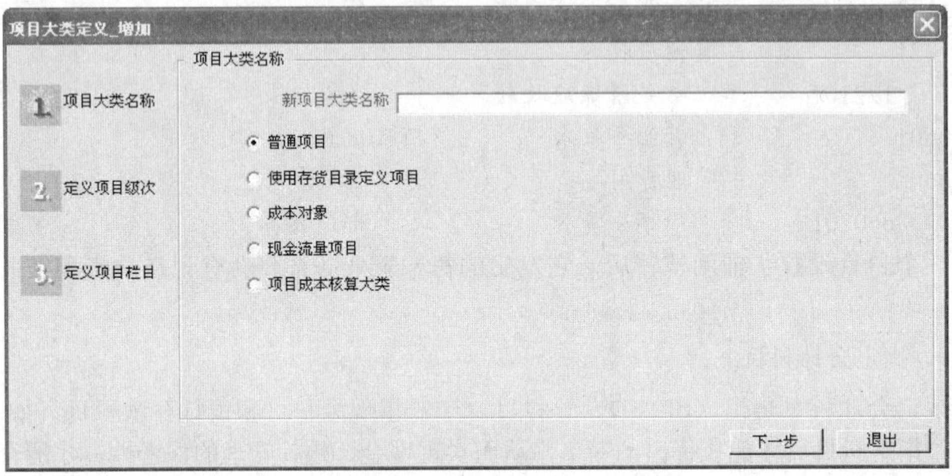

图2-8　增加项目大类

（2）指定核算科目。指定设置了项目辅助核算的科目具体要核算哪一个项目，建立项目与核算科目之间的对应关系，如图2-9所示。

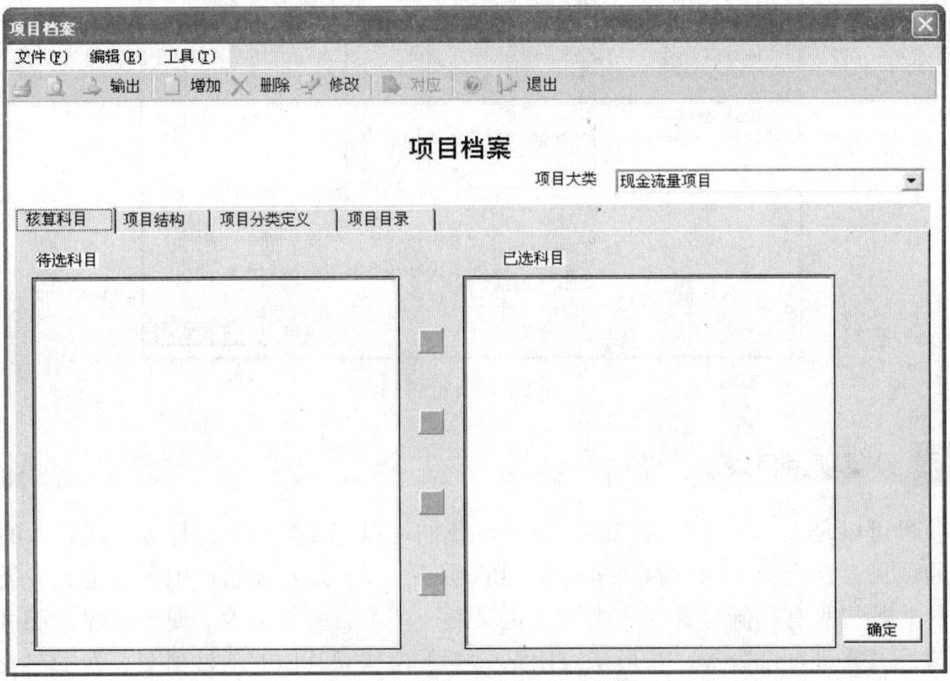

图2-9　指定核算科目

（3）定义项目分类，如图2-10所示。如将工程分为“自建工程”和“外包工程”。

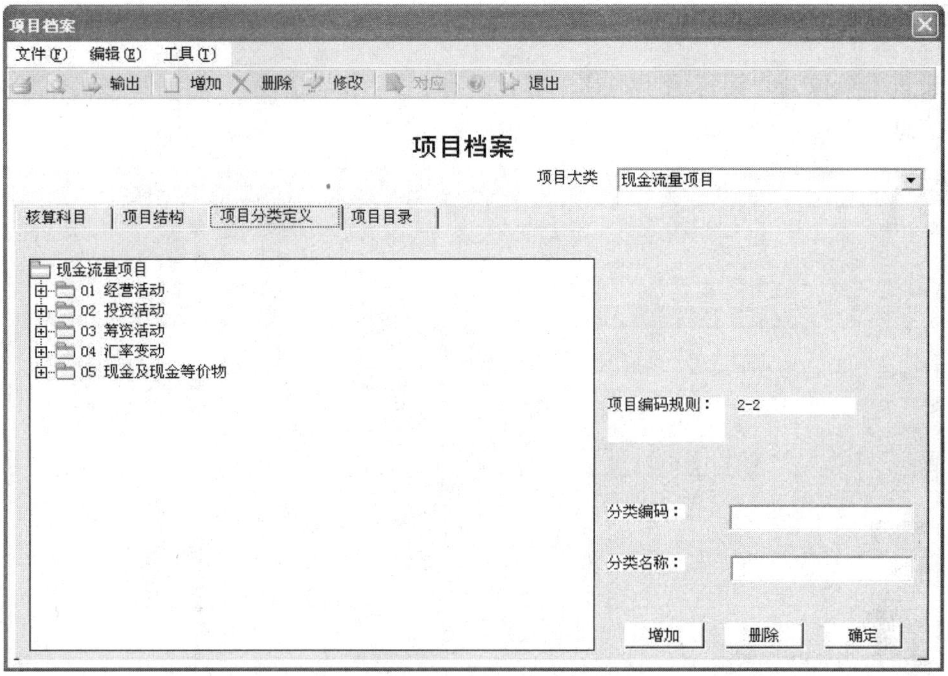

图2-10　定义项目分类

（4）定义项目目录。定义项目目录是将每个项目分类中所包含的具体项目录入系统，如图2-11所示。具体每个项目录入哪些内容取决于项目栏目的定义。

图2-11　定义项目目录

2.3.4 设置本单位开户银行

设置本单位开户银行用于与往来单位结算，如图2-12所示。增加开户银行时必须录入的信息如下：

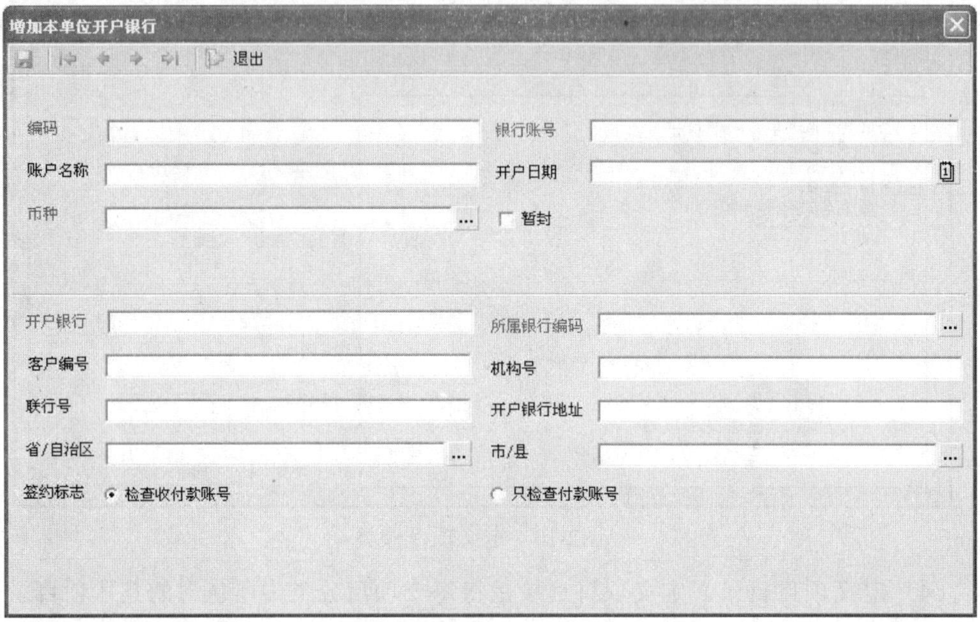

图2-12 增加本单位开户银行

- 编号：必须录入且必须唯一，用来标识某开户银行。开户银行编号最多可输入3个字符。
- 银行账号：用来输入企业在开户银行中的账号。必须输入且必须唯一。银行账号最多可输入20个字符。
- 币种：指账户所使用的币种，目前只支持一个账户使用一种币种的情况，参照币种档案录入。
- 开户银行：用来输入企业的开户银行名称。必须输入，名称可以重复。开户银行名称最多可输入30个字符或15个汉字。
- 所属银行编码：指开户银行所属的总行名称，参照银行档案录入。

开户银行一旦被引用，便不能进行修改和删除的操作。

2.4 样题解答

已经由系统管理员引入C:\2016U8softGJ\Unit2文件夹下的账套文件Y2_01。

1. 以账套主管身份登录企业应用平台

（1）执行“开始”→“所有程序”→“用友U8V10.1”→“企业应用平台”命令，打开“登录”对话框。

（2）录入操作员“2011”，密码空，单击“账套”栏的下三角按钮，选择“[201](default)中诚通讯”，操作日期设置为“2017-01-01”，如图2-13所示。

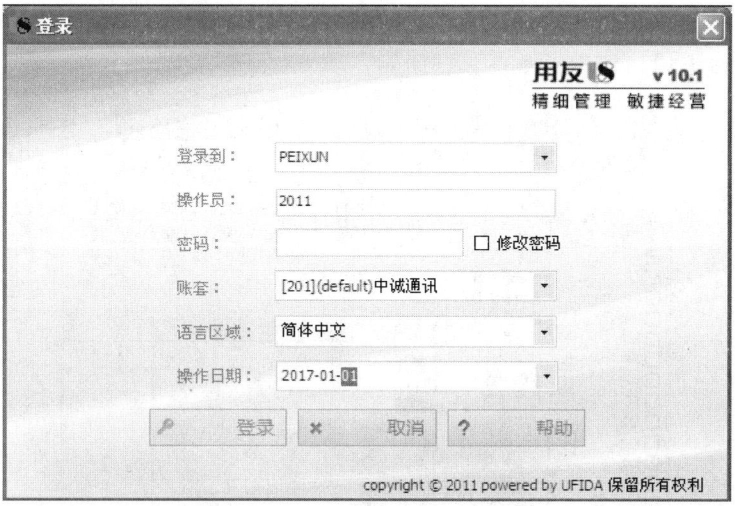

图2-13　以账套主管身份登录企业应用平台

（3）单击“登录”按钮，进入“企业应用平台”窗口，如图2-14所示。

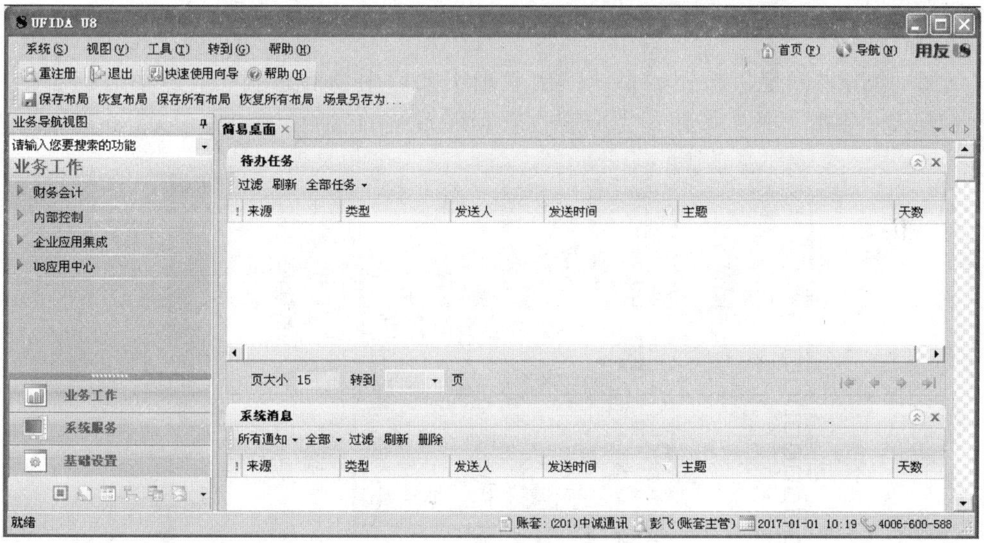

图2-14　企业应用平台

2．启用系统

（1）在“基础设置”选项卡中，执行“基本信息”→“系统启用”命令，打开“系统启用”窗口。

提示：

- 在窗口右上角可查看当前账套启用日期为2017年1月。

- 总账已经启用，启用人“王莉”，因为只有系统管理员和账套主管有权进行系统启用，可以得知王莉为账套主管。

（2）勾选“AR应收款管理”前的复选框，弹出“日历”对话框。选择“日历”对话框中的“2017年1月1日”。如图2-15所示。

图2-15 启用应收款管理系统

（3）单击“确定”按钮，系统弹出“确实要启用当前系统吗？”信息提示框，如图2-16所示，单击“是”按钮，完成应收款管理系统的启用。

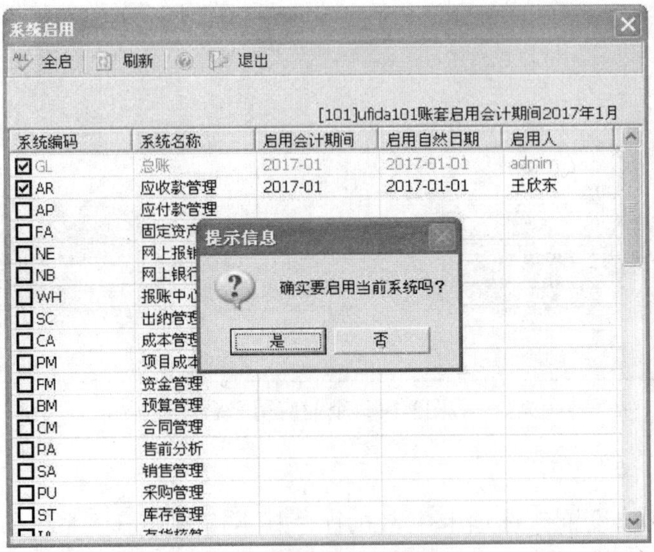

图2-16 信息提示框

（4）同样操作，启用固定资产系统和薪资管理系统。启用完成后如图2-17所示。

（5）单击“退出”按钮，返回企业应用平台。

图2-17　完成系统启用

提示：

- 只有启用后的子系统才能进行登录操作。
- 各系统的启用时间必须大于或等于账套的启用时间。

3. 设置会计科目

（1）增加会计科目

①在企业应用平台基础设置中，执行“基础档案”→“财务”→“会计科目”命令，进入“会计科目”窗口，如图2-18所示。窗口上方有七个选项卡，分别为“全部”“资产”“负债”“共同”“权益”“成本”和“损益”。单击任意选项卡，将显示该选项卡下的全部会计科目。

级次	科目编码	科目名称	外币币种	辅助核算	银行科目	现金科目	计量单位	余额方向	受控系统	是否封存	银行账	日记账	自定义类型
1	1001	库存现金				Y		借				Y	
1	1002	银行存款			Y			借			Y	Y	
2	100201	工行存款			Y			借			Y	Y	
1	1003	存放中央银行款项						借					
1	1011	存放同业						借					
1	1012	其他货币资金						借					
1	1021	结算备付金						借					
1	1031	存出保证金						借					
1	1101	交易性金融资产						借					
1	1111	买入返售金融资产						借					
1	1121	应收票据						借					
1	1122	应收账款		客户往来				借	应收系统				
1	1123	预付账款						借					
1	1131	应收股利						借					
1	1132	应收利息						借					
1	1201	应收代位追偿款						借					

图2-18　“会计科目”窗口

②单击“增加”按钮，打开“新增会计科目”对话框。按题目要求录入科目编码“190101”、科目名称“待处理流动资产损溢”，如图2-19所示。

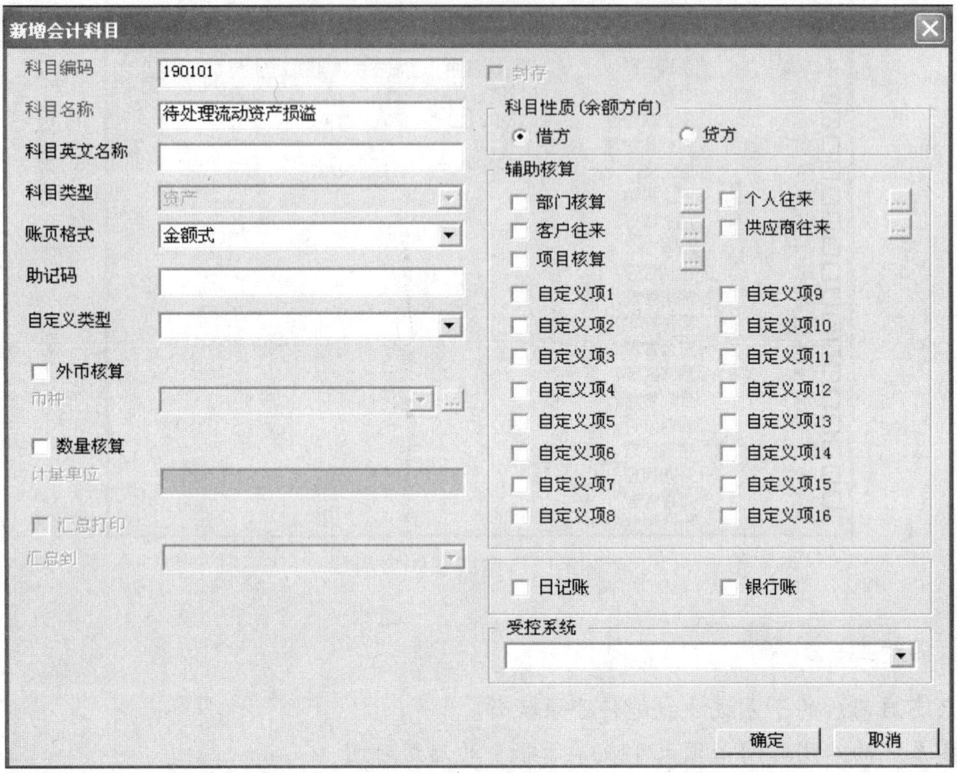

图2-19 增加会计科目

③单击“确定”按钮保存。

④单击“增加”按钮，继续增加其他会计科目，完成后单击“关闭”按钮返回“会计科目”窗口。

提示：

- 增加会计科目时，如果勾选“外币核算”复选框，那么还需要选择外币“币种”。
- 增加会计科目时，如果勾选“数量核算”复选框，那么还需要输入计量单位。
- 增加会计科目时，必须先增加上一级科目，再增加下一级科目。

（2）修改会计科目

①在“会计科目”窗口中，将光标定位在“1405库存商品”科目，单击“修改”按钮，打开“会计科目_修改”对话框。

②单击“修改”按钮，勾选“项目核算”复选框，如图2-20所示，单击“确定”按钮。

③单击“返回”按钮返回“会计科目”窗口。同样操作，将“主营业务收入”和“主营业务成本”科目设置为“项目核算”辅助核算。

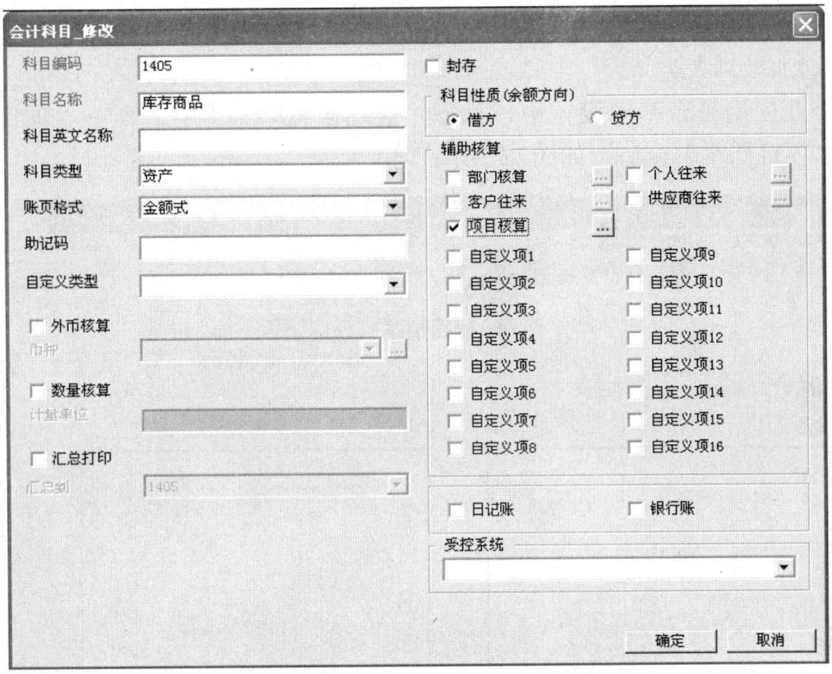

图2-20　修改会计科目

（3）指定会计科目

①在“会计科目”窗口中，执行“编辑”→“指定科目”命令，打开“指定科目”对话框。

②单击“现金流量科目”按钮，从“待选科目”列表框中选择“1001 库存现金”科目，单击“>”按钮，将科目添加到已选科目列表中。

③同样操作，将“10020101人民币户”“10020102美元户”和“1012其他货币资金”科目，从待选科目列表中添加到已选科目列表中，如图2-21所示。

④单击“确定”按钮，保存。

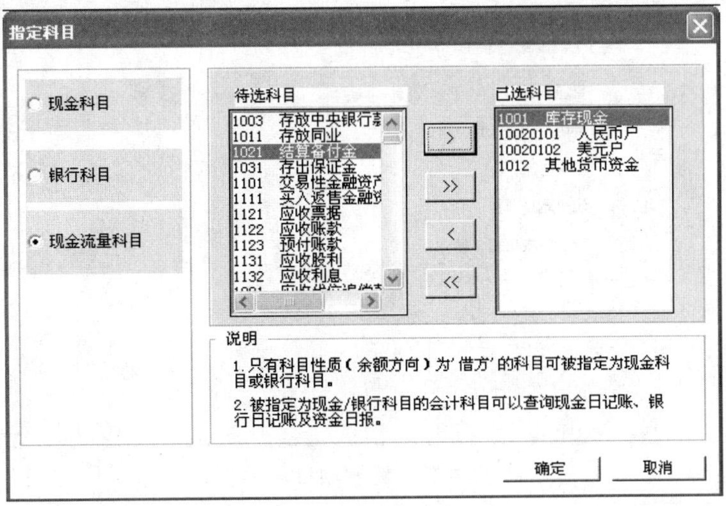

图2-21　指定现金流量科目

4．设置项目档案

（1）增加项目大类

①在企业应用平台基础设置中，执行“基础档案”→“财务”→“项目目录”命令，打开“项目档案”窗口，如图2-22所示。

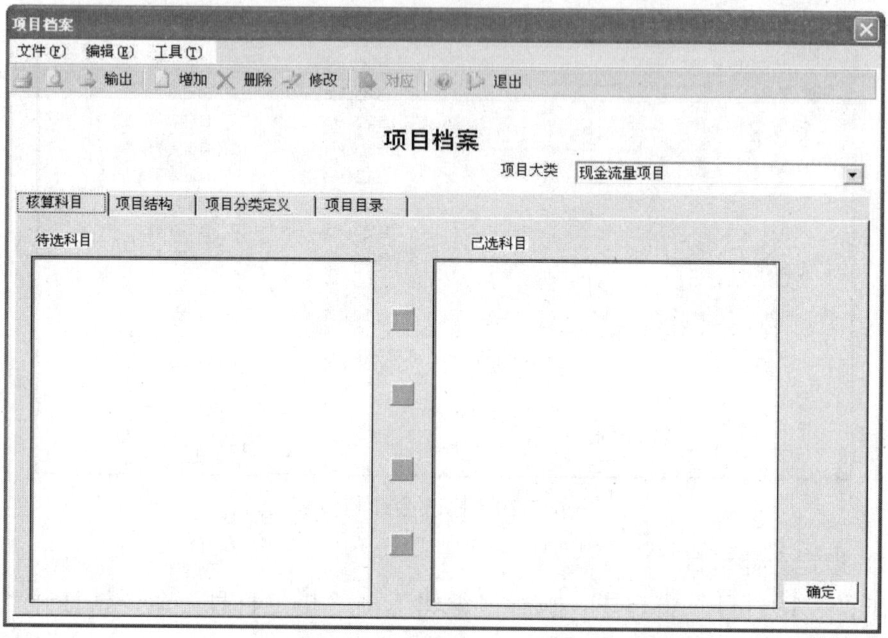

图2-22 “项目档案”窗口

②单击“增加”按钮，打开“项目大类定义_增加”对话框。

③输入新项目大类名称“产品”，选择新增项目大类的属性“普通项目”，如图2-23所示。

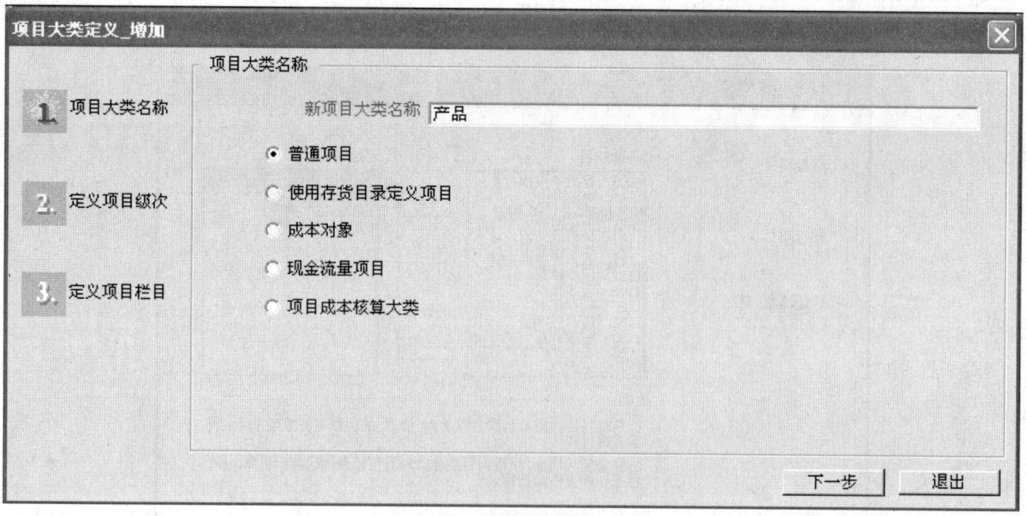

图2-23 新增项目大类

④单击“下一步”按钮，在打开的对话框中，默认项目级次：一级1位，如图2-24所示。

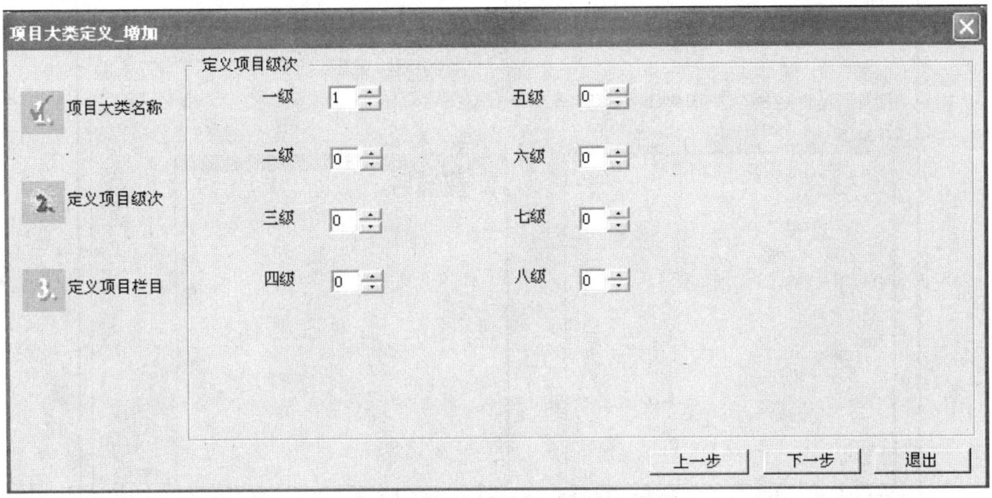

图2-24　定义项目级次

⑤单击“下一步”按钮，在打开的对话框中，取系统默认，如图2-25所示，不做修改。

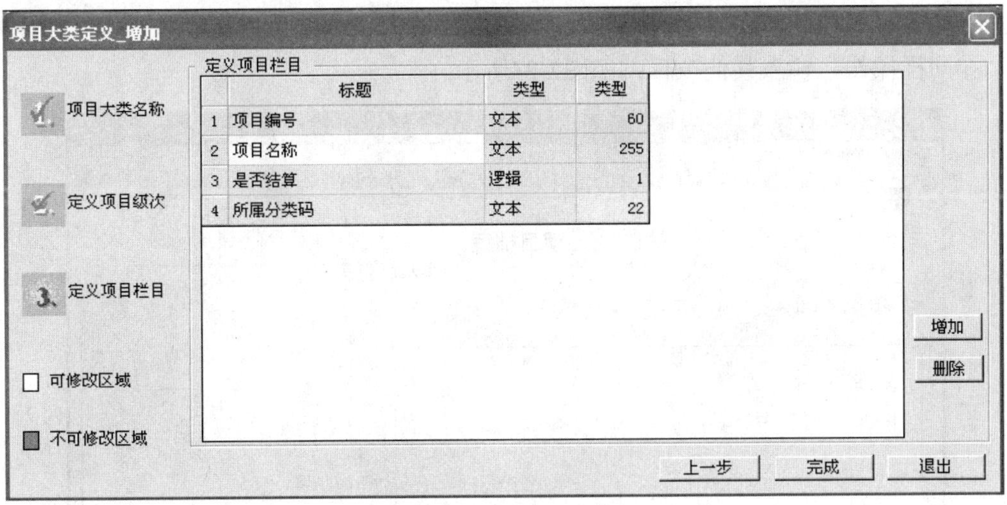

图2-25　定义项目栏目

⑥单击“完成”按钮，返回“项目档案”窗口。

（2）指定项目核算科目

①单击“项目大类”下拉列表栏的下三角按钮，选择“产品”项目大类。

②单击“核算科目”选项卡，左侧的“待选科目”列表中包括库存商品、主营业务收入和主营业务成本三个科目，单击“»”按钮将左侧所有科目选入“已选科目”列表中，如图2-26所示。

③单击“确定”按钮保存。

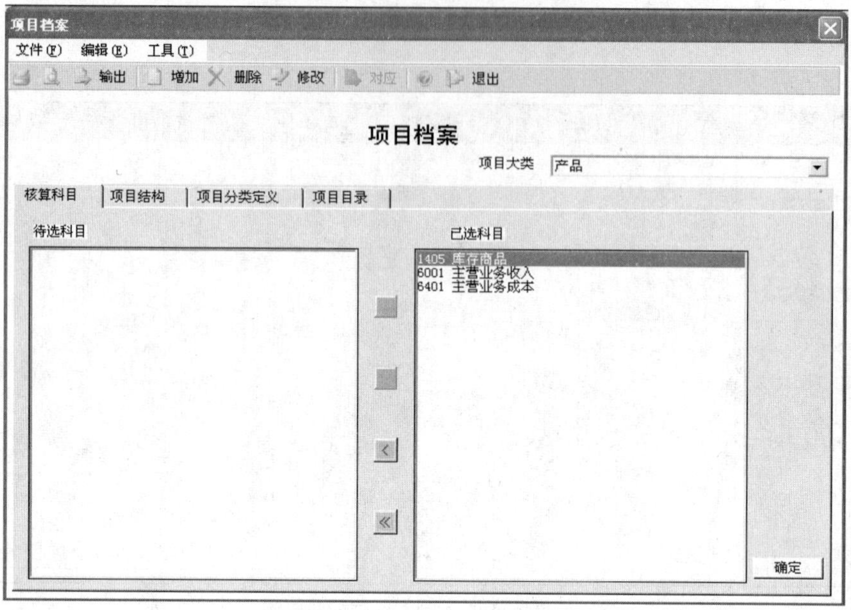

图2-26　选择项目核算科目

（3）进行项目分类定义

①单击“项目分类定义”选项卡。

②输入分类编码“1”，分类名称“手机”，单击“确定”按钮。

③同样操作，输入其他项目，如图2-27所示。

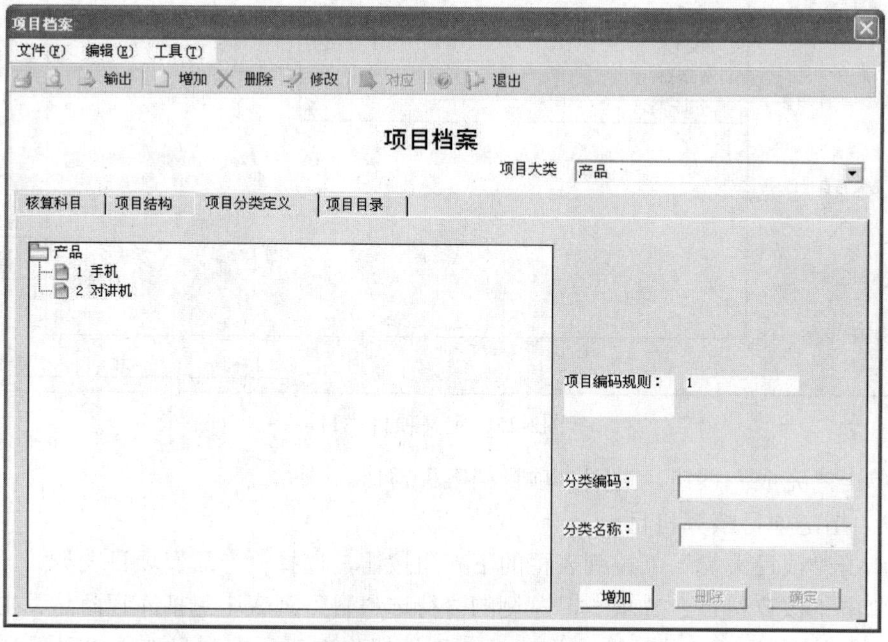

图2-27　项目分类定义

（4）项目目录维护

①单击“项目目录”选项卡，确定当前项目大类为“产品”，单击“维护”按钮，

进入“项目目录维护”窗口。

②单击“增加”按钮，输入项目编号“01”、项目名称“云米手机”、所属分类码“1”，同样操作，增加其他项目，如图2-28所示。

③完成后，单击“退出”按钮，返回“项目档案”窗口。

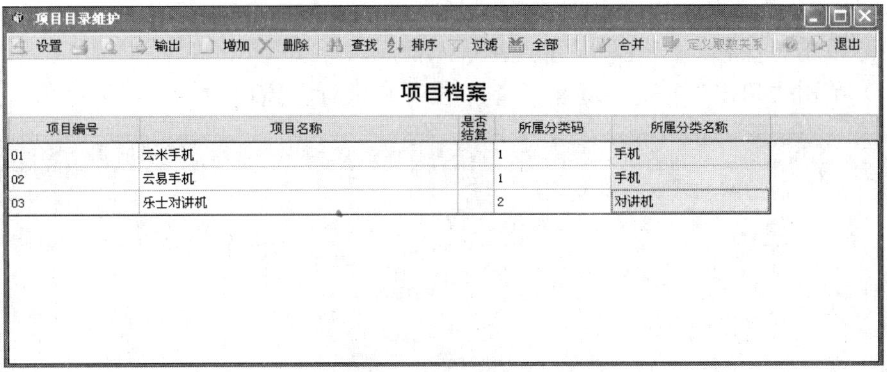

图2-28　项目目录维护

提示：

- 编辑项目档案过程中，可以随时按Esc键退出当前行编辑状态。
- 一个项目大类可以指定多个科目，一个科目只能属于一个项目大类。
- 在每年年初应将已结算或不用的项目删除。结算后的项目将不能再使用。

5．设置本单位开户银行

（1）在企业应用平台基础设置中，执行“基础档案”→“收付结算”→“本单位开户银行”命令，进入“本单位开户银行”窗口，如图2-29所示。

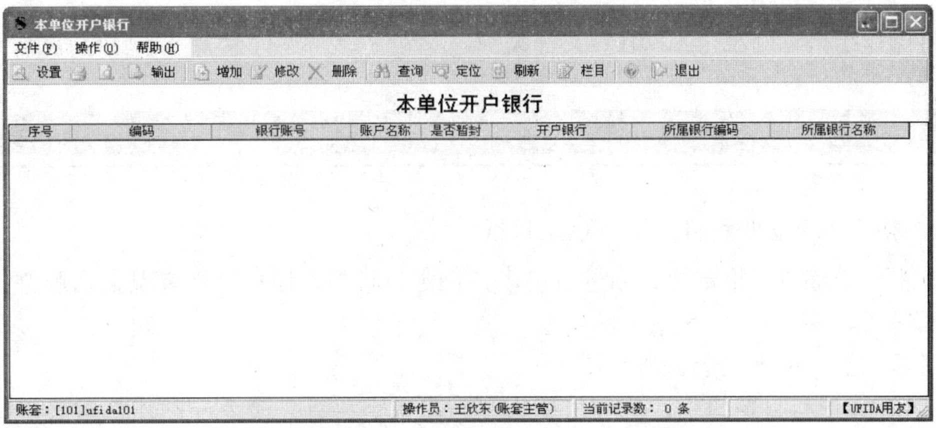

图2-29　“本单位开户银行”窗口

（2）单击“增加”按钮，打开“增加本单位开户银行”窗口。按题目要求输入各项信息，如图2-30所示。

- 编码：必须录入，且必须唯一。最多可输入3个字符，可以使用数字0～9或字符A～Z表示。

- 银行账号：必须录入。银行账号最多可输入20个字符。
- 币种：从下拉列表中选择。
- 开户银行：必须录入。开户银行名称最多可输入30个字符或15个汉字。
- 所属银行编码：从下拉列表中选择。

（3）单击“保存”按钮，保存当前录入信息。

（4）单击“退出”按钮，返回“本单位开户银行”窗口。

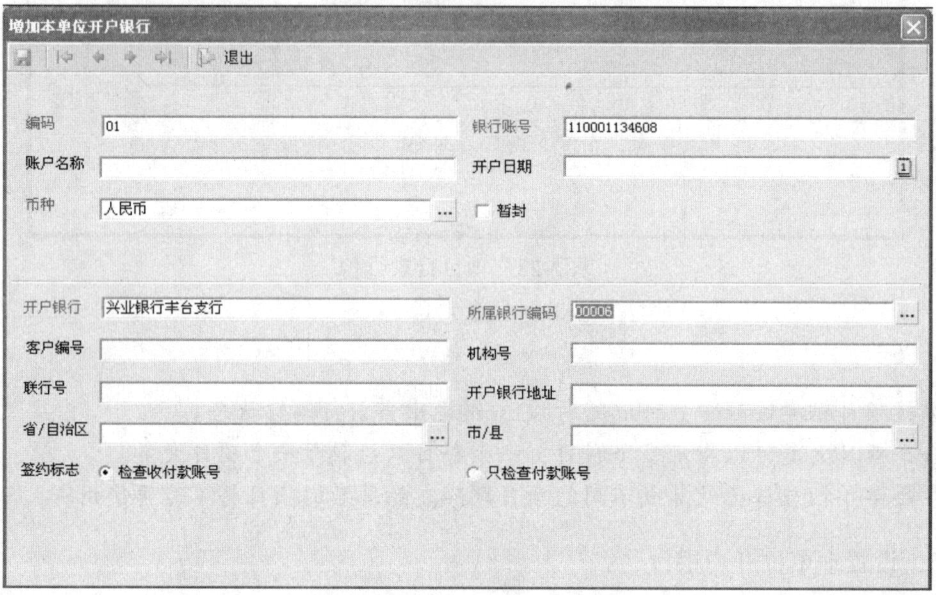

图2-30　本单位开户银行

6．输出账套

将操作结果输出至“X2_01”文件夹中。

2.5　拓展训练

1．指定现金总账科目或银行总账科目

本章前面练习了指定现金流量科目，在指定科目中，还可以指定现金总账科目和银行总账科目。

【示例】：指定现金总账科目

（1）会计科目窗口中，执行“编辑”→“指定科目”命令，打开“指定科目”对话框。

（2）单击“现金科目”按钮，从“待选科目”列表框中选择“1001 库存现金”科目，单击“>”按钮，将科目添加到“已选科目”列表中，如图2-31所示。

（3）单击“确定”按钮，保存。

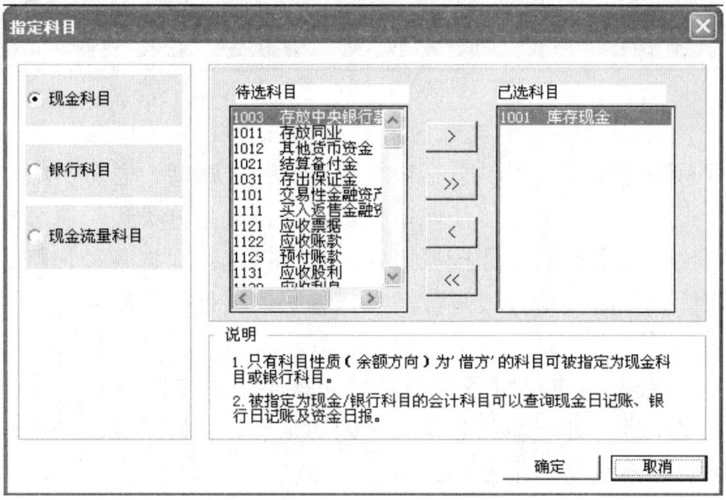

图2-31　指定现金科目

2．**定义项目级次**

在增加项目大类时有三个步骤，首先是输入项目大类名称，其次定义项目级次，最后定义项目栏目。系统默认项目级次为1级1位，如果与实际情况不符，需要自行设定。

【示例】：新增项目大类“工程”，定义项目级次：第1级1位，第2级2位，项目栏目采用系统默认。

（1）在企业应用平台基础设置中，执行“基础档案”→“财务”→“项目目录”命令，打开“项目档案”窗口。

（2）单击“增加”按钮，打开“项目大类定义_增加”对话框。

（3）输入新项目大类名称“工程”，选择新增项目大类的属性“普通项目”。

（4）单击“下一步”按钮，打开“定义项目级次”对话框，单击二级旁增减器按钮，设置为“2”，如图2-32所示。

（5）单击“下一步”按钮，打开“定义项目栏目”对话框，取系统默认，不做修改。

（6）单击“完成”按钮，返回“项目档案”窗口。

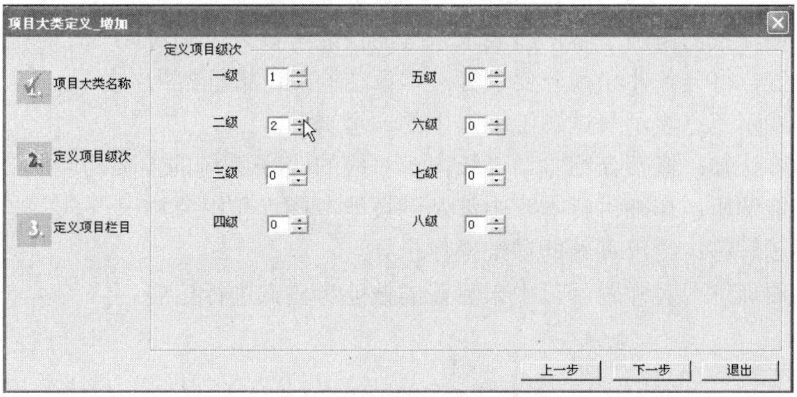

图2-32　定义项目级次

第3章　总账初始化设置

手工环境下，总账是指总分类账簿，是根据总分类科目开设账户，用来登记全部经济业务，进行总分类核算，提供总括核算资料的分类账簿。总分类账所提供的核算资料，是编制会计报表的主要依据，任何单位都必须设置总分类账。总分类账的登记依据和方法，主要取决于所采用的会计核算形式。它可以直接根据各种记账凭证逐笔登记，也可以先把记账凭证按照一定方式进行汇总，编制成科目汇总表或汇总记账凭证等，然后据以登记。

用友U8中，总账子系统是财务管理系统的核心子系统，涉及企业资金变动的所有业务均需要在总账中进行处理。总账应用分为初始设置、日常业务处理和期末处理三个部分，本章介绍总账系统初始化设置。

本章主要内容

- 理解总账初始化的意义
- 设置总账选项
- 录入期初余额

评分细则

本章分值为8分，设4个评分点，评分点、分值、得分条件及判分要求如下。

序号	评分点	分值	得分条件	判分要求
1	设置选项	2	正确设置选项	按要求设置选项
2	录入总账科目期初余额	2	正确输入总账科目期初余额	总账科目期初余额录入正确
3	录入辅助账科目期初余额	2	正确输入辅助账科目期初余额	辅助账科目期初余额录入正确
4	试算平衡	2	试算结果平衡	试算结果正确

本章导读

综上所述，我们明确了本章所要求掌握的技能考核点以及对应《试题汇编》单元的评分点、分值、得分条件和判分要求等。本章结构及逻辑框架为：

- 样题示范：展示《试题汇编》中的一道真题。
- 基本认知：概括介绍本章考核内容对应的U8子系统的主要功能。
- 技能解析：详细讲解本章中涉及到技能考核点和相关知识点。
- 样题解答：给出真题的详细操作指导。
- 拓展训练：对样题示范中未涵盖的技能考核点进行拓展。

3.1 样题示范

【练习目的】

从《试题汇编》中选取样题，了解本章题目类型，掌握本章重点技能点。

【样题来源】

《试题汇编》第3单元3.1题（随书光盘中提供了本样题的操作视频）。

【操作要求】

以系统管理员admin的身份登录用友U8系统管理，引入C:\2016U8softGJ\Unit3文件夹下的账套文件Y3_01。

以2011账套主管的身份（密码为空）登录201账套企业应用平台，登录日期为“2017-01-01”，进行总账初始化设置。

1．设置选项

选项卡	选项设置
凭证	可以使用应付受控科目 取消“现金流量科目必录现金流量项目”
权限	出纳凭证必须经由出纳签字

2．录入总账科目期初余额

科目编码	科目名称	方向	期初余额
1001	库存现金	借	12 000
10020101	银行存款/中行存款/人民币户	借	340 000
1122	应收账款	借	95 940（明细见辅助账期初余额）
140303	原材料/主板	借	144 000（450个）
1601	固定资产	借	39 500
1602	累计折旧	贷	5 190
2001	短期借款	贷	200 000
4001	实收资本	贷	426 250

3．录入辅助账科目期初余额

应收账款科目期初余额明细：

日期	凭证号	客户	摘要	方向	金额
2016-10-27	转-89	慧童	期初	借	32 760
2016-11-11	转-35	苏华	期初	借	63 180

4．试算平衡

5．输出账套

将操作结果输出至“考生文件夹\X3_01”文件夹中。

3.2 基本认知

3.2.1 总账系统的基本功能

总账系统的基本功能就是利用建立的会计科目体系，输入和处理各种记账凭证，完成记账、结账以及对账的工作，输出各种总分类账、日记账、明细账和有关辅助账。总账是U8财务会计最核心的一个子系统，是企业财务信息化的起点，也是编制对外财务报告的数据基础。

总账系统的主要功能包括了总账系统初始化、凭证管理、出纳管理、账簿管理、辅助核算管理及月末处理，如图3-1所示。

1．总账初始化

总账初始化是由企业用户根据自身的行业特性和管理需求，将通用的总账管理系统设置为适合企业自身特点的专用系统的过程。总账初始化主要包括系统选项设置和期初数据录入两项内容，如图3-2所示。

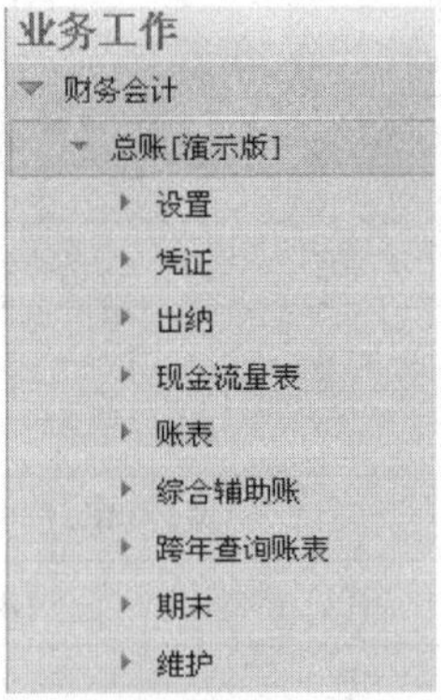

图3-1　总账系统的主要功能

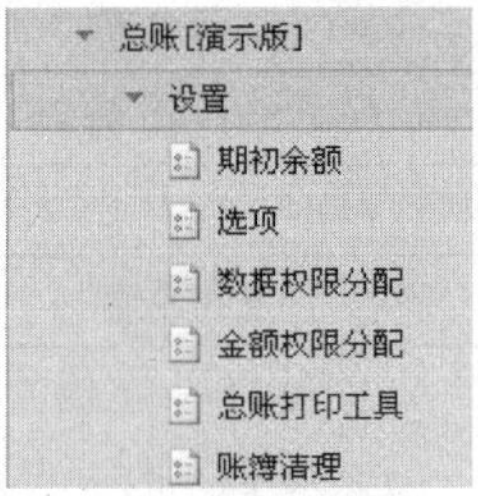

图3-2　总账初始化

2．凭证管理

凭证是记录企业各项经济业务发生的载体，凭证管理是总账系统的核心功能，主要包括填制凭证、出纳签字、审核凭证、记账、查询打印凭证等，如图3-3所示。凭证是总账系统数据的唯一来源，为严把数据源的正确性，总账系统设置了严密的制单控制以保证凭证填制的正确性。另外，总账系统还提供资金赤字控制、支票控制、预算控制、外币折算误差控制、凭证类型控制、制单金额控制等功能，以加强对业务的及时管理和控制。

3．出纳管理

资金收付的核算与管理是企业的重要日常工作，也是出纳的一项重要工作内容。总账系统中的出纳管理为出纳人员提供了一个集成办公环境，可完成现金日记账、银行存款日记账的查询和打印，随时出最新资金日报表，进行银行对账并生成银行存款余额调节表，如图3-4所示。

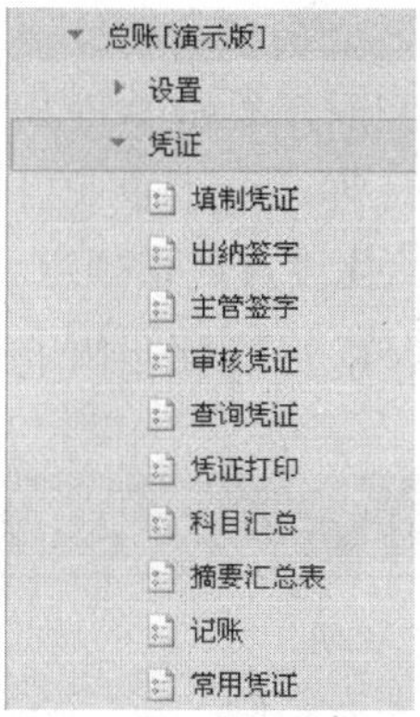

图3-3　凭证管理

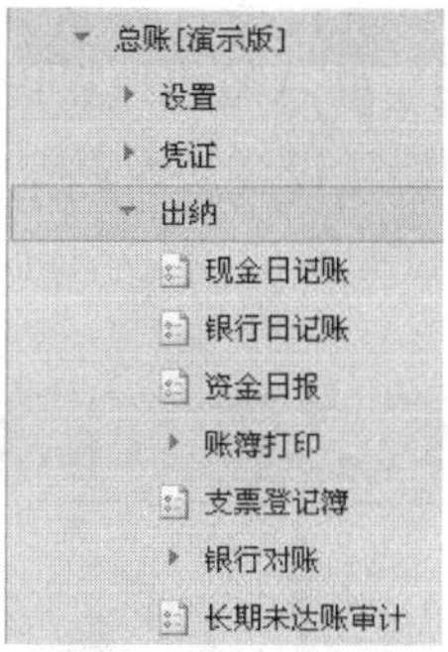

图3-4　出纳管理

4．账簿管理

总账系统提供了强大的账证查询功能。可以查询打印总账、明细账、日记账、发生额余额表、多栏账、序时账等，如图3-5所示。不仅可以查询到已记账凭证的数据，而且查询的账表中也可以包含未记账凭证的数据，可以轻松实现总账、明细账、日记账和凭证的联查。

5．辅助核算管理

为了细化企业的核算与管理，总账系统提供了辅助核算管理功能。辅助类型主要包括以下几种：客户往来核算、供应商往来核算、项目核算、部门核算和个人往来核算，如图3-6所示。利用辅助核算功能，可以简化会计科目体系，使查询专项信息更为便捷。

6．月末处理

总账系统月末处理主要包括自动转账凭证的定义、自动转账凭证的生成、对账和结账等内容，如图3-7所示。

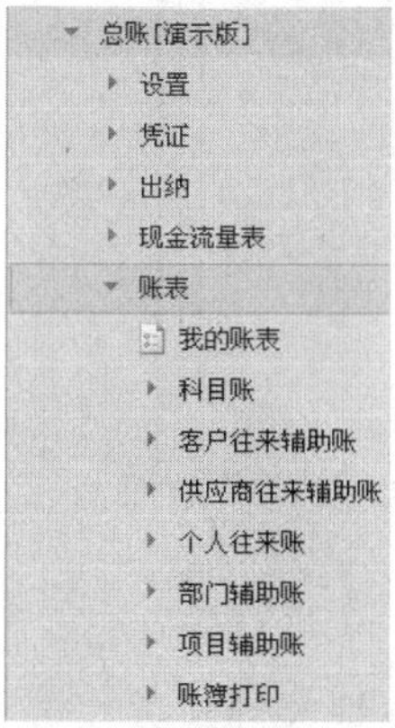

图3-5　账簿管理

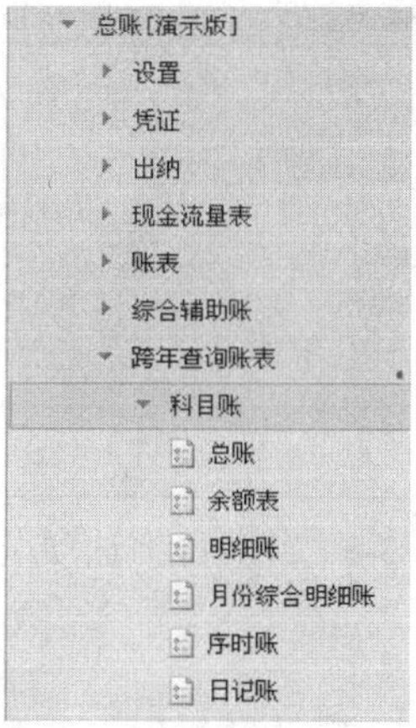

图3-6　辅助核算管理

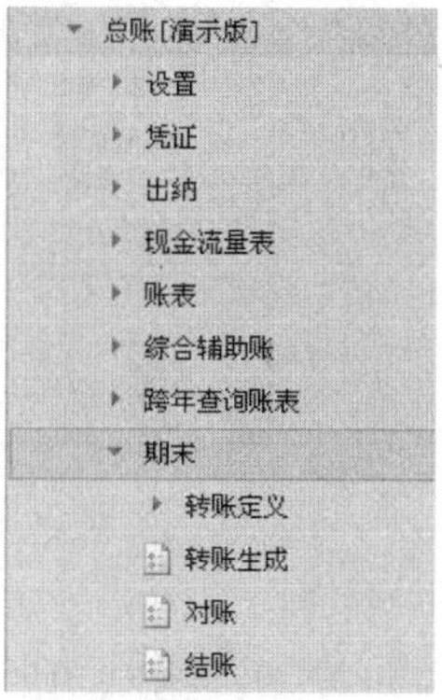

图3-7　月末处理

3.2.2　总账初始化的意义

用友U8是通用管理软件，可以满足不同行业、不同规模的企业的管理需求。不同行业具有不同的行业特性，不同规模、不同生命周期的企业的管理需求及管理重点也存在差异。通用管理软件为满足不同企业的应用需求，就需要在软件中预设大量的选项，也称为参数。企业在开始启用信息系统时，需要根据自身的行业特性和管理需求，对这些选项进行设置或选择，从而将通用的总账管理系统改造为适合本企业自身特点的个性化的应用系统，这项工作通常称为初始化设置。而总账初始化设置就是规定总账系统的应用方式。

用友U8总账初始化的主要内容包括选项设置和科目期初余额设置。

3.3 技能解析

3.3.1 设置总账选项

软件越通用，意味着系统内置的参数越多，系统参数的设置决定了企业的应用模式和应用流程。为了明确各项参数的适用对象，软件一般将参数分门别类进行管理。

总账选项分为“凭证”“账簿”“凭证打印”“预算控制”“权限”“会计日历”“其他”和“自定义项核算”几个选项卡存放。

1.“凭证”选项卡，如图3-8所示

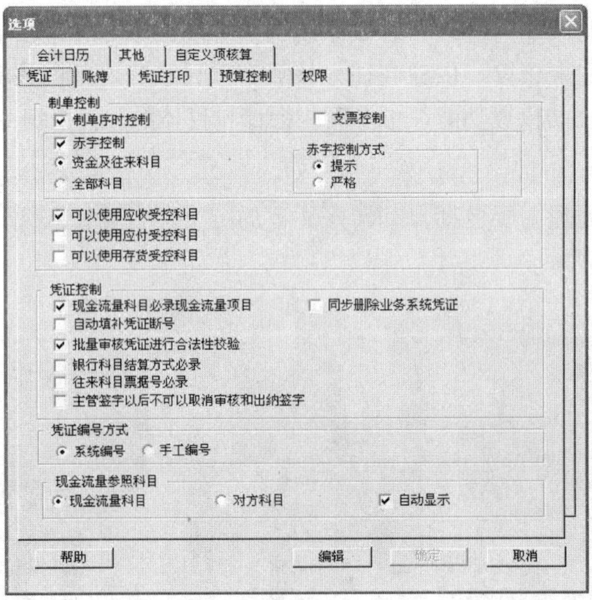

图3-8 “凭证”选项卡

（1）制单控制

①制单序时控制：指制单时凭证编号按日期顺序从小到大排列。

②支票控制：制单时使用了标注为银行账的科目时，如果结算方式设置了“票据管理”，那么输入的支票号如果在支票登记簿中存在，系统就提供支票报销，否则就提供支票登记。

③赤字控制：制单时，如果资金及往来科目的最新余额出现负数时，系统及时予以提示。

④可以使用应收受控科目：应收系统的受控科目是指只能在应收款系统制单时使用的科目，在企业启用应收款管理系统的前提下，与应收票据、应收账款、预收账款科目相关的业务在应收款管理系统生成，总账中不再填制这类业务凭证，因此保持此项为不选状态。目前为了全面学习总账功能，暂不启用应收款系统，因此涉及客户往来管理的业务需要在总账中处理，需要选中该项，否则在总账中不能使用这些科目制单。

提示：选择“可以使用应收受控科目”选项时，系统弹出“受控科目被其他系统使用时，会造成应收系统与总账对账不平”信息提示框，单击“确定”按钮返回即可。

（2）凭证控制

①现金流量科目必录现金流量项目：在会计科目中指定了现金流量科目的前提下，选中该项，在填制凭证时使用了现金流量科目，必须输入现金流所属的现金流量项目，否则凭证不能保存。

②自动填补凭证断号：选择凭证编号为系统编号，则在新增凭证时，系统按凭证类别自动查询本月的第一个断号作为本次新增凭证的凭证号。

③凭证录入时结算方式及票据必录：在填制凭证时如果使用了银行科目，则必须录入结算方式及票据号。

（3）凭证编号方式

系统提供自动编号和手工编号两种凭证编号方式。选择系统编号，系统按照凭证类别按月顺序编号。

2.“账簿”选项卡，如图3-9所示

用来设置各种账簿的输出方式和打印要求等。

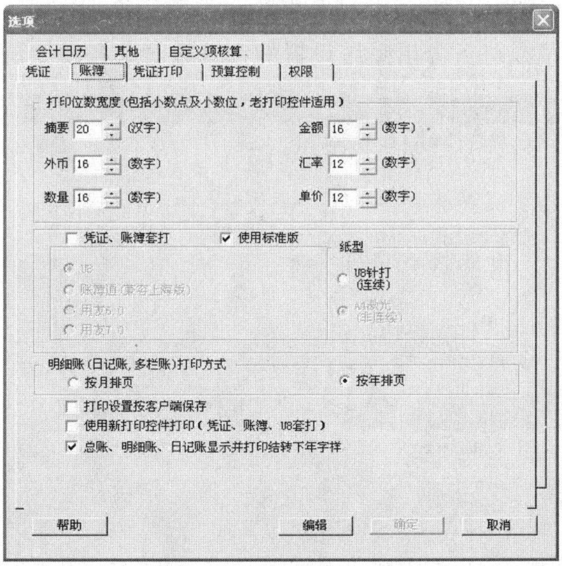

图3-9　“账簿”选项卡

3.“凭证打印”选项卡，如图3-10所示

用来设置凭证的输出方式和打印要求等。主要包括以下几项。

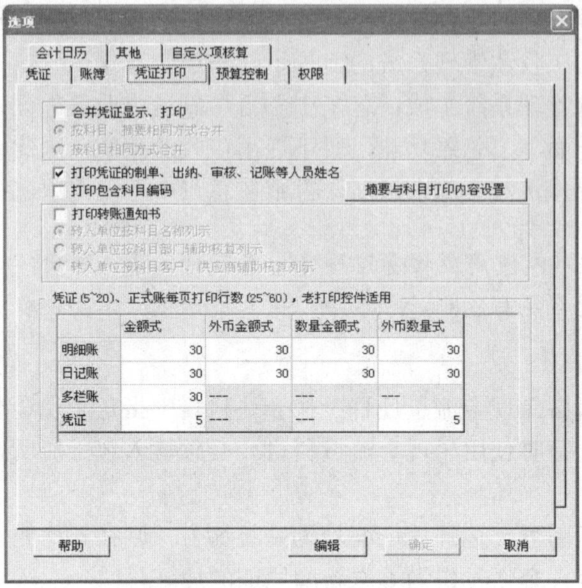

图3-10 “凭证打印”选项卡

（1）合并凭证显示、打印

选择此项，在填制凭证、查询凭证、出纳签字和凭证审核时，凭证按照“按科目、摘要相同方式合并”或“按科目相同方式合并”合并显示，在明细账显示界面中提供是否“合并显示”的选项。

（2）打印凭证页脚姓名

决定在打印凭证时，是否自动打印制单人、出纳、审核人、记账人的姓名。

4.“预算控制”选项卡，如图3-11所示

根据预算管理系统或财务分析系统设置的预算数对业务发生进行控制。

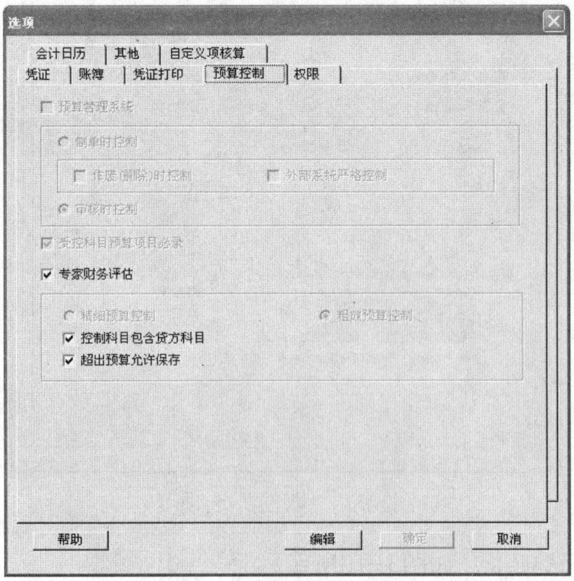

图3-11 “预算控制”选项卡

5．“权限”选项卡，如图3-12所示

选项中的权限提供了更为明细的权限划分，包括：

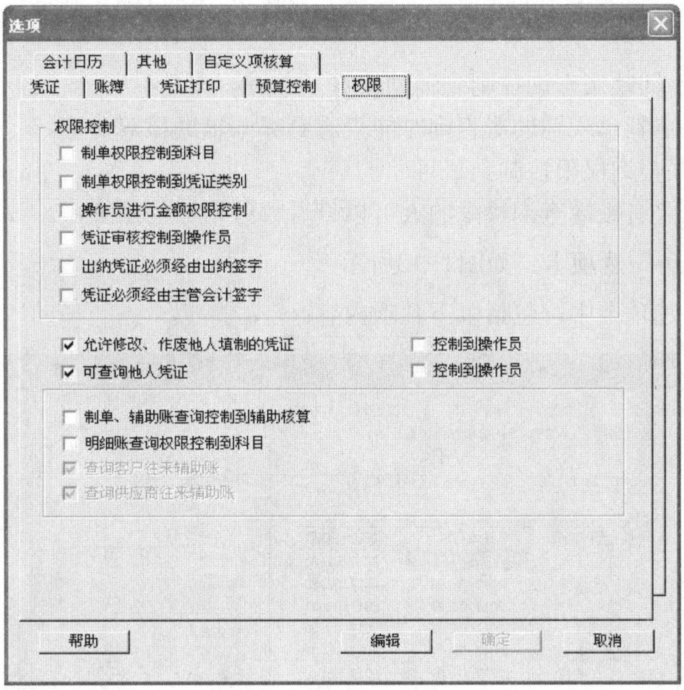

图3-12　“权限”选项卡

（1）权限控制

①制单权限控制到科目

如果希望限定每个制单人制单时所使用的会计科目，则选中该项。然后再在数据权限分配中授权制单人所能使用的科目。使用该功能的前提是在数据权限控制设置中已选择对“科目”业务对象进行控制。

②制单权限控制到凭证类别

限定制单人制单时可使用的凭证类别。其原理同上。

③操作员进行金额权限控制

限定不同级别的人员制单时的金额。此项对机制凭证和外来凭证无效。

④凭证审核控制到操作员

限定具有凭证审核权限的人只能对某些制单人填制的凭证进行审核。

⑤出纳凭证必须经由出纳签字

出纳凭证是指凭证上包含指定为现金科目或银行存款科目的凭证。如果企业需要关注涉及现金收付的业务，可以选择该选项。

⑥凭证必须经由主管会计签字

选中该项，所有凭证必须由主管会计签字。

（2）允许修改、作废他人填制的凭证

审核人员在审核凭证的过程中发现凭证有误，是否可以作废和修改取决于该选项是否为选中状态。“控制到操作员”可以细化到允许修改、作废哪些制单人填制的凭证。

（3）可查询他人凭证

是否可以查看他人填制的凭证。“控制到操作员”可以细化到可以查看哪些制单人填制的凭证。

（4）制单、辅助账查询控制到辅助核算

是否需要限定制单或辅助账查询时能查看到哪些辅助核算类型。

（5）明细账查询权限控制到科目

是否需要限定有账簿查询权限的人可以查看哪些科目的明细账。

6.“会计日历”选项卡，如图3-13所示

在会计日历选项卡中，包括以下几项内容：

图3-13 “会计日历”选项卡

（1）可查看各会计期间的起始日期与结束日期，以及启用会计年度和启用日期。此处仅能查看，不能修改。

（2）可以查看企业建账时的部分信息，包括账套名称、单位名称、账套路径、行业性质、科目级长等。

（3）可以修改数量小数位、单价小数位和本位币精度。

7.“其他”选项卡，如图3-14所示

在“其他”选项卡中可以设置以下内容：

（1）外币核算方式

如果企业有外币业务，那么可以在此选择是采用“固定汇率”核算还是采用“浮动汇率”核算。

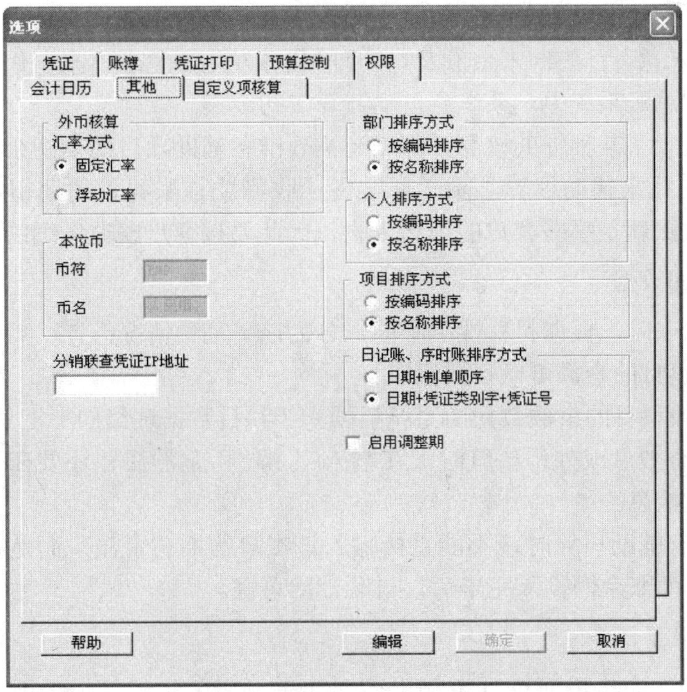

图3-14　“其他”选项卡

（2）排序方式

在参照部门目录查询部门辅助账时，可以指定查询列表的内容是按编码顺序显示，还是按名称顺序显示。对个人往来辅助核算和项目核算也可以进行设置。

3.3.2 录入期初数据

企业账套建立之后，需要在系统中建立各账户的初始数据，才能接续手工业务处理进程。各账户余额数据的准备与总账启用的会计期间相关。

1．准备期初数据

为了保持账簿资料的连续性，应该将原有系统下截止到总账启用日的各账户年初余额、累计发生额和期末余额输入到计算机系统中。但因为它们之间存在这样的关系：如果某账户余额在借方，则年初余额+本年累计借方发生额－本年累计贷方发生额=期末余额；如果某账户余额在贷方，则年初余额+本年累计贷方发生额－本年累计借方发生额=期末余额。因此一般只需要向计算机输入其中三个数据，另外一个可以根据上述关系自动计算。

选择年初启用总账和选择年中启用总账需要准备的期初数据是不同的。如果选择年初建账，只需要准备各账户上年年末的余额作为新一年的期初余额，且年初余额和月初余额是相同的。如某企业选择2017年1月启用总账系统，则只需要整理该企业2016年12月末各账户的期末余额作为2017年1月初的期初余额，因为本年没有累计数据发生，因此月初余额同时也是2017年年初余额。如果选择年中建账，不仅要准备各账户启用会计期间上一期的期末余额作为启用期的期初余额，而且还要整理自本年度开始截止至启用期的各账户累计发生数据。例如，某企业2017年8月开始启用总账系统，那么，应将该企业2017年7月末各科目的期末余额及1~7月的累计发生额整理出来，作为计算机系统的期初数据录入到总账系统中，系统将自动计算年初余额。

如果科目设置了某种辅助核算，那么还需要准备辅助项目的期初余额。如应收账款科目设置了客户往来辅助核算，除了要准备应收账款总账科目的期初数据外，还要详细记录这些应收账款是哪些客户的销售未收，因此要按客户整理详细的应收余额数据。

2．录入期初数据

期初余额录入时，根据科目性质不同，分为以下几种情况：

（1）末级科目的余额可以直接输入。

（2）非末级科目的余额数据由系统根据末级科目数据逐级向上汇总而得。

（3）科目有数量或外币核算时，在输入完本位币金额后，还要在下面一行输入相应的数量和外币信息。

（4）科目有辅助核算时，不能直接输入该账户的期初余额，而是必须输入辅助账的期初余额。辅助账余额输入完毕后，自动带回总账。

3．进行试算平衡

期初数据输入完毕后应进行试算平衡。如果期初余额试算不平衡，可以填制、审核凭证，但不能进行记账处理。因为企业信息化时，初始设置工作量大，占用时间比较长，为了不影响日常业务的正常进行，故允许在初始化工作未完成的情况下进行凭证的填制。

凭证一经记账，期初数据便不能再修改。

3.4 样题解答

已经由系统管理员引入了账套文件Y3_01。

1．以2011操作员的身份登录201账套

（1）执行“开始”→“所有程序”→“用友U8V10.1”→“企业应用平台”命令，打开“登录”对话框。

（2）录入操作员“2011”，密码空，单击“账套”栏的下三角按钮，选择“[201](default)中诚通讯”，操作日期设置为“2017-01-01”。单击“登录”按钮，进入“企业应用平台”窗口。窗口状态栏中显示当前操作员为“彭飞（账套主管）”。

（3）在“业务工作”中，执行“财务会计”→“总账”命令，可以看到总账下的主要功能节点，如图3-15所示。

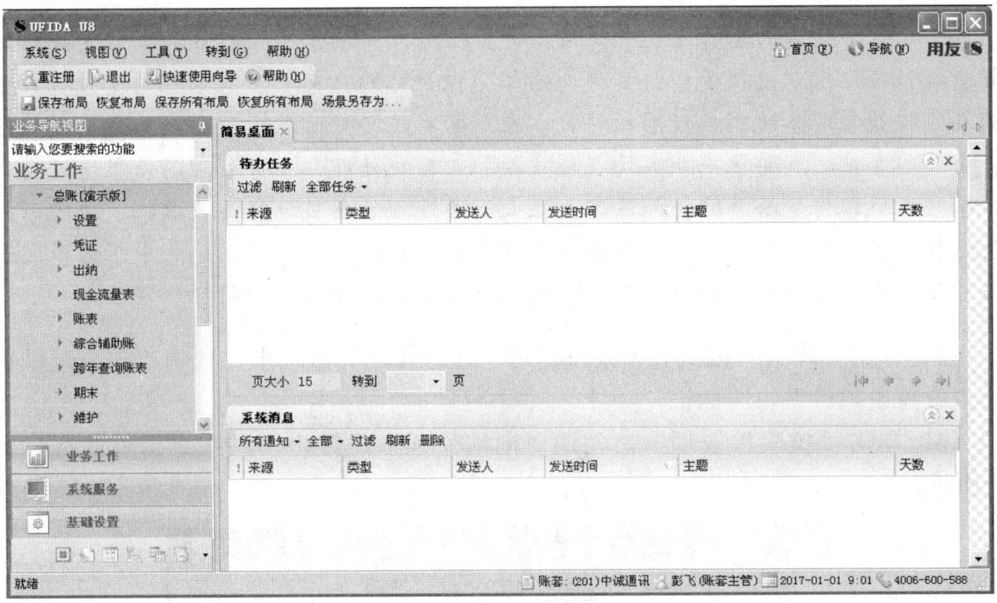

图3-15 总账主要功能

2．设置总账选项

（1）在总账系统中，执行“设置”→“选项”命令，打开“选项”对话框。

（2）单击“编辑”按钮，进入修改状态。

（3）在“凭证”选项卡中，勾选“可以使用应付受控科目”复选框，弹出系统提示如图3-16所示。

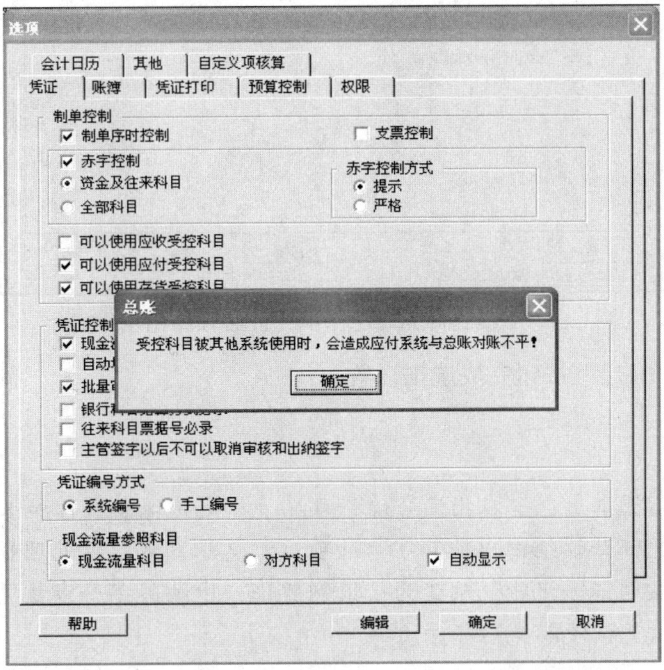

图3-16 设置总账选项 - 可以使用应付受控科目

提示：总账选项设置中提到三种受控科目：应收受控科目、应付受控科目和存货受控科目，仅以应收受控科目为例阐释受控科目的意义。应收系统的受控科目是指只能在应收款管理系统制单使用的科目。在总账系统与应收款管理系统集成应用的前提下，企业与客户之间的往来业务均在应收款管理系统处理，业务处理的结果通过自动凭证机制生成凭证传递给总账。涉及客户往来业务处理的科目包括应收票据、应收账款和预收账款科目，既然与此相关的业务在应收款管理系统生成，那么总账中不再填制这类业务凭证，否则业务处理就重复了。这几个科目也称为应收受控科目。

（4）单击“确定”按钮关闭系统提示，在“凭证”选项卡中取消“现金流量科目必录现金流量项目”勾选标记。

（5）单击“权限”选项卡，勾选“出纳凭证必须经由出纳签字”复选框，如图3-17所示。

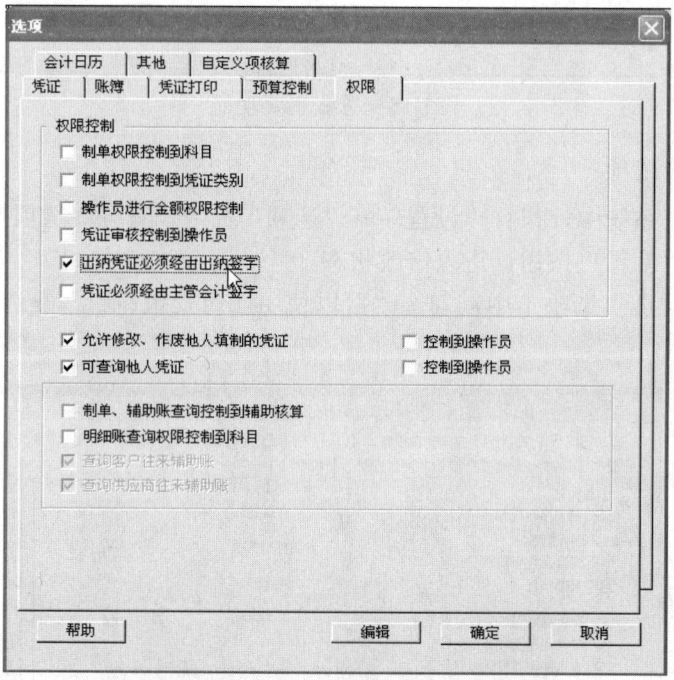

图3-17　设置总账选项 - 出纳凭证必须经由出纳签字

（6）单击“确定”按钮完成选项设置。

提示：

- 出纳凭证是指凭证上包含在指定会计科目环节指定为现金科目和银行科目的凭证。
- 选中“出纳凭证必须经由出纳签字”选项后，总账日常业务处理程序由原来的“填制凭证→审核凭证→记账”改变为“填制凭证→出纳签字→审核凭证→记账”，出纳签字和审核凭证没有先后顺序。

3．录入期初余额

（1）无辅助核算的科目余额录入

①在总账系统中，执行“设置”→“期初余额”命令，进入“期初余额录入”窗口。期初余额列底色有三种颜色。

②底色为白色单元格为末级科目，期初余额直接录入，如库存现金、工行存款、工程物资、短期借款、实收资本。当末级科目期初余额录入之后，上级科目的期初余额自动汇总生成，如“银行存款”科目，如图3-18所示。

图3-18　明细科目余额录入完成后上级科目期初余额自动生成

③如果是数量辅助核算或外币辅助核算科目，在期初余额界面显示两行，第1行录入人民币期初余额，第2行录入数量或外币，且必须先录本位币期初金额再录数量或外币。如“原材料”科目，如图3-19所示。

图3-19　数量核算科目先录金额期初再录数量期初

提示：

- 如果要修改余额的方向，可以在未录入余额的情况下，单击“方向”按钮，改变余额的方向。
- 总账科目与其下级科目的方向必须一致。如果所录入明细余额的方向与总账余额方向相反，则用“-”号表示。如“应交税金/应交增值税/进项税额”科目借方余额3 832，需要录入“-3 832”。

（2）客户往来辅助核算科目录入

底色为黄色的单元是设置了客户往来、供应商往来、部门核算、个人往来、项目核算核算的科目。如本题应收账款期初余额为95 940。

①双击“应收账款”科目期初余额栏，进入“辅助期初余额”窗口。

②单击“往来明细”按钮，进入“期初往来明细”窗口。

③单击“增行”按钮，按明细资料录入应收账款往来明细，如图3-20所示。

图3-20　应收账款期初往来明细

④单击“汇总”按钮，系统自动汇总并弹出“完成了往来明细到辅助期初表的汇总！”信息提示框，单击“确定”按钮。

⑤单击“退出”按钮，返回到“辅助期初余额”窗口，如图3-21所示。

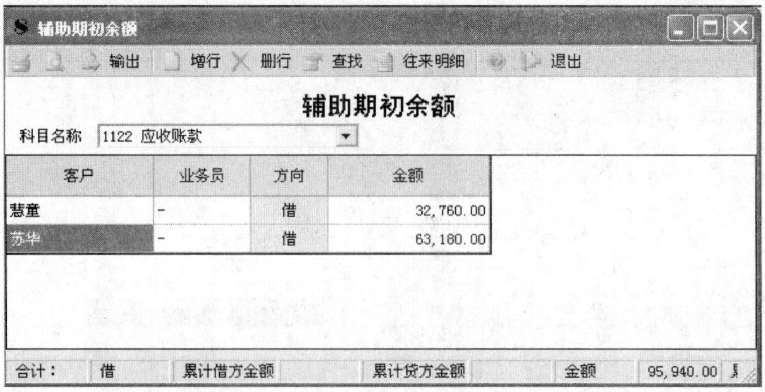

图3-21　辅助期初余额

⑥单击“退出”按钮，返回“期初余额录入”窗口，应收账款科目余额已自动生成。

4．试算平衡

输完所有科目余额后，单击“试算”按钮，打开“期初试算平衡表”对话框，如图3-22所示。

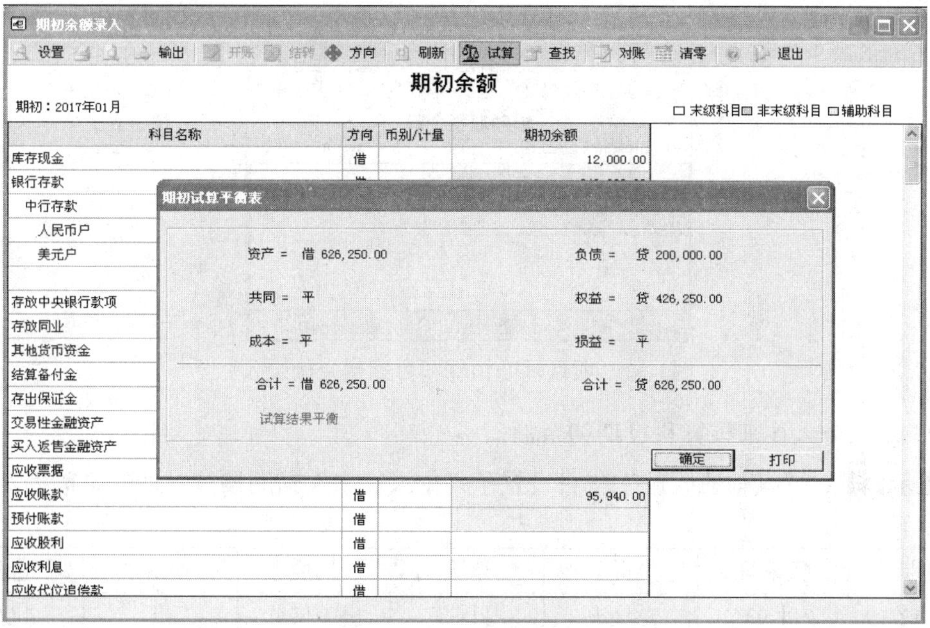

图3-22　期初试算平衡

若期初余额不平衡，则修改期初余额；若期初余额试算平衡，单击“确定”按钮。

提示：

- 系统只能对期初余额的平衡关系进行试算，而不能对年初余额进行试算。
- 如果期初余额不平衡，可以填制凭证、审核凭证但是不允许记账。
- 凭证记账后，期初余额变为“只读、浏览”状态，不能再修改。

5．输出账套

将操作结果输出至“考生文件夹\X3_01”文件夹中。

3.5　拓展训练

1．录入项目核算科目期初余额

【示例】：“在建工程”科目设置了“项目核算”辅助核算，期初余额为70 000，明细如下。

项目	期初余额
车间改扩建	40 000
热电改造	30 000

（1）双击“在建工程”科目期初余额栏，进入“辅助期初余额”窗口。

（2）单击“增行”按钮，按项目录入期初余额明细，如图3-23所示。

（3）单击“退出”按钮，返回“期初余额录入”窗口，在建工程科目期初余额已生成。

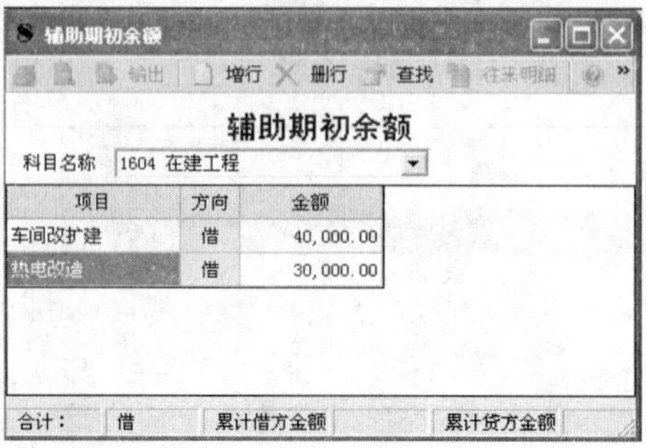

图3-23　项目辅助核算科目期初余额录入

2．录入个人往来核算科目期初余额

【示例】：“其他应收款”科目设置了“个人往来”辅助核算，期初余额为7 000，明细如下。

日期	凭证号	部门	个人	摘要	方向	金额
2016-12-19	付-98	总经办	马国华	出差借款	借	4 000
2016-12-24	付-137	销售一部	高文庆	出差借款	借	3 000

（1）双击“其他应收款”科目期初余额栏，进入“辅助期初余额”窗口。

（2）单击“往来明细”按钮，进入“期初往来明细”窗口。

（3）单击“增行”按钮，按明细资料录入其他应收款往来明细，如图3-24所示。

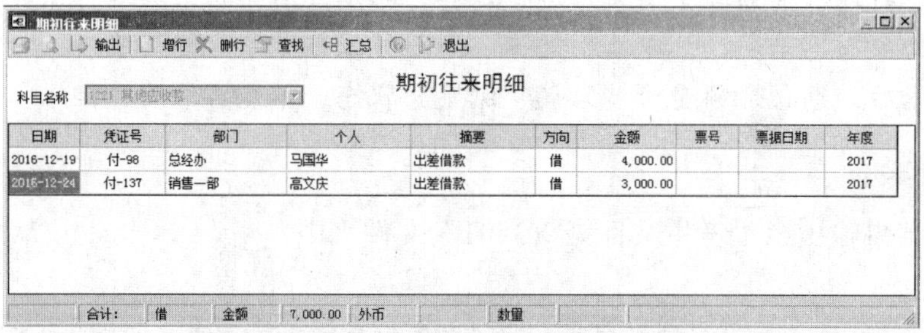

图3-24　个人往来辅助核算期初余额录入

（4）单击“汇总”按钮，系统自动汇总并弹出“完成了往来明细到辅助期初表的汇总！”信息提示框，单击“确定”按钮。

（5）单击“退出”按钮，返回到“辅助期初余额”窗口。

（6）单击“退出”按钮，返回“期初余额录入”窗口，其他应收款科目余额已自动生成。

第4章　总账日常业务处理

总账日常业务处理主要是完成企业涉及资金变动的经济业务的记录、审核、记账等管理内容。用友U8中，总账日常业务处理分为输入→处理→输出3个环节。手工录入记账凭证后，经过审核、记账，自动生成总账、明细账、日记账及各种辅助账。

本章主要内容

- 理解总账日常业务处理工作流程
- 填制凭证
- 出纳签字
- 审核凭证
- 记账
- 冲销凭证
- 删除凭证
- 定义转账凭证
- 生成转账凭证
- 查询凭证、账簿

评分细则

本章分值为26分，设10个评分点，评分点、分值、得分条件及判分要求如下。

序号	评分点	分值	得分条件	判分要求
1	填制凭证	8	正确填制凭证	凭证类别、摘要、科目及金额正确，每张凭证2分
2	出纳签字	2	正确进行出纳签字	凭证页脚出纳处有出纳签名
3	审核凭证	2	正确审核凭证	凭证页脚出纳处有指定审核人签字
4	记账	2	正确记账	记账范围及内容正确
5	冲销凭证	2	正确进行红字冲销	冲销凭证正确
6	删除凭证	2	正确删除凭证	作废凭证1分 整理凭证1分
7	定义转账凭证	2	转账凭证定义正确	借贷科目、取数公式正确 指定内容正确
8	生成转账凭证	2	正确生成凭证	正确生成相应的转账凭证并保存
9	对生成的自定义转账凭证进行审核记账	2	正确进行审核记账	正确更换操作员进行审核记账
10	查询凭证、账簿	2	正确查询指定凭证、账簿	按要求查询凭证、账簿，结果正确

本章导读

综上所述，我们明确了本章所要求掌握的技能考核点以及对应《试题汇编》单元的评分点、分值、得分条件和判分要求等。本章结构及逻辑框架为：

- 样题示范：展示《试题汇编》中的一道真题。
- 基本认知：概括介绍本章考核内容对应的U8子系统的主要功能。
- 技能解析：详细讲解本章中涉及到技能考核点和相关知识点。
- 样题解答：给出真题的详细操作指导。
- 拓展训练：对样题示范中未涵盖的技能考核点进行拓展。

4.1 样题示范

【练习目的】

从《试题汇编》中选取样题，了解本章题目类型，掌握本章重点技能点。

【样题来源】

《试题汇编》第4单元4.1题（随书光盘中提供了本样题的操作视频）。

【操作要求】

以系统管理员admin的身份登录用友U8系统管理，引入C:\2016U8softGJ\Unit4文件夹下的账套文件Y4_01。

1．填制凭证

以2012操作员的身份（密码为空）登录201账套，登录日期为“2017-01-11”，填制凭证。

（1）采购部范文芳预借差旅费5 000元。

借：其他应收款（1221）　　5 000

　　贷：库存现金（1001）　　5 000

（2）财务部开具现金支票（支票号20170001），从中行人民币户提取现金10 000元，作为备用金。

借：库存现金（1001）　　10 000

　　贷：银行存款/中行存款/人民币户（10020101）　　10 000

（3）总经办报销招待费1 200元，以现金支付。

借：管理费用/招待费（660205）　　1 200

　　贷：库存现金（1001）　　1 200

（4）生产部领用主板50个，单价320元，用于生产云易手机。

借：生产成本/直接材料（500101）　　16 000

　　贷：原材料/主板（140303）　　16 000

2．出纳签字

以2013操作员的身份（密码为空）登录201账套，登录日期为“2017-01-11”，出纳签字。

3．审核凭证

以2011操作员的身份（密码为空）登录201账套，登录日期为“2017-01-11”，审核凭证。

4．记账

以2011操作员的身份（密码为空）登录201账套，登录日期为“2017-01-11”，记账。

5．冲销凭证

以2012操作员的身份（密码为空）登录201账套，登录日期为“2017-01-11”，冲销第2笔提现金凭证。

6．删除凭证

以2012操作员的身份（密码为空）登录201账套，登录日期为“2017-01-11”，删除红字冲销凭证。

7．定义转账凭证

以2012操作员的身份（密码为空）登录201账套，登录日期为“2017-01-11”，定义期间损益结转凭证。

8．生成转账凭证

以2012操作员的身份（密码为空）登录201账套，登录日期为“2017-01-11”，生成期间损益结转凭证。

9．对生成的自定义转账凭证进行审核记账

以2011操作员的身份（密码为空）登录201账套，登录日期为“2017-01-11”，对期间损益结转凭证进行审核、记账。

10．查询凭证

查询本月已记账凭证。

11．输出账套

将操作结果输出至“考生文件夹\X4_01”文件夹中。

4.2　基本认知

总账初始设置完成后，就可以开始进行日常业务处理了。

4.2.1　总账日常业务处理的工作流程

总账日常业务处理的工作流程如图4-1所示。

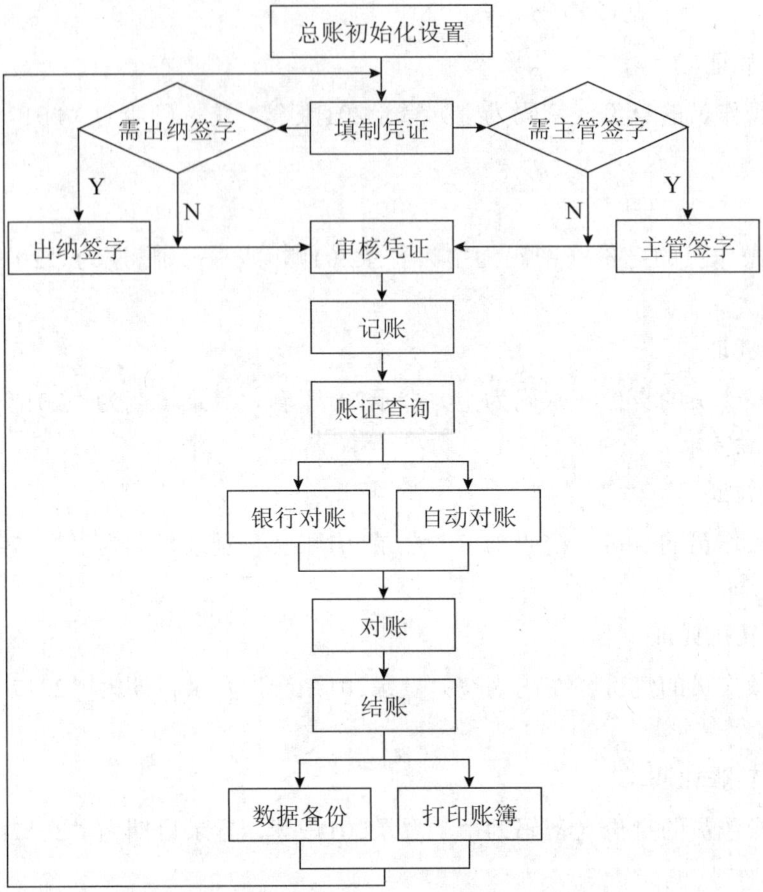

图4-1　总账日常业务处理的工作流程

4.2.2 总账日常业务处理的主要内容

总账日常业务处理的主要包括以下几项工作：凭证管理、出纳管理和账证查询。

1．凭证管理

凭证是记录企业各项经济业务发生的载体。凭证管理是总账系统的核心功能，主要包括填制凭证、出纳签字、审核凭证、记账、查询打印凭证等，如图4-2所示。凭证是总账系统数据的唯一来源，为严把数据源的正确性，总账系统设置了严密的制单控制以保证凭证填制的正确性。另外，总账系统还提供资金赤字控制、支票控制、预算控制、外币折算误差控制、凭证类型控制、制单金额控制等功能，以加强对业务的及时管理和控制。

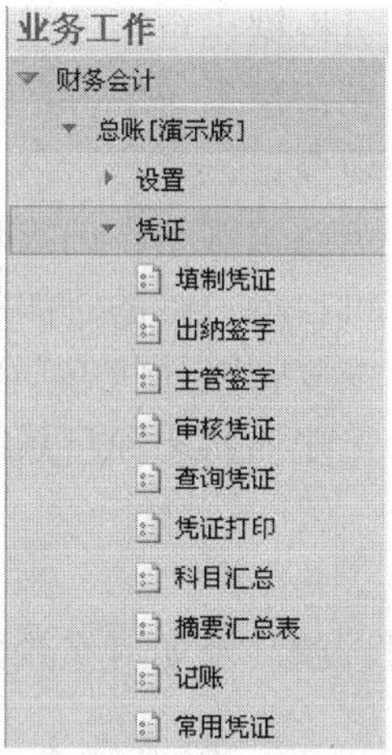

图4-2　凭证管理

（1）填制凭证

记账凭证按其编制来源可分为两大类：手工填制凭证和机制凭证。机制凭证包括利用总账系统自动转账功能生成的凭证以及在其他子系统中生成传递到总账的凭证。本节主要介绍手工填制凭证。

手工填制凭证也分为两种方式：一种是根据审核无误的原始凭证直接在总账系统中填制记账凭证；另一种是先在手工方式下填制好记账凭证而后再集中输入到总账系统中。企业可以根据实际情况选择适合自己的方式。

（2）复核凭证

为了保证会计事项处理正确和记账凭证填制正确，需要对记账凭证进行复核。凭证复核包括出纳签字、主管签字和审核凭证。

①出纳签字

由于出纳凭证涉及到企业资金的收支，所以应加强对出纳凭证的管理。出纳签字功能使得出纳可以对涉及到现金、银行存款的凭证进行核对，以判定凭证是否有误。如果凭证正确无误，出纳便可签字，否则必须交由制单人进行修改后再重新核对。

②主管签字

为了加强对会计人员制单的管理，有的企业所有凭证都需要由主管签字，为了满足这一应用需求，总账系统提供主管签字功能。但凭证是否需要主管签字才能记账，取决于系统参数的设置。

③审核凭证

审核凭证是审核人员按照相关规定，对制单人填制的记账凭证进行检查核对，如是否与原始凭证相符、会计分录是否正确等。凭证审核无误后，审核人便可签字，否则必须交由制单人进行修改后再重新审核。

所有凭证必须审核后才能记账。注意审核人与制单人不能是同一人。

如果设置了凭证审核明细权限的话，审核凭证还会受到明细权限的制约。

（3）记账

记账是以会计凭证为依据，将经济业务全面、系统、连续地记录到账簿中的一种方法。手工状态下，记账是由会计人员根据已审核的记账凭证及其所附有的原始凭证逐笔或汇总登记有关的总账和明细账。在信息系统中，记账是由有权限的用户发出指令，由计算机按照预先设定的记账规则自动登记。

记账凭证经过审核签字后，便可以记账了。记账时可以选择要记账的凭证范围。

计算机系统中，记账是由计算机自动进行的。如果记账后发现输入的记账凭证有错误需要进行修改，需要人工调用“恢复记账前状态”功能。系统提供了两种恢复记账前状态方式：将系统恢复到最后一次记账前状态和将系统恢复到月初状态。只有主管才能选择将数据“恢复到月初状态”。

（4）修改凭证

如果发生凭证填制错误的情况，就涉及如何修改凭证。在信息化方式下，凭证的修改分为有痕迹修改和无痕迹修改。

①无痕迹修改

无痕迹修改，是指系统内不保存任何修改线索和痕迹。对于尚未审核和签字的凭证可以直接进行修改；对于已经审核或签字的凭证应该先取消审核或签字，然后才能修改。显然，在这两种情况下，都没有保留任何审计线索。

②有痕迹修改

有痕迹修改是指系统通过保存错误凭证和更正凭证的方式而保留修改痕迹，因而可以留下审计线索。对于已经记账的错误凭证，一般应采用有痕迹修改。具体方法是采用红字更正法或补充更正法。前者适用于更正记账金额大于应记金额的错误或者会计科目的错误，后者适用于更正记账金额小于应记金额的错误。

能否修改他人填制的凭证，将取决于系统参数的设置。其他子系统生成的凭证，只能在账务系统中进行查询、审核、记账，不能修改和作废，只能在生成该凭证的原子系统中进行修改和删除，以保证记账凭证和原子系统中的原始单据相一致。

修改凭证时，一般而言凭证类别及编号是不能修改的。修改凭证日期时，为了保持序时性，日期应介于前后两张凭证日期之间，同时日期月份不能修改。

（5）删除凭证

在U8系统中，没有直接的删除凭证的功能。对于尚未审核和签字的凭证，如果不需要的话，可以直接将其作废，作废凭证仍保留凭证内容及编号，仅显示“作废”字样。作废凭证不能修改、不能审核，但应参与记账，否则月末无法结账。记账时不对作废凭证进行数据处理，相当于一张空凭证。账簿查询时，查不到作废凭证的数据。

与作废凭证相对应，系统也提供对作废凭证的恢复，将已标识为作废的凭证恢复为正常凭证。如果作废凭证没有保留的必要时，可以通过“整理凭证”彻底将其删除。

（6）凭证查询

查询是计算机系统强于手工方式的优势之一。既可以查询已记账凭证，也可以查询未记账凭证；既可以查询作废凭证，也可以查询标错凭证；既可以按凭证号范围查询，也可以按日期查询；既可以按制单人查询，也可以按审核人或出纳员查询。通过设置查询条件，可以按科目、摘要、金额、外币、数量、结算方式或各种辅助项查询，快捷方便。

（7）凭证汇总

凭证汇总时，可按一定条件对记账凭证进行汇总并生成凭证汇总表。进行凭证汇总的凭证可以是已记账凭证，也可以是未记账凭证，可供财务人员随时查询凭证汇总信息，及时了解企业的经营状况及其他财务信息。

（8）设置常用凭证

企业发生的经济业务都有其规律性，有些业务在一个月内会重复发生若干次，因而在填制凭证的过程中，经常会有许多凭证完全相同或部分相同，因而可以将这些经常出现的凭证进行预先设置，以便将来填制凭证时随时调用，简化凭证的填制过程就是设置常用凭证。

2．出纳管理

资金收付的核算与管理是企业的重要日常工作，也是出纳的一项重要工作内容。总账系统中的出纳管理为出纳人员提供了一个集成办公环境，可完成现金日记账、银行存款日记账的查询和打印，随时出最新资金日报表，进行银行对账并生成银行存款余额调节表。

出纳管理是总账系统为出纳人员提供的一套管理工具和工作平台，主要包括现金和银行存款日记账的查询打印、资金日报、支票登记簿以及银行对账，如图4-3所示。

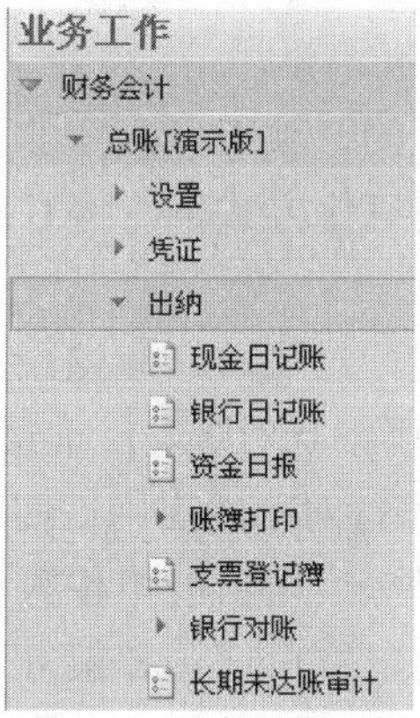

图4-3　出纳管理

需要说明，如果企业在总账选项中选中了“出纳凭证必须经由出纳签字”，那么当凭证上使用了指定为库存现金或银行存款属性的科目，需要出纳对该类业务进行确认。出纳签字在凭证管理中已有介绍，此处不再赘述。

（1）现金日记账和银行日记账的查询打印

现金日记账和银行存款日记账不同于一般科目的日记账，是属于出纳管理的，因此将其查询和打印功能放置于出纳管理平台上。

现金、银行日记账一般可按月或按日查询，查询时也可以包含未记账凭证在内。

（2）资金日报表

资金日报表可以反映现金和银行存款的日发生额及余额情况。手工环境下，资金日报表由出纳员逐日填写，以反映当天营业结束时的现金、银行存款的收支情况及余额。

在计算机系统中，资金日报表可由总账系统根据记账凭证自动生成，及时掌握当日借/贷金额合计、余额以及当日业务量等等信息。资金日报表既可以根据已记账凭证生成，也可以根据未记账凭证生成。

（3）支票登记簿

加强支票的管理对于企业来说非常重要，因此总账系统提供了支票登记簿功能，以供出纳员详细登记支票领用及报销情况，如领用日期、领用部门、领用人、支票号、用途、预计金额、报销日期、实际金额、备注等。

一般而言，使用支票登记簿时，应注意以下问题：

①只有在总账系统的初始设置选项中已选择“支票控制”，并在结算方式设置中已设置“票据结算”标志，且在“会计科目”中已指定银行账的科目，才能使用支票登记簿。

②领用支票时，银行出纳必须据实填写领用日期、领用部门、领用人、用途、预计金额、备注等信息。

③支票支出后，经办人持原始单据报销，会计人员据此填制记账凭证。在录入该凭证时，系统要求录入结算方式和支票号，填制完凭证后，在采用支票控制的方法下，系统自动在支票登记簿中将该支票填上报销日期，表示该支票已报销，否则出纳员需要自己填写报销日期。

（4）银行对账

银行对账是出纳在月末应进行的一项工作，企业为了了解未达账项的情况，通常都会定期与开户银行进行对账。在信息化方式下，银行对账的流程如下所述。

①录入银行对账期初数据

在第一次利用总账系统进行银行对账前，应该录入银行启用日期时的银行对账期初数据。银行对账的启用日期是指使用银行对账功能前最后一次手工对账的截止日期，银行对账不一定和总账系统同时启用，银行对账的启用日期可以晚于总账系统的启用日期。

银行对账期初数据包括银行对账启用日的单位方银行日记账与银行方银行对账单的调整前余额，以及启用日期之前的单位日记账和银行对账单的未达账项。

录入期初数据后，应保证银行日记账的调整后余额等于银行对账单的调整后余额，否则会影响以后的银行对账。

②录入银行对账单

在开始对账之前，须将银行开出的银行对账单录入系统中，以便将其与企业银行日记账进行核对。有些系统还提供了银行账单导入的功能，避免了烦琐的手工录入过程。

③银行对账

银行对账可采用自动对账和手工对账相结合的方式，先进行自动对账，然后在此基础上，再进行手工对账。

自动对账是指系统根据设定的对账依据，将银行日记账（银行未达账项文件）与银行对账单进行自动核对和核销。对于已核对上的银行业务，系统将自动在银行日记账和银行对账单双方打上两清标志，视为已达账项，否则视为未达账项。

对账依据可由用户自己设置，但“方向+金额”是必要条件，通常可设置为“结算方式+结算号+方向+金额”。

采用自动对账后，可能还有一些特殊的已达账项没有对上而被视为未达账项，为了保证对账的彻底性和正确性，在自动对账的基础上还要进行手工补对。例如，自动对账只能针对“一对一”的情况进行对账，而对于“一对多”“多对一”或“多对多”的情况，只能由手工对账来实现。

④输出余额调节表

在进行对账后，系统后根据对账结果自动生成银行存款余额调节表，以供用户查询打印或输出。

对账后，还可以查询银行日记账和银行对账单对账的详细情况，包括已达账项和未达账项。

⑤核销银行账

为了避免文件过大，占用磁盘空间，可以利用核销银行账功能将已达账项删除。对于企业银行日记账已达账项的删除不会影响企业银行日记账的查询和打印。

⑥长期未达账项审计

有的软件还提供长期未达账项审计的功能。通过设置截止日期以及至截止日期未达天数，系统可以自分理处将至截止日期未达账项未达天数超过指定天数的所有未达账项显示出来，以便企业了解长期未达账项的情况，从而采取措施对其追踪、加强监督，避免不必要的损失。

3．账簿管理

总账系统提供了强大的账证查询功能。可以查询打印总账、明细账、日记账、发生额余额表、多栏账、序时账等，如图4-4所示。不仅可以查询到已记账凭证的数据，而且查询的账表中也可以包含未记账凭证的数据，可以轻松实现总账、明细账、日记账和凭证的联查。

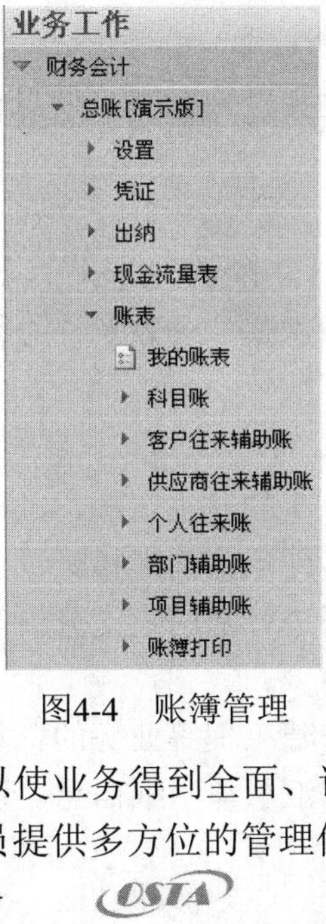

图4-4　账簿管理

总账中的辅助核算，不仅可以使业务得到全面、详细的记录，而且还提供各种维度的辅助信息查询功能，为管理人员提供多方位的管理信息。

（1）基本会计账簿查询

基本会计账簿就是手工处理方式下的总账、明细账、日记账、多栏账等。凭证记账后，所有的账簿资料自动生成。

①总账

查询总账时，显示指定查询科目的年初余额、各月累计发生额合计、全年累计发生额和月末余额。

②发生额余额表

发生额余额表可以显示全部科目的期初余额、本期发生额、累计发生额和期末余额。

③明细账

明细账以凭证为单位显示各账户的明细发生情况，包括日期、凭证号、摘要、借方发生额、贷方发生额和余额。

明细账的格式包括金额式、数量金额式、外币金额式、数量外币式。

④序时账

序时账根据记账凭证以流水账的形式反映各账户的信息，包括日期、凭证号、摘要、方向、数量、外币及金额。

⑤日记账

手工状态下，限于会计人员的劳动强度及科目重要性，一般只对库存现金和银行存款科目记日记账。信息化环境下，记账工作不再成为负担，只要有必要，只要在会计科目界面选中“日记账”选项，可以对任何需要的科目记日记账。

日记账的内容包括日期、凭证号、摘要、对方科目、借方发生额、贷方发生额和余额。

⑥多栏账

在查询多栏账之前，必须先定义多栏账的格式。多栏账格式设置可以有两种方式：自动编制栏目和手工编制栏目。

（2）辅助核算账簿查询

辅助账在手工环境下一般作为备查账存在。信息化环境下，设置了辅助核算的科目可以查询其相应的辅助账。

①个人核算

个人核算主要进行个人借款、还款管理工作，及时地控制个人借款，完成清欠工作。个人核算可以提供个人往来明细账、催款单、余额表、账龄分析报告及自动清理核销已清账等功能。

②部门核算

部门核算主要为了考核部门收支的发生情况，及时地反映控制部门费用的支出，对各部门的收支情况加以比较分析，便于部门考核。部门核算可以提供各级部门的总账、明细账，以及对各部门收入与费用进行部门收支分析等功能。

③项目核算

项目核算用于收入、成本、在建工程等业务的核算，以项目为中心为使用者提供各项目的成本、费用、收入、往来等汇总与明细信息，以及项目计划执行报告等。

④客户核算和供应商核算

客户核算和供应商核算主要进行客户和供应商往来款项的发生、清欠管理工作，及时掌握往来款项的最新情况，可以提供往来款的总账、明细账、催款单、对账单、往来账清理、账龄分析报告等功能。如果用户启用了应收款管理系统和应付款管理系统的话，可以分别在这两个系统中对客户往来款和供应商往来款进行更为详细的核算与管理。

4．转账定义

（1）自动转账的分类

转账分为内部转账和外部转账。外部转账是指将其他专项核算子系统自动生成的凭证转入到总账系统，如工资系统有关工资费用分配的凭证、固定资产系统有关固定资产增减变动及计提折旧的凭证、应收款管理系统有关应收账款发生、收回及坏账准备的凭证、应付款管理系统有关应付账款发生及偿还的凭证。而内部转账就是我们这里所讲的自动转账，是指在总账系统内部通过设置凭证模板而自动生成相应的记账凭证。一些期末业务具有较强的规律性，而且每个月都会重复发生，例如费用的分配、费用的分摊、费用的计提、税金的计算、成本费用的结转、期间损益的结转等等。这些业务的凭证分录是固定的，金额来源和计算方法也是固定的，因而可以利用自动转账功能将处理这些经济业务的凭证模板定义下来，期末时通过调用这些模板来自动生成相关凭证。

（2）定义自动转账

用友U8中提供了自定义转账、对应结转、销售成本结转、售价结转、汇兑损益结转、自定义比例转账、费用摊销和预提几种类型的转账定义。

5．生成转账凭证

凭证模板定义好以后，当每个月发生相关经济业务时可不必再通过手工录入凭证，而可以直接调用已定义好的凭证模板来自动生成相关的记账凭证。

利用凭证模板生成记账凭证需要各月重复进行。

利用自动转账生成的凭证属于机制凭证，它仅仅代替了人工查账和填制凭证的环节，自动转账生成的凭证仍然需要审核记账。

6．对账

对账是对账簿数据进行核对，以检查记账是否正确，是否账账相符。对账包括总账与明细账、总账与辅助账的核对。试算平衡时系统会将所有账户的期末余额按会计平衡公式“借方余额=贷方余额”进行平衡检验，并输出科目余额表。正常情况下，系统自动记账后，应该是账账相符的，账户余额也是平衡的。但由于非法操作或计算机病毒等原因，有时可能会造成数据被破坏，因而引起账账不符。为了检查是否账证相符、账账相符以及账户余额是否平衡，应经常使用对账及试算平衡功能。结账时，一般系统会自动进行对账和试算平衡。

7．结账

每月工作结束后，月末都要进行结账。结账前最好要进行数据备份。

本月结账时，系统会进行下列检查工作。

（1）检查本月业务是否已全部记账，有未记账凭证时不能结账。

（2）检查上月是否已结账，上月未结账，则本月不能结账。实际上，上月未结账的话，本月也不能记账，只能填制、复核凭证。

（3）核对总账与明细账、总账与辅助账，账账不符不能结账。

（4）对科目余额进行试算平衡，试算结果不平衡将不能结账。

（5）损益类账户是否已结转至本年利润。

（6）当各子系统集成应用时，总账系统必须在其他各子系统结账后才能最后结账。

结账后，当月不能再填制凭证，并终止各账户的记账工作。同时，系统会自动计算当月各账户发生额合计及余额，并将其转入到下月月初。

4.3 技能解析

4.3.1 填制凭证

在用友U8中，记账凭证是登记账簿的依据，是总账系统的唯一数据源，填制凭证也是最基础和最频繁的日常工作。在总账系统中，账簿的准确与完整完全依赖于记账凭证，因此必须确保正确地录入记账凭证，U8系统也提供了一些控制手段用于检查凭证上各个项目正确与否。

凭证上应填制的项目及注意事项如下，如图4-5所示。

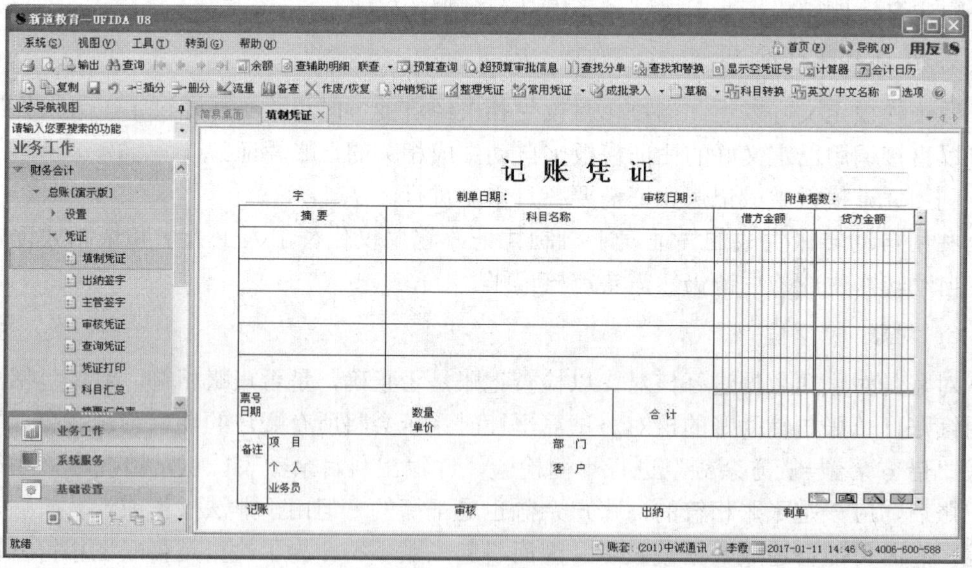

图4-5 填制凭证

1. 凭证类别

按照企业在基础档案设置中设置的凭证类别默认显示，如企业只选择了“记账凭证”凭证类别，则默认显示“记”；如果企业选择了“收款凭证、付款凭证、转账凭证”三种凭证类别，增加凭证时系统自动显示“收”，如果当前录入的是付款凭证，需要更换凭证类别。

如果在设置凭证类别时设置了凭证的限制类型，那么必须符合限制类型的要求，否则系统会给出错误提示。例如，假定企业选择了“收、付、转”三类凭证，且设置了收款凭证的限制类型为“借方必有”科目“1001，1002”，如果企业发生了“销售产品，货款未收”的业务，应借记应收账款科目，贷记主营业务收入科目，如果用户误选择了“收款凭证”类别，保存时系统会提示“不满足借方必有条件 ”。

2．凭证编号

如果选择了凭证编号方式为“系统编号”，那么系统按凭证类别按月自动顺序编号，即每月都从收-0001、付-0001、转-0001重新排号。如果选择“手工编号”方式，需要手工输入凭证号，但应注意凭证号的连续性和唯一性。

3．凭证日期

填制凭证时，日期一般自动取登录系统时的业务日期。选择“制单序时控制”的情况下，凭证日期应大于等于该类凭证最后一张凭证日期，但不能超过机内系统日期。

4．附单据数

记账凭证打印出来后，应将相应的原始凭证粘附其后，这里的附单据数就是指将来该记账凭证所附的原始单据数。

5．摘要

摘要是对经济业务的概括说明。因为计算机记账时是以记录行为单位，因此每行记录都要有摘要，不同记录行的摘要可以相同也可以不同，每行摘要将随相应的会计科目在明细账和日记账中出现。摘要可以直接输入，如果定义了常用摘要的话，也可以调用常用摘要。

6．会计科目

填制凭证时，要求会计科目必须是末级科目，可以输入科目编码、科目名称、科目助记码。

如果输入的是银行科目，一般系统会要求输入有关结算方式的信息，此时最好输入，以方便日后银行对账；如果输入的科目有外币核算，系统会自动带出在外币设置中已设置的相关汇率，如果不符还可以修改，输入外币金额后，系统会自动计算出本币金额；如果输入的科目有数量核算，应该输入数量和单价，系统会自动计算出本币金额；如果输入的科目有辅助核算，应该输入相关的辅助信息，以便系统生成辅助核算信息。

7．金额

金额可以是正数或负数（即红字），但不能为零。凭证金额应符合“有借必有贷，借贷必相等”原则，否则将不能保存。

另外，如果设置了常用凭证，可以在填制凭证时直接调用常用凭证，从而增加凭证录入的速度和规范性。

4.3.2 出纳签字

出纳凭证是否必须由出纳签字取决于总账选项的设置，如果选择了“出纳凭证必须由出纳签字”选项，那么出纳凭证必须经过出纳签字才能够记账。

出纳签字时需要由出纳执行“出纳签字”（如图4-6所示），对涉及到现金科目或银行存款科目的凭证进行审核，现金科目和银行存款科目需要事先在指定科目中设置完成。

出纳签字和审核凭证没有先后顺序。

图4-6　出纳签字

4.3.3 审核凭证

填制凭证完成后，必须经过审核才能记账，如图4-7所示。按照内部控制要求，审核与制单不能为同一人。

图4-7　凭证审核

用友U8中提供单张审核和成批审核两种方式。

审核过程中，如果审核通过，则单击“审核”按钮，凭证下方的审核处签署当前登录用户的姓名；如果发现错误，可单击“标错”按钮，系统打开“填写凭证错误原因”对话框，输入错误描述，单击“确定”按钮返回，凭证左上角标注“有错”字样，之后制单人在查询凭证环节可以只查看有错的凭证。

4.3.4 记账

凭证审核之后可以进行记账处理，如图4-8所示。用友U8中，记账由计算机自动将已审核凭证数据登记总账、日记账、明细账、辅助账，大大提高了工作效率和质量。

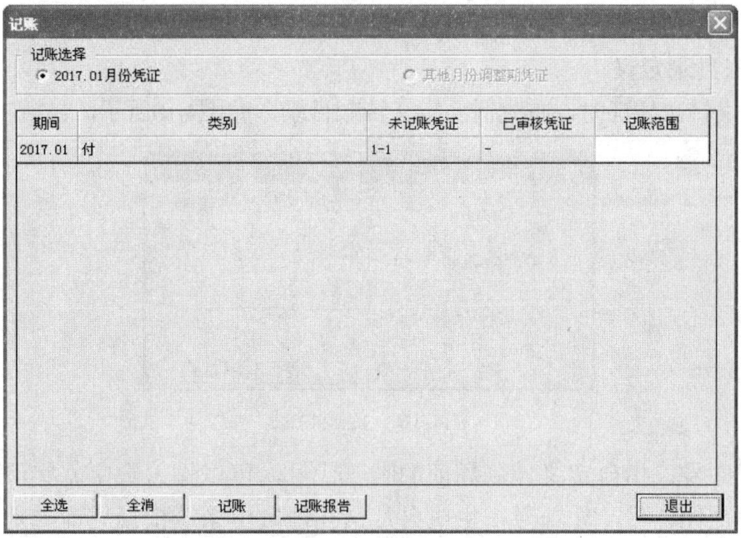

图4-8　记账

4.3.5 冲销凭证

冲销凭证指采用红字冲销方式对已经记账的凭证做出有痕迹的改正，如图4-9所示。

可以手工填制红字凭证，也可以提供会计期间、凭证类别和凭证号，由系统自动生成一张与该凭证相同只是金额为红字（负数）的凭证。

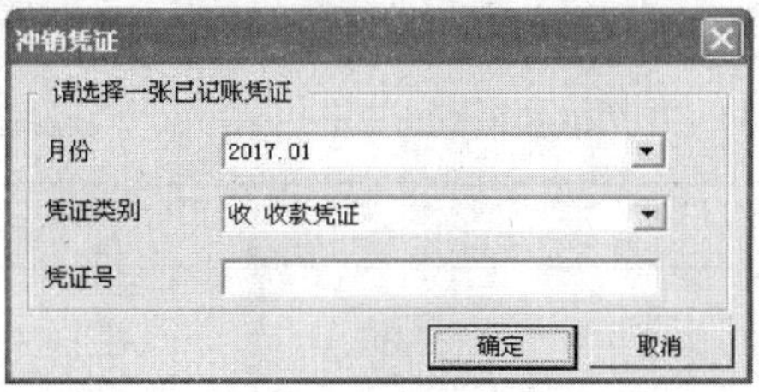

图4-9　冲销凭证

4.3.6 删除凭证

删除凭证分两步完成，先作废凭证，再对作废凭证进行整理，即完成删除。

作废凭证只能是对未经复核的凭证而言，凭证作废后相当于一张空凭证。对作废凭证不能审核，可以查询，需要参与记账。如果无需保留作废凭证，可以通过整理凭证将其删除。

4.3.7 定义转账凭证

企业各会计期间的许多期末业务具有较强的规律性，对于这类业务，可以设计由计算机进行自动处理，不但可以规范会计业务处理，还可以大大提高工作效率。

在会计电算化高级考核中，涉及自定义转账、对应结转、销售成本结转、汇兑损益结转和期间损益结转五种类型。

1．自定义转账

（1）转账目录定义

增加自定义转账凭证时，首先需要定义转账目录，如图4-10所示，包括以下三项内容。

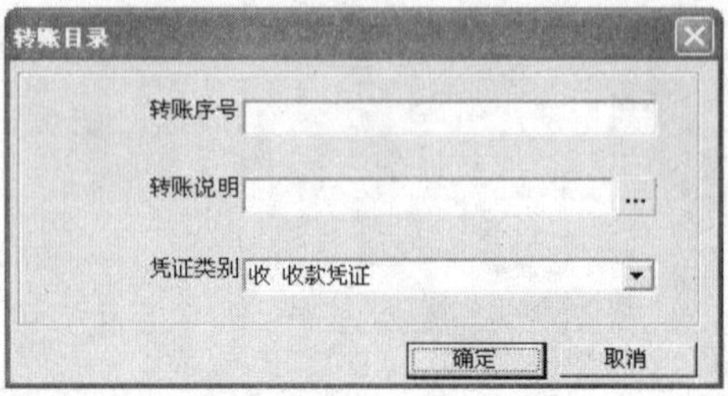

图4-10　转账目录

- 转账序号：指自定义转账凭证的唯一代号，可以输入数字、字母。注意转账序号不是凭证号，凭证号在生成自定义凭证时由系统根据凭证类别和当前凭证类别的最后序号加1生成。
- 转账说明：简要概括自定义转账凭证的经济内容。此处定义的转账说明内容会默认出现在凭证体的摘要栏中。
- 凭证类别：根据所定义的凭证内容选择。

（2）转账内容定义

转账内容包括以下几项内容，如图4-11所示。

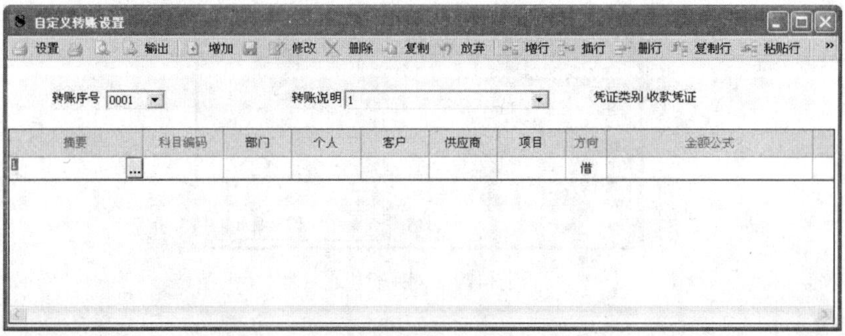

图4-11　自定义转账

- 摘要：系统自动带入转账说明中录入的内容。可以修改。
- 科目编码：录入或者选择本凭证涉及的科目编码。
- 部门、个人、客户、供应商、项目：如果科目设置了辅助核算，需要选择相应的辅助核算项目。
- 方向：选择当前科目是位于凭证的借方还是贷方。
- 金额：直接输入公式或者通过函数向导生成公式。

（3）函数

在自定义转账凭证和后面的编辑报表单元公式的过程中，会用到U8中预定义的函数，这些函数的作用是帮助用户从数据库中获取所需数据或者完成数据计算。常用函数如表4-1所示。

表4-1　常用函数

函数分类	作用	具体函数
账务函数	金额函数	QC期初余额 QM期末余额 FS发生额（分为借方发生和贷方发生） LFS累计发生额（分为借方发生和贷方发生） JE净发生额
	数量函数	SQC数量期初余额 SQM数量期末余额 SFS数量发生额（分为借方发生和贷方发生） SLFS数量累计发生额（分为借方发生和贷方发生） JE数量净发生额
	取外币函数	WQC外币期初余额 WQM外币期末余额 WFS外币发生额（分为借方发生和贷方发生） W LFS外币累计发生额（分为借方发生和贷方发生） WJE外币净发生额
计算函数	计算	JG( ) 取对方科目计算结果 SJG( ) 取对方科目计算结果 WJG( ) 取对方科目计算结果
		CE( ) 借贷平衡差额 SCE( ) 借贷平衡差额 WCE( ) 借贷平衡差额

2．对应结转

对应结转是将某科目的余额按一定比例转入其他一个或多个科目，如图4-12所示。可一对一结转，也可一对多结转。对应结转只能结转期末余额。

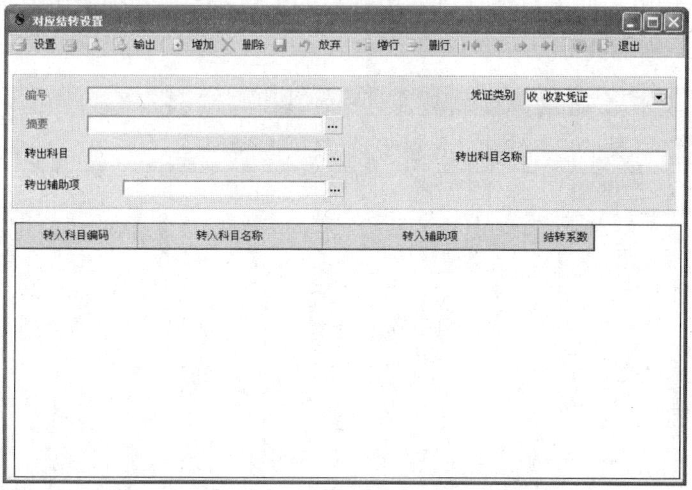

图4-12　对应结转

3．销售成本结转

销售成本结转，是将月末商品（或产成品）销售数量乘以库存商品（或产成品）的平均单价计算各类商品销售成本并进行结转，如图4-13所示。销售成本结转只需告知系统库存商品科目、主营业务收入科目和主营业务成本科目，系统将销售成本结转凭证定义为：

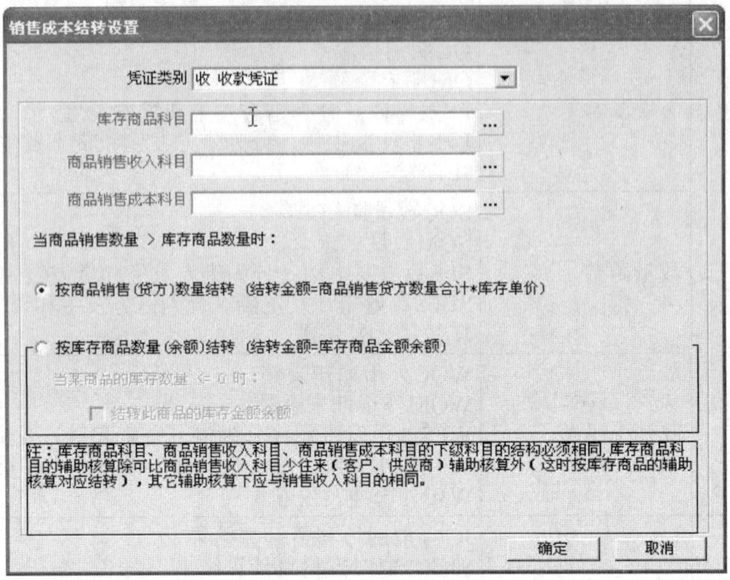

图4-13　销售成本结转

借：主营业务成本　（库存商品余额/库存商品数量）×销量

贷：库存商品　　　（库存商品余额/库存商品数量）×销量

库存商品科目、主营业务收入科目、主营业务成本科目及下级科目的结构必须相同，并且辅助账类必须完全相同。

4．汇兑损益结转

汇兑损益结转用于期末自动计算外币账户的汇兑损益，并在转账生成中自动生成汇兑损益转账凭证，如图4-14所示。

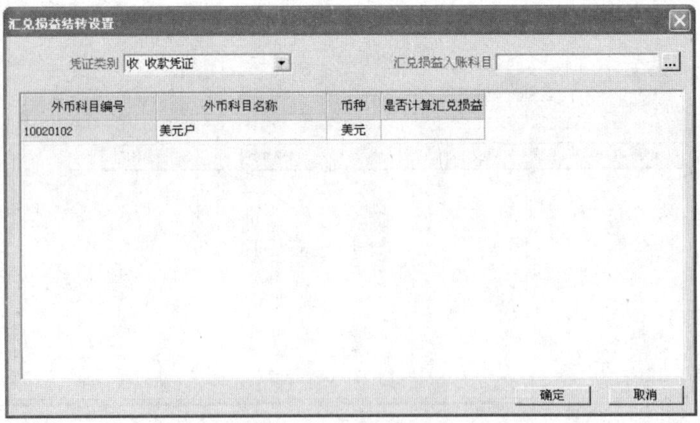

图4-14　汇兑损益结转

5．期间损益结转

期间损益结转用于在一个会计期间结束后将损益类科目的余额结转到本年利润科目中，从而及时反映企业利润的盈亏情况，如图4-15所示。

图4-15　期间损益结转

4.3.8 生成转账凭证

在定义完成转账凭证后，每月月末只需执行本功能即可快速生成转账凭证（如图4-16所示），在此生成的转账凭证将自动追加到未记账凭证中去。

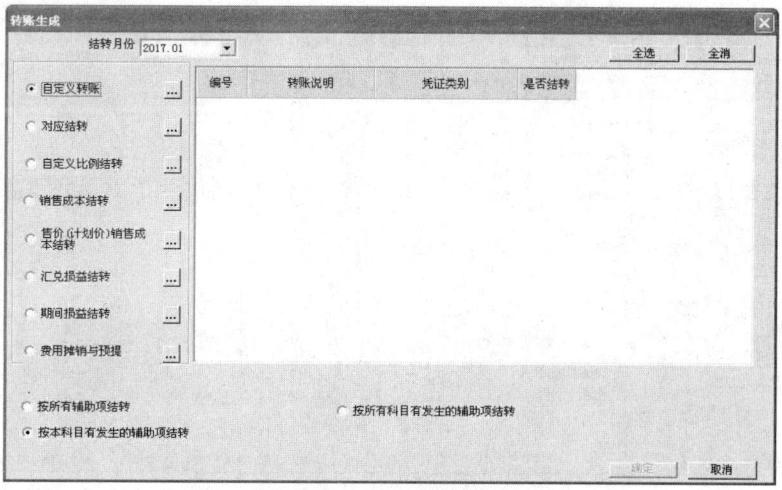

图4-16　生成转账凭证

一般而言，只有在凭证记账后，账务函数才能取出相关数据。所以利用自动转账生成凭证时，一定要使得相关凭证已经全部记账，这样才能保证取出数据并且是完整的。例如定义了一张根据本期利润计提所得税的凭证，那么要生成该张凭证，必须保证有关利润的凭证已经全部记账，否则，要么不能取出相应数据而导致金额为零而不能生成凭证，要么取出的数据不完整而导致所得税计提错误。

定义转账凭证时，一定要注意这些凭证的生成顺序。例如，定义了结转销售成本、计算汇兑损益、结转期间损益、计提所得税、结转所得税等五张自动转账凭证。因为销售成本、汇兑损益是期间损益的一部分，所以一定要先生成结转销售成本、计算汇兑损益的凭证并复核记账后，才能生成结转期间损益的凭证；因为要依据本期利润计提所得税，所以一定要先生成结转期间损益的凭证并复核记账后，才能生成计提所得税的凭证；因为有了所得税费用才能结转所得税至本年利润，所以一定要先生成计提所得税的凭证并复核记账后才能生成结转所得税的凭证。因此，这五张凭证的顺序是结转销售成本→计算汇兑损益→结转期间损益→计提所得税→结转所得税，并且前一张凭证必须复核记账后才能继续生成后一张凭证。

4.4 样题解答

进行以下操作之前，已经引入账套文件Y4_01。

1．以2012操作员的身份登录201账套

（1）执行“开始”→“所有程序”→“用友U8V10.1”→“企业应用平台”命令，打开“登录”对话框。

（2）录入操作员“2012”，密码为空，单击“账套”栏的下三角按钮，选择“[201] (default)中诚通讯”，操作日期设置为“2017-01-11”。单击“登录”按钮，进入“企业应用平台”窗口。窗口状态栏中显示当前操作员为“李霞”。

（3）在业务工作中，显示的功能组如图4-17所示。

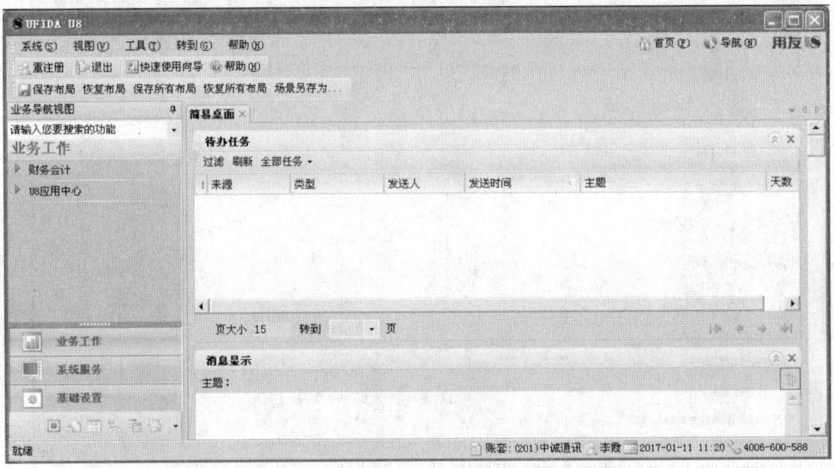

图4-17　以2012操作员身份登录201账套

上述窗口与图3-15以账套主管身份登录201账套的窗口有所区别，原因在于2012操作员和2011操作员权限不同所致。

2．填制凭证

（1）第1张凭证

业务特征：科目无辅助核算。

①在企业应用平台业务工作中，执行“总账”→“凭证”→“填制凭证”命令，进

入“填制凭证”界面，如图4-18所示。

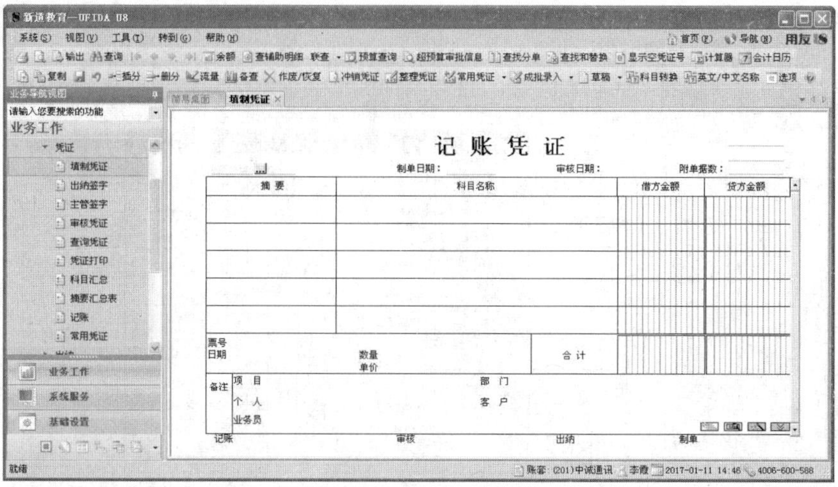

图4-18　填制凭证

凭证界面上有5行，在U8中称为分录行，如果是多借多贷超过5行的，在凭证号之后会自动出现分单号，如0001/0002；下方的制单处显示“李霞”，该用户名由系统自动根据登录的用户识别，以明确经济责任。

②单击“增加”按钮或者按F5键，系统自动增加一张空白收款凭证。单击收字旁边的“…”参照按钮，从中选择“付款凭证”，如图4-19所示。按回车键，凭证号0001自动产生。

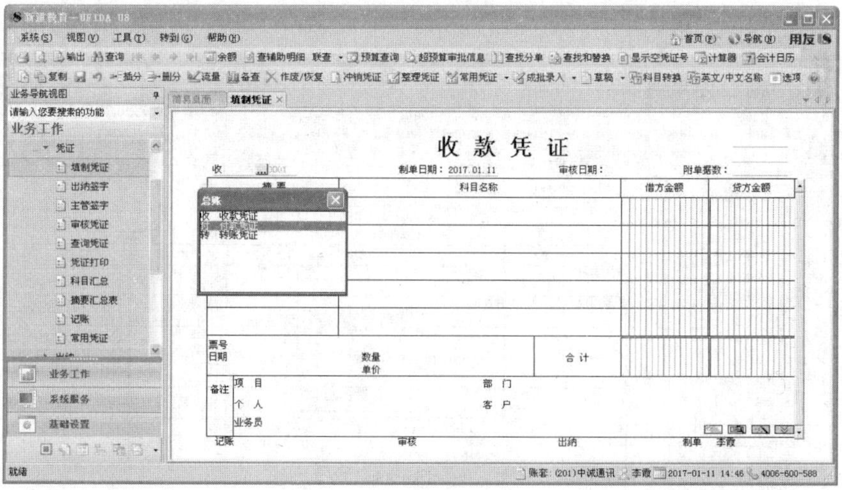

图4-19　填制凭证

③修改凭证日期为“2017.01.11”。按照制单序时控制要求，制单日期不能小于上一张同类型凭证的制单日期，且不能大于系统日期。

④输入附单据数。附单据数是指该记账凭证所附原始单据的张数，可以为空。

⑤输入摘要“预借差旅费”，按回车键，或用鼠标单击“科目名称”栏，再单击“科目名称”栏的参照按钮（或按F2键），在打开的对话框中选择“资产”类科目

“1221 其他应收款”，如图4-20所示。

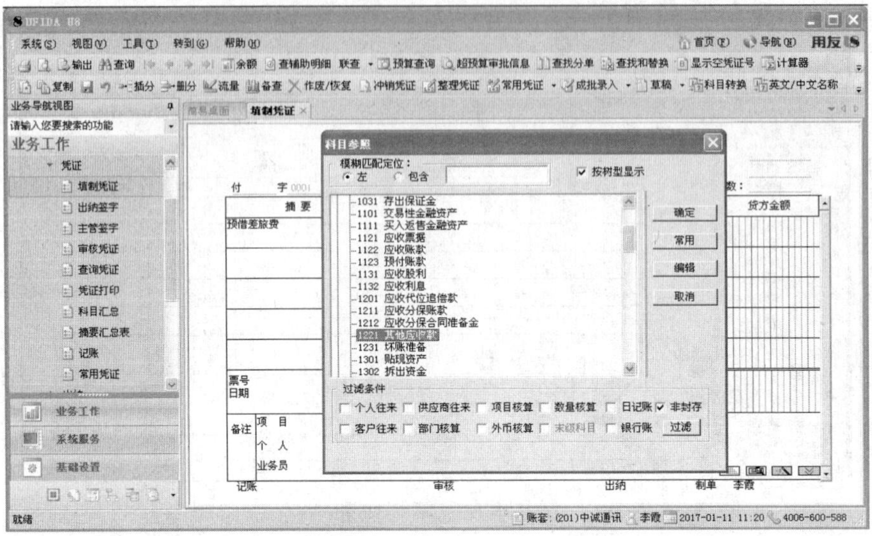

图4-20　选择会计科目

或者直接在“科目名称”栏输入“1221”。按回车键，输入录入借方金额“5 000”。

⑥按回车键，系统自动复制上一行的摘要，可以修改。输入贷方科目“1001”，按回车键。录入贷方金额时，可以在“贷方金额”处直接按“=”键，系统自动计算目前借贷方差额并放置于当前位置。

⑦单击“保存”按钮，系统弹出“凭证已成功保存!”信息提示框，如图4-21所示，单击“确定”按钮返回。

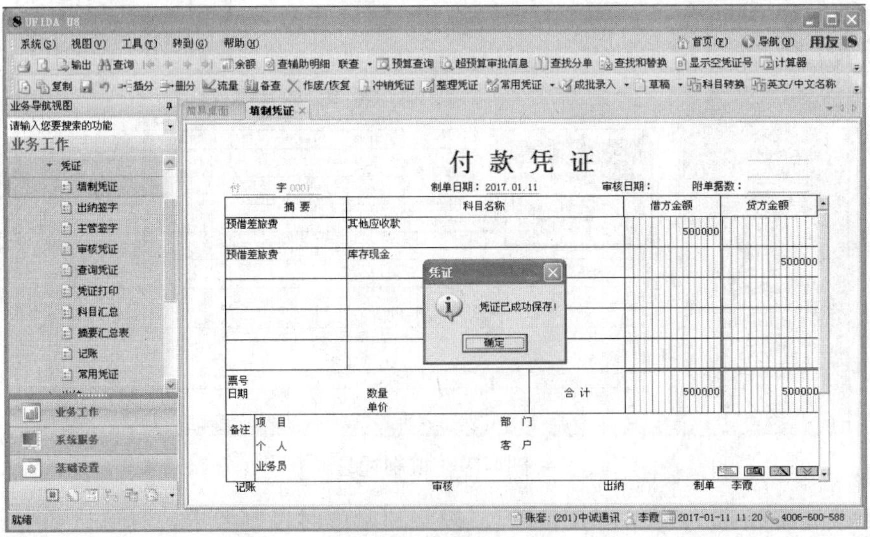

图4-21　凭证保存提示

提示：

● 如果在设置凭证类别时已经设置了不同种类凭证的限制类型及限制科目，那么在填制凭证时，若凭证类别选择错误，则在进入新的状态时系统会提示凭证不能满足的条件，且凭证不能保存。

- 如果选择了系统编号方式，凭证编号将按凭证类别按月顺序编号。
- 凭证一旦保存，其凭证类别、凭证编号不能修改。
- 正文中不同分录行的摘要可以相同也可以不同，但不能为空。每行摘要将随相应的会计科目在明细账、日记账中出现。
- 科目编码必须是末级的科目编码。
- 金额不能为“零”；红字以“—”号表示。
- 直接按“=”键意为取借贷方差额到当前光标位置。每张凭证上只能使用一次。
- 如果凭证的金额录错了方向，可以直接按空格键改变金额方向。
- 每张凭证借贷方金额必须相等。
- 凭证填制完成后，可以单击“保存”按钮保存凭证，也可以单击“增加”按钮保存并增加下一张凭证。

（2）第2张凭证

业务特征：“10020101银行存款/中行存款/人民币户”科目设置了“银行账”辅助核算。

①单击“增加”按钮或者按F5键，系统自动增加一张空白付款凭证。修改凭证日期为“2017.01.11”。

②在“摘要”栏直接录入摘要“提取备用金”。按回车键，或用鼠标单击“科目名称”栏，再单击“科目名称”栏的参照按钮（或按F2键），在打开的对话框中选择“资产”类科目“1001 库存现金”或者直接在“科目名称”栏输入“1001”，输入录入借方金额“10000”。

③按回车键，系统自动复制上一行的摘要，可以修改。输入贷方科目“10020101”，回车，打开“辅助项”对话框。按题目要求，输入结算方式为“201现金支票”、票号为“20170001”，如图4-22所示。

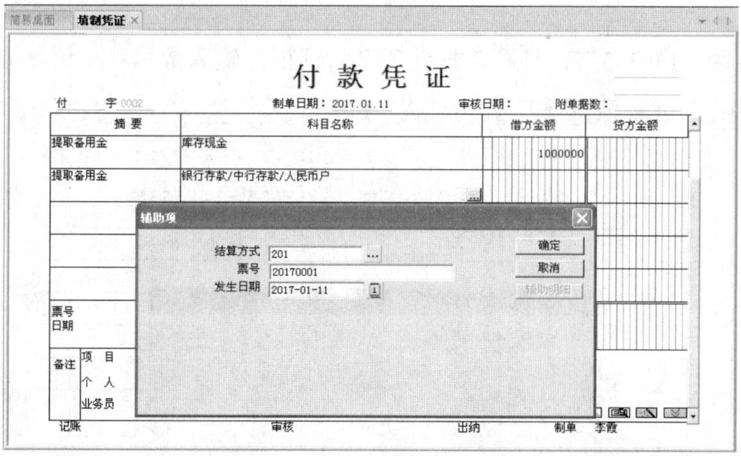

图4-22　与银行账科目相关的“辅助项”对话框

④单击“确定”按钮，录入贷方金额时，可以在“贷方金额”处直接按“=”键，系统自动计算目前借贷方差额并放置于当前位置。

⑤单击“保存”按钮，系统弹出“凭证已成功保存!”信息提示框，单击“确定”按钮返回。

（3）第3张凭证

业务特征：“管理费用/招待费”科目设置了“部门核算”辅助核算。

①在“填制凭证”界面中，单击“增加”按钮，增加“付”字0003号凭证。

②输入摘要“报销招待费”，输入科目“660205”，打开“辅助项”对话框。选择部门“总经办”，如图4-23所示。

③单击“确定”按钮，输入凭证上的其他内容，单击“保存”按钮。

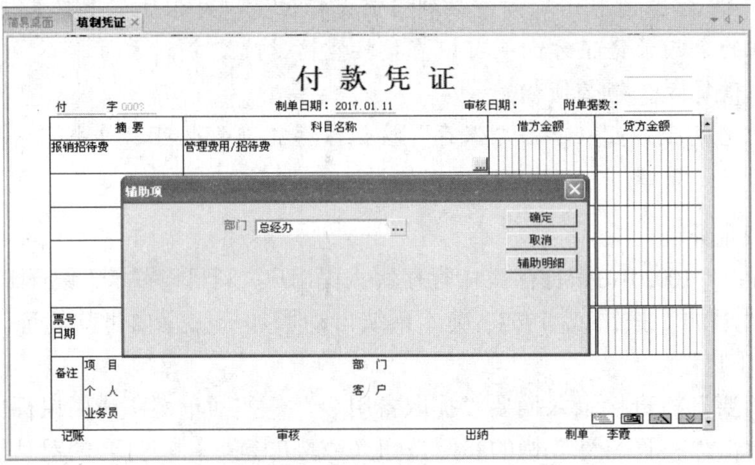

图4-23　与部门辅助核算科目相关的“辅助项”对话框

（4）第4张凭证

业务特征：“原材料/主板”科目设置了数量核算。

①在“填制凭证”界面中，单击“增加”按钮，选择凭证类别“转账凭证”。

②输入摘要“领用主板”，输入科目“500101”，金额16 000，按回车键，摘要带到下一行。

③输入科目“140303”，打开“辅助项”对话框，输入数量和单价，如图4-24所示。

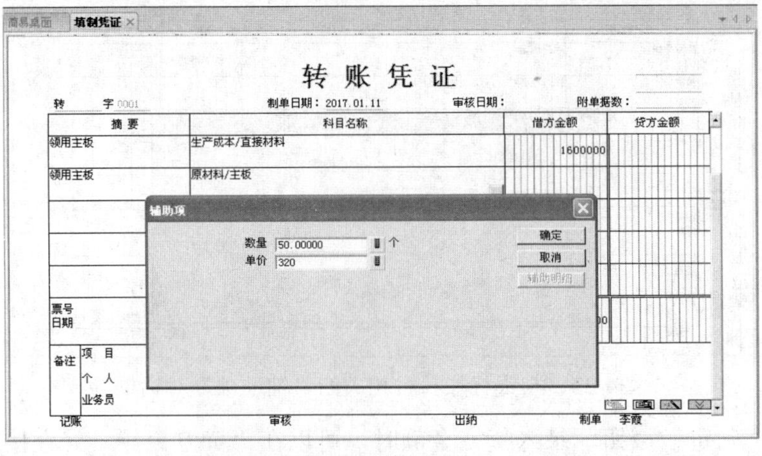

图4-24　与数量辅助核算科目相关的“辅助项”对话框

④单击“确定”按钮，借方金额处显示16 000，单击键盘上的空格键，将借方金额调整到贷方。

⑤单击“保存”按钮。

3．出纳签字

（1）更换操作员

①在“企业应用平台”窗口，执行“重注册”命令，打开“登录”对话框。

②以“2013 秦岚”的身份注册，再进入总账系统。以出纳身份登录在总账下只能看到“凭证”和“出纳”两个功能组，如图4-25所示。

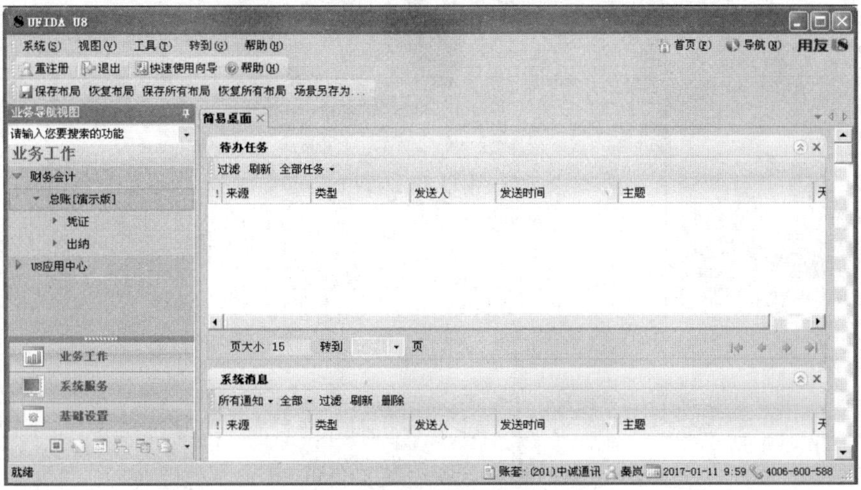

图4-25　出纳登录后的权限

提示：

- 凭证填制人和出纳签字人可以为不同的人，也可以为同一个人。
- 按照会计制度规定，凭证的填制与审核不能是同一个人。
- 在进行出纳签字和审核之前，通常需先更换操作员。

（2）出纳签字

①执行“凭证”→“出纳签字”命令，打开“出纳签字”查询条件对话框，如图4-26所示。

图4-26　“出纳签字”对话框

②单击“确定”按钮，进入“出纳签字列表”界面，如图4-27所示。出纳签字列表中只显示出纳凭证，即凭证上含“1001库存现金”或“1002 银行存款”科目。

③双击某一要签字的凭证，进入“出纳签字”的签字界面。

④单击“签字”按钮，凭证底部的“出纳”处自动签上出纳姓名，如图4-28所示。

⑤单击下张按钮，对其他凭证签字。

⑥完成后，关闭界面，返回企业应用平台。

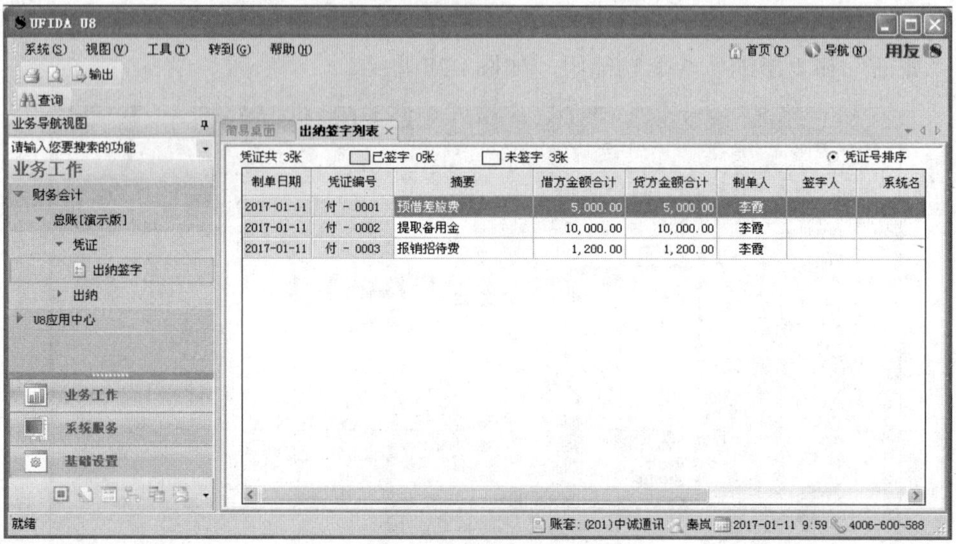

图4-27　出纳签字列表

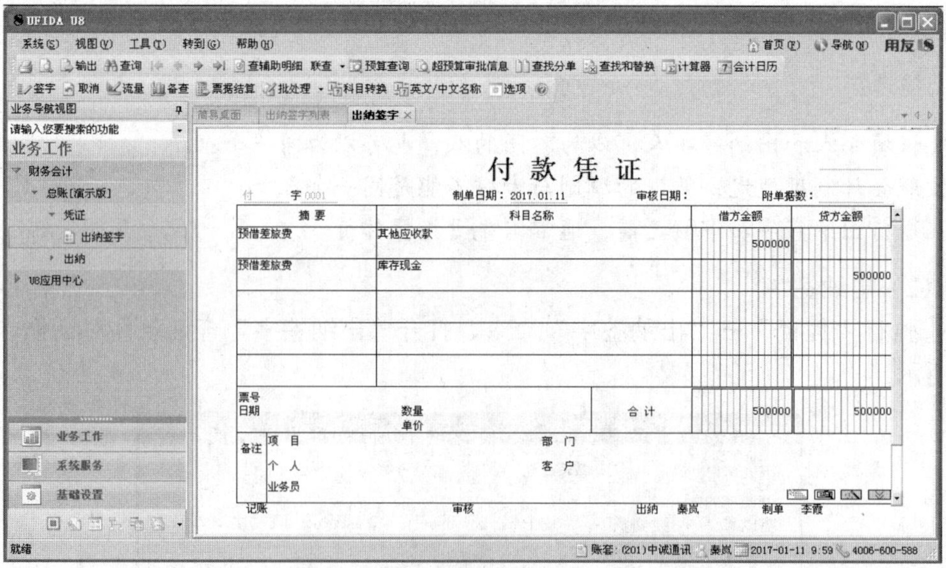

图4-28　出纳签字

提示：

● 出纳签字与在审核凭证没有顺序关系，既可以在审核凭证前进行，也可以在审核凭证后进行。

- 涉及指定为现金科目和银行科目的凭证才需出纳签字。
- 凭证一经签字，就不能被修改、删除，只有取消签字后才可以修改或删除，取消签字只能由出纳本人进行。
- 凭证签字并非审核凭证的必要步骤。若在设置总账参数时，不选择“出纳凭证必须经由出纳签字”，则可以不执行“出纳签字”功能。
- 可以执行“批处理”→“成批出纳签字”命令对所有凭证进行出纳签字。

4．审核凭证

（1）更换操作员

会计内部控制要求，制单与审核不能为同一人。因此，李霞制单后，需要由另外操作员进行审核，本例由账套主管彭飞审核。

①在“企业应用平台”窗口，单击左上角“重注册”按钮，打开“登录”对话框。

②以“2011 彭飞”、密码为空的身份重新登录企业应用平台，进入总账系统。

（2）审核凭证

①执行“凭证”→“审核凭证”命令，打开“凭证审核”对话框，如图4-29所示。

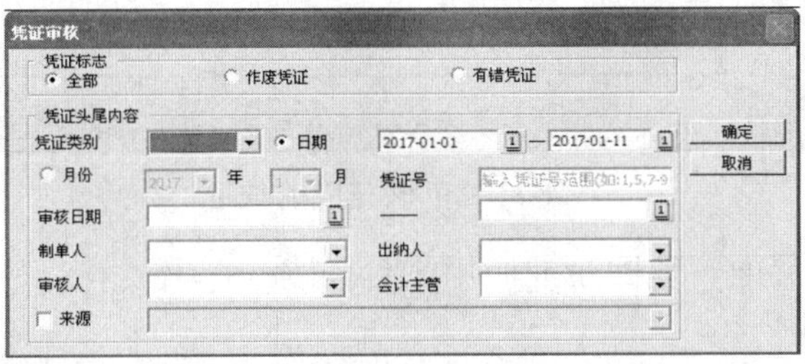

图4-29　“凭证审核”对话框

②可以按需要根据对话框中给定的条件来查找要审核的凭证，如可以按凭证类别、日期范围、凭证的制单人等。本题直接单击“确定”按钮，进入“凭证审核列表”界面，如图4-30所示。

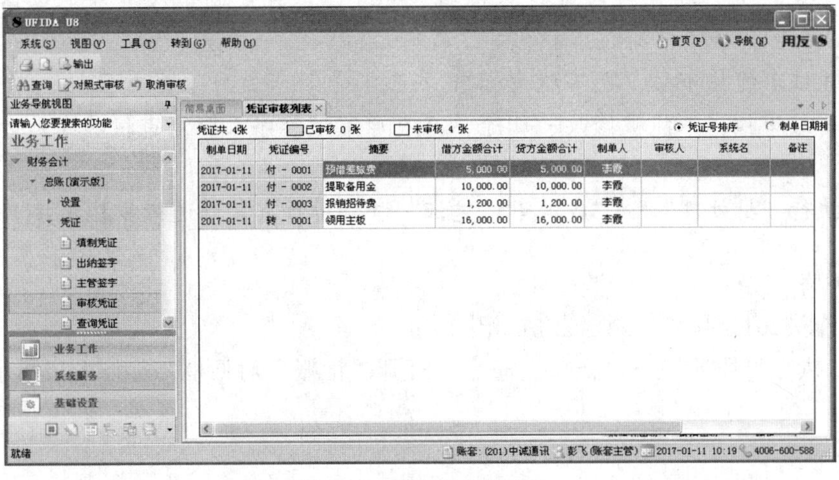

图4-30　凭证审核列表

③双击待审核的第1张记账凭证，进入“审核凭证”界面。

④检查无误后，单击“审核”按钮（第1号收款凭证审核完成后，系统自动翻页到第2张待审核的凭证），再单击“审核”按钮，直到将已经填制的4张凭证全部审核签字。审核完成的凭证在凭证底部的审核处已签署审核人的姓名，如图4-31所示。

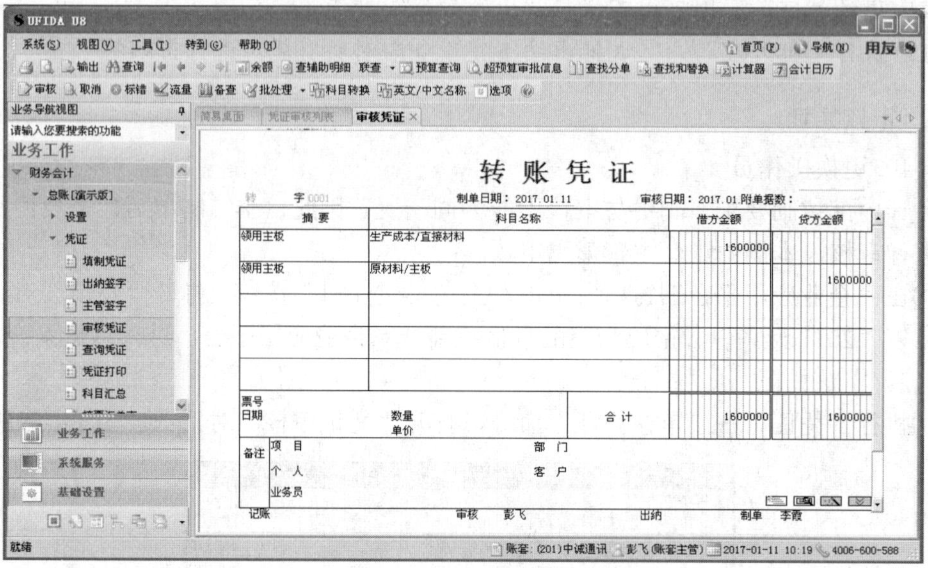

图4-31 审核完成的凭证

⑤完成后，关闭界面，返回企业应用平台。

提示：

- 系统要求制单人和审核人不能是同一个人，因此在审核凭证前一定要首先检查一下，当前操作员是否就是制单人，如果是，则应更换操作员。
- 审核日期必须大于等于制单日期。
- 审核中发现凭证错误可以进行“标错”处理，以方便制单人准确定位错误凭证以修改。
- 作废凭证不能被审核，也不能被标错。
- 凭证一经审核，不能被修改、删除，只有原审核签字人取消审核签字后才可修改或删除。
- 可以执行“批处理”→“成批审核凭证”命令对所有凭证进行审核签字。

5．记账

由操作员2011对已审核凭证进行记账。

（1）执行“凭证”→“记账”命令，打开“记账”对话框。如图4-32所示。

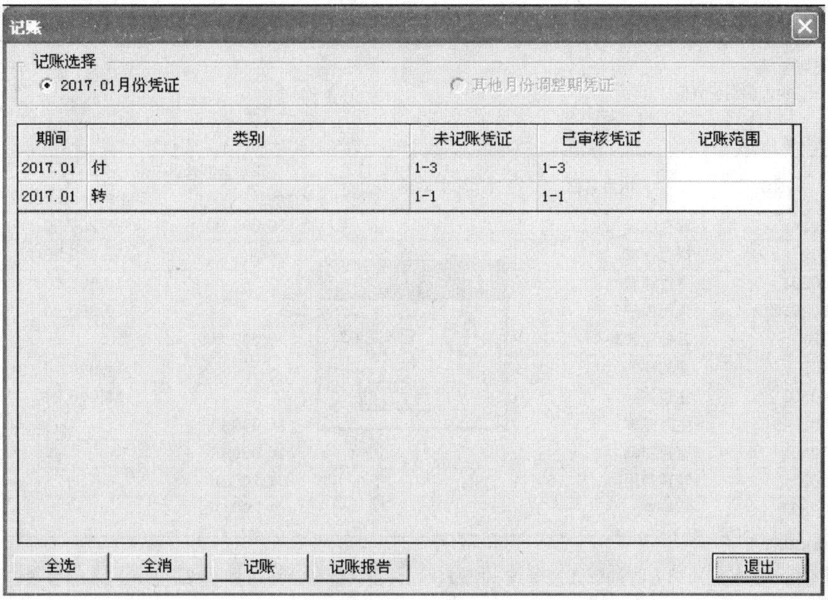

图4-32　记账选择

（2）单击“全选”按钮，选择对所有已审核凭证进行记账。

（3）单击“记账”按钮，打开“期初试算平衡表”对话框，如图4-33所示。

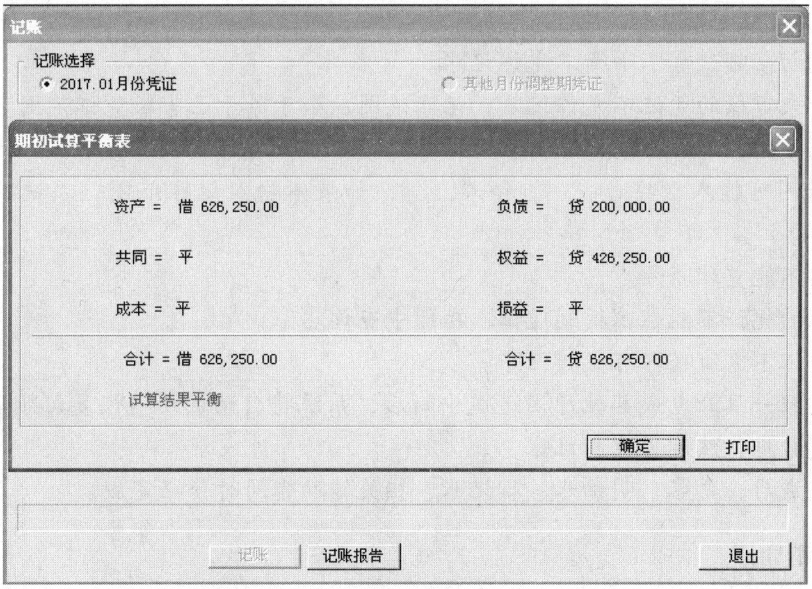

图4-33　记账之前进行期初试算平衡

（4）单击“确定”按钮，系统自动进行记账，记账完成后，系统弹出“记账完毕！”信息提示框，如图4-34所示。

（5）单击“确定”按钮。单击“退出”按钮。

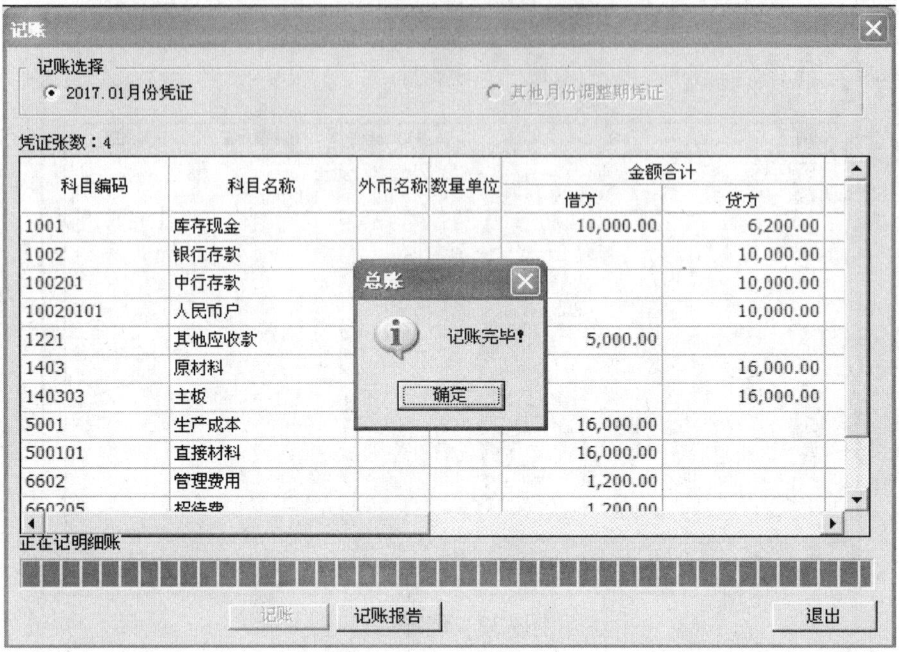

图4-34 记账完毕

提示：

- 如果期初余额试算不平衡不允许记账。
- 如果有未审核的凭证不允许记账；记账范围应小于等于已审核凭证范围。
- 上月未结账，本月不能记账。
- 记账范围可输入数字、“-”和“，”，如果不输入记账范围，系统默认为所有凭证。
- 记账后不能整理断号。
- 已记账的凭证不能在“填制凭证”功能中查询。
- 作废凭证不需审核即可直接记账。
- 记账过程一旦断电或其他原因造成中断后，系统将自动调用“恢复记账前状态”功能恢复数据，然后再重新记账。
- 记账完成后，总账、明细账、日记账、相关辅助账同时登记完成。

6．冲销凭证

以2012操作员的身份（密码为空）登录201账套，登录日期为“2017-01-11”，冲销第2笔提现金凭证。

（1）执行“总账”→“凭证”→“填制凭证”命令，进入“填制凭证”界面。

（2）单击冲销凭证按钮，打开“冲销凭证”对话框。

（3）输入条件：选择“月份”为“2017.01”，选择“凭证类别”为“付款凭证”，输入“凭证号”为“0002”，如图4-35所示。

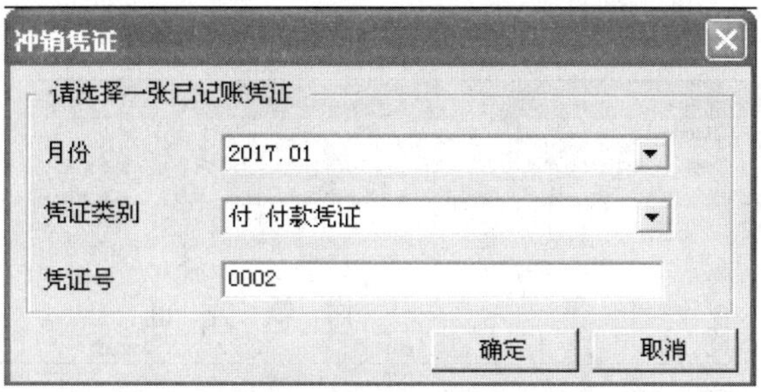

图4-35　“冲销凭证”对话框

（4）单击“确定”按扭，系统自动生成一张红字冲销凭证，如图4-36所示。

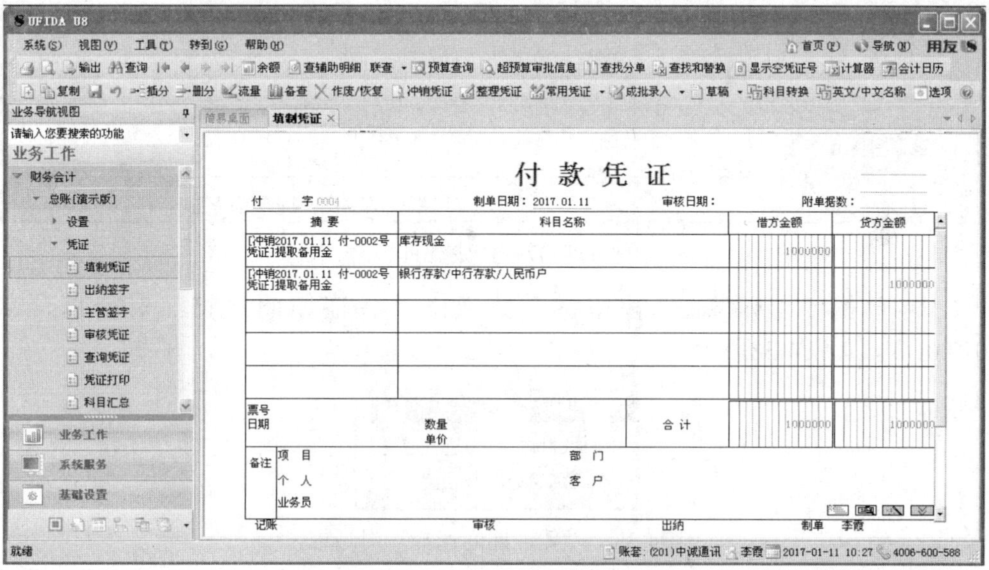

图4-36　生成红字冲销凭证

提示：

- 冲销凭证相当于填制了一张凭证，不需保存，只要进入新的状态就由系统将冲销凭证自动保存。
- 通过红字冲销法增加的凭证，应视同正常凭证进行保存和管理。
- 红字冲销只能针对已记账凭证进行。
- 红字冲销凭证也可以手工填制。
- 已冲销凭证仍需审核、出纳签字后记账。

7．删除凭证

以2012操作员的身份（密码为空）登录201账套，登录日期为“2017-01-11”，删除红字冲销凭证。

（1）在“填制凭证”界面中，找到红字冲销凭证。

（2）单击“作废/恢复”按钮，凭证左上角显示红色“作废”字样，如图4-37

所示。

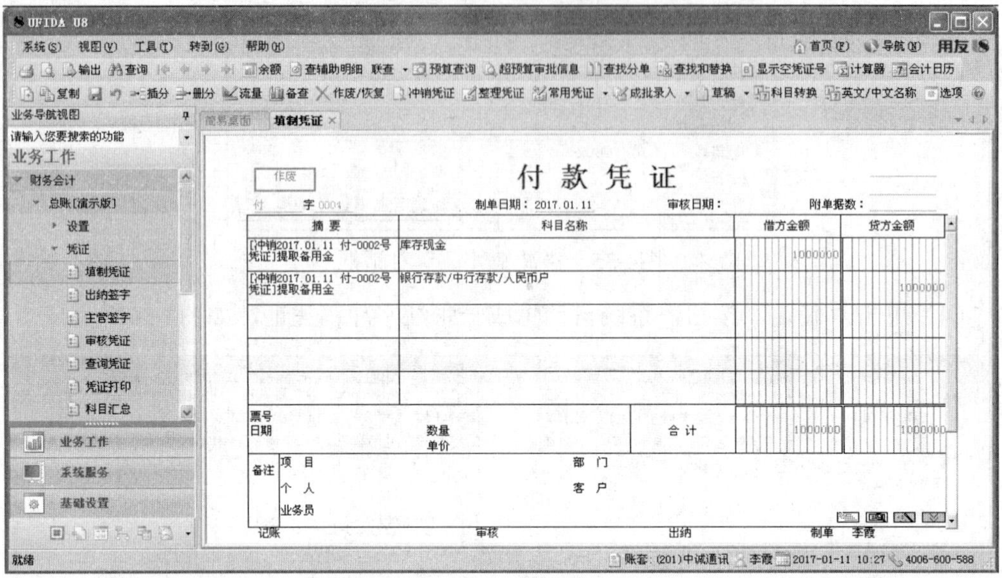

图4-37 作废凭证

（3）单击“整理凭证”按钮，系统弹出“凭证期间选择”对话框，默认“2017.01”，如图4-38所示。

图4-38 “凭证期间选择”对话框

（4）单击“确定”按钮，打开“作废凭证表”对话框。单击“全选”按钮，“删除？”栏出现“Y”标记，如图4-39所示。

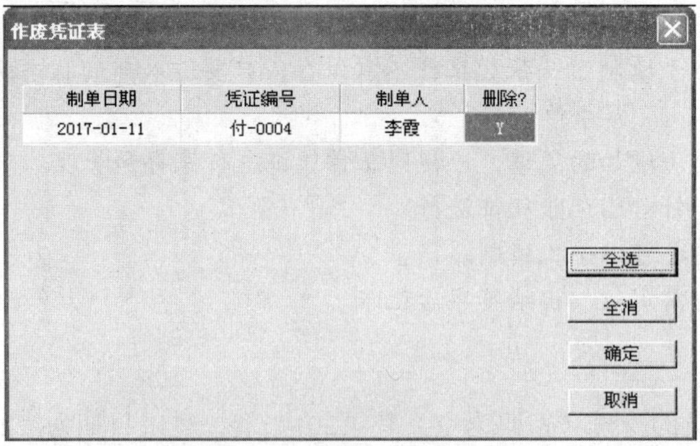

图4-39 “作废凭证表”对话框

（5）单击“确定”按钮，系统进行删除处理，完成后弹出信息提示框，如图4-40所示。

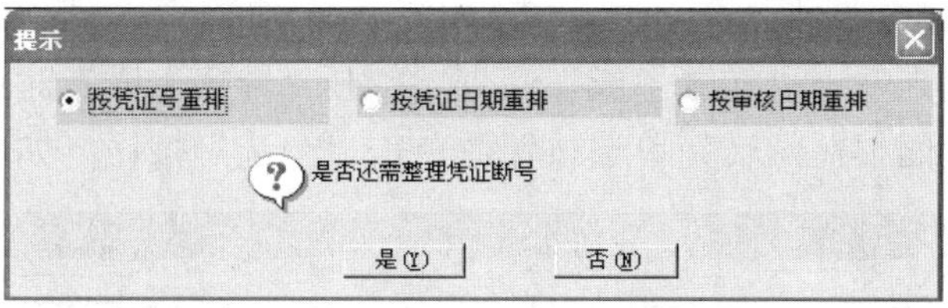

图4-40　整理凭证号信息提示框

（6）单击“是”按钮，完成凭证号整理。

8．定义转账凭证

以2012操作员的身份（密码为空）登录201账套，登录日期为“2017-01-11”，定义期间损益结转凭证。

（1）执行“期末”→“转账定义”→“期间损益”命令，进入“期间损益结转设置”对话框。

（2）单击“凭证类别”栏的下三角按钮，选择“转 转账凭证”，在“本年利润科目”栏录入“4103”或单击参照按钮选择“4103本年利润”，如图4-41所示。

（3）单击“确定”按钮。

图4-41　期间损益结转设置

提示：损益科目结转表中的本年利润科目必须为末级科目，且为本年利润入账科目的下级科目。

9．生成转账凭证

以2012操作员的身份（密码为空）登录201账套，登录日期为“2017-01-11”，生成期间损益结转凭证。

（1）执行“期末”→“转账生成”命令，打开“转账生成”对话框。

（2）选中“期间损益结转”单选按钮，单击“全选”按钮，如图4-42所示。

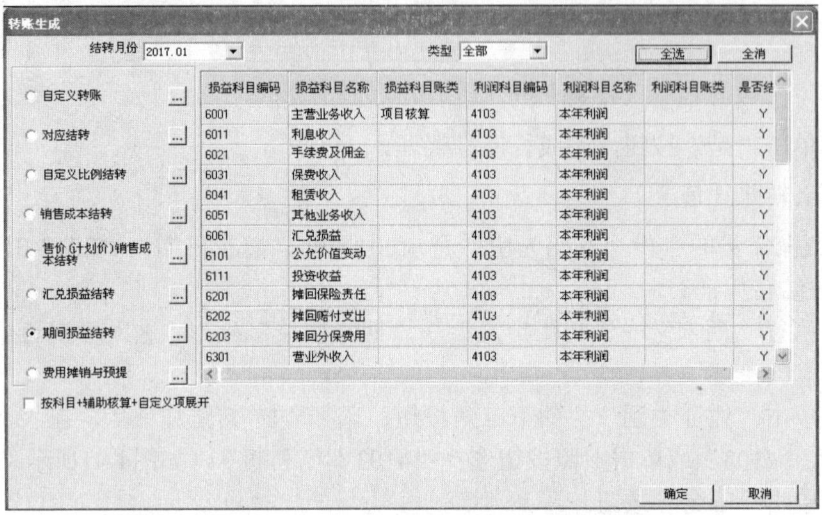

图4-42 选择期间损益结转凭证

（3）单击“确定”按钮，生成“期间损益结转”凭证，如图4-43所示。

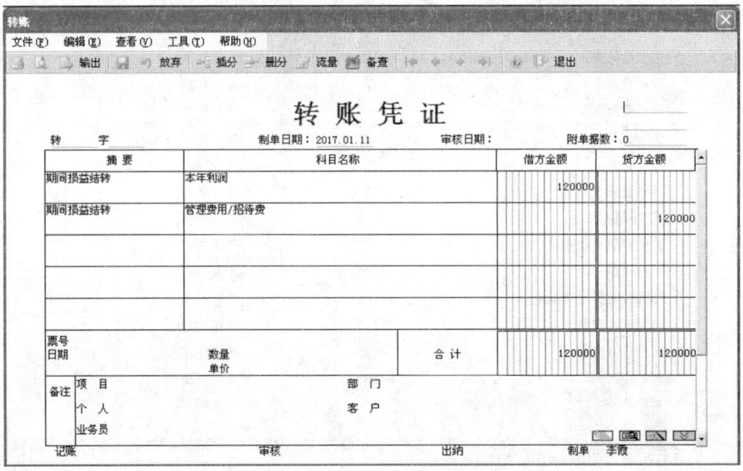

图4-43 生成期间损益结转凭证

（4）单击“保存”按钮，凭证左上角将显示红色的“已生成”字样。

（5）单击“退出”按钮退出。

10．对生成的自定义转账凭证进行审核记账

以2011操作员的身份（密码为空）登录201账套，登录日期为“2017-01-11”，对期间损益结转凭证进行审核、记账。

11．查询凭证

以2011操作员身份登录201账套，查询本月已记账凭证。

（1）执行“凭证”→“查询凭证”命令，打开“凭证查询”对话框。

（2）选择记账范围“已记账凭证”，如图4-44所示。

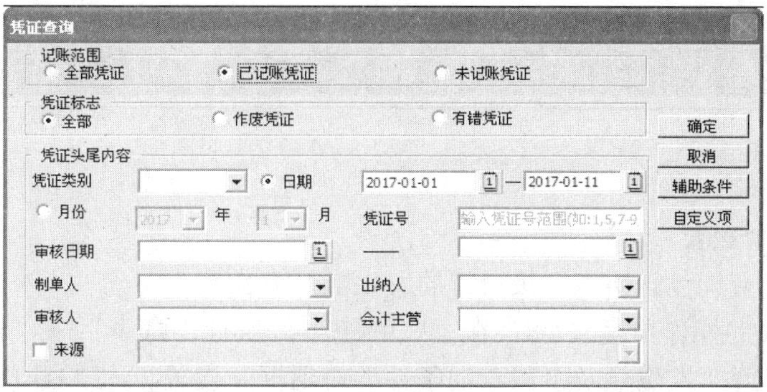

图4-44　查询凭证

（3）单击“确定”按钮，进入“查询凭证列表”界面，如图4-45所示。

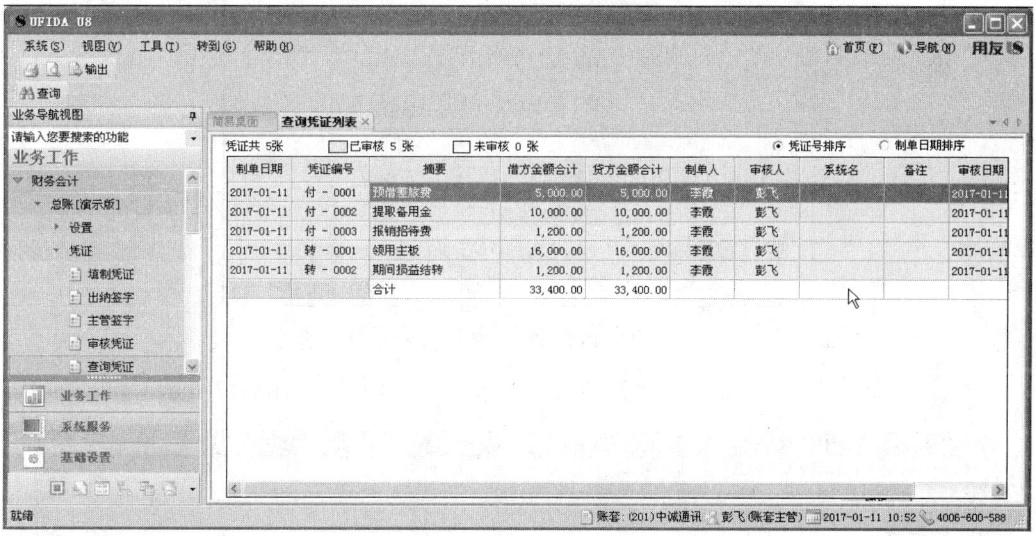

图4-45　查询凭证列表

提示：

- 在“查询凭证”功能中既可以查询已记账凭证，也可以查询未记账凭证，而在“填制凭证”功能中只能查询到未记账凭证。
- 通过设置查询条件还可以查询“作废凭证”“有错凭证”、某制单人填制的凭证、其他子系统传递过来的凭证，以及一定日期区间、一定凭证号区间的记账凭证。
- 已记账凭证除了可以在“查询凭证”功能中查询之外，还可以在查询账簿资料时，以联查的方式查询。
- 在“凭证查询”对话框中，单击“辅助条件”按钮，可以设定更多的查询条件。

12．输出账套

将操作结果输出至“考生文件夹\X4_01”文件夹中。

4.5 拓展训练

1．账簿查询

（1）查询余额表

【示例】：查询包含所有一级科目的发生额及余额表。

①以有权限的操作员登录U8。在总账系统中，执行“账表”→“科目账”→“余额表”命令，打开“发生额及余额查询条件”对话框。设置级次“1”级到“1”级，如图4-46所示。

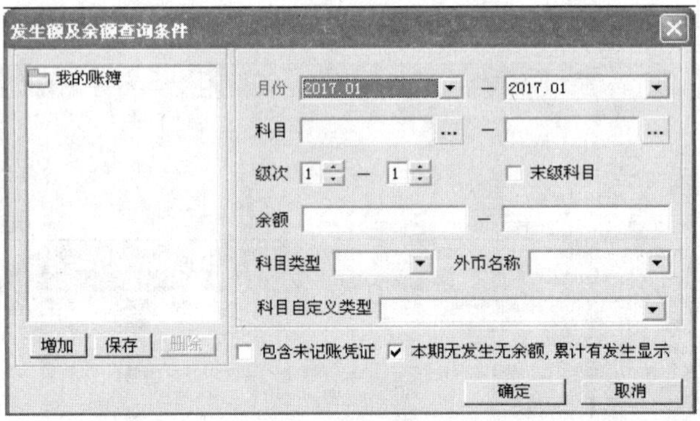

图4-46　发生额及余额查询条件

②单击“确定”按钮，进入“发生额及余额表”界面，如图4-47所示。

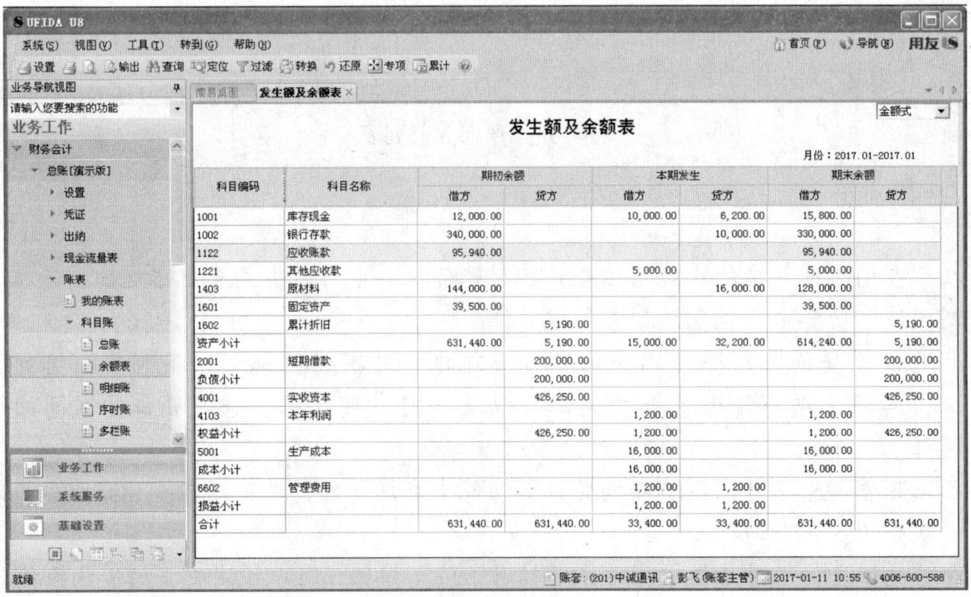

科目编码	科目名称	期初余额		本期发生		期末余额	
		借方	贷方	借方	贷方	借方	贷方
1001	库存现金	12,000.00		10,000.00	6,200.00	15,800.00	
1002	银行存款	340,000.00			10,000.00	330,000.00	
1122	应收账款	95,940.00				95,940.00	
1221	其他应收款			5,000.00		5,000.00	
1403	原材料	144,000.00			16,000.00	128,000.00	
1601	固定资产	39,500.00				39,500.00	
1602	累计折旧		5,190.00				5,190.00
资产小计		631,440.00	5,190.00	15,000.00	32,200.00	614,240.00	5,190.00
2001	短期借款		200,000.00				200,000.00
负债小计			200,000.00				200,000.00
4001	实收资本		426,250.00				426,250.00
4103	本年利润			1,200.00		1,200.00	
权益小计			426,250.00	1,200.00		1,200.00	426,250.00
5001	生产成本			16,000.00		16,000.00	
成本小计				16,000.00		16,000.00	
6602	管理费用			1,200.00	1,200.00		
损益小计				1,200.00	1,200.00		
合计		631,440.00	631,440.00	33,400.00	33,400.00	631,440.00	631,440.00

图4-47　发生额及余额表

提示：

- 在余额表查询功能中，可以查询各级科目的本月期初余额、本期发生额及期末余额。
- 在发生额及余额表中，单击“累计”按钮，可以查询到累计借贷方发生额。
- 在发生额及余额表中，单击“专项”按钮，可以查询到带有辅助核算内容的辅助资料。
- 可以查询某个余额查询范围内的余额情况。
- 可以查询到包含未记账凭证在内的最新发生额及余额。

（2）查询明细账

【示例】：查询“140303原材料/主板”明细账。

①以有权限的操作员登录U8。在总账系统中，执行“账表”→“科目账”→“明细账”命令，打开“明细账查询条件”对话框。设置科目“140303”级到“140303”级，如图4-48所示。

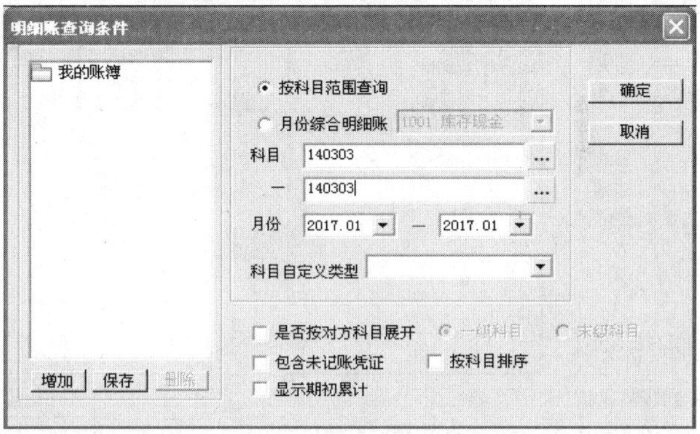

图4-48　明细账查询条件

②单击“确定”按钮，进入“原材料明细账”界面，如图4-49所示。

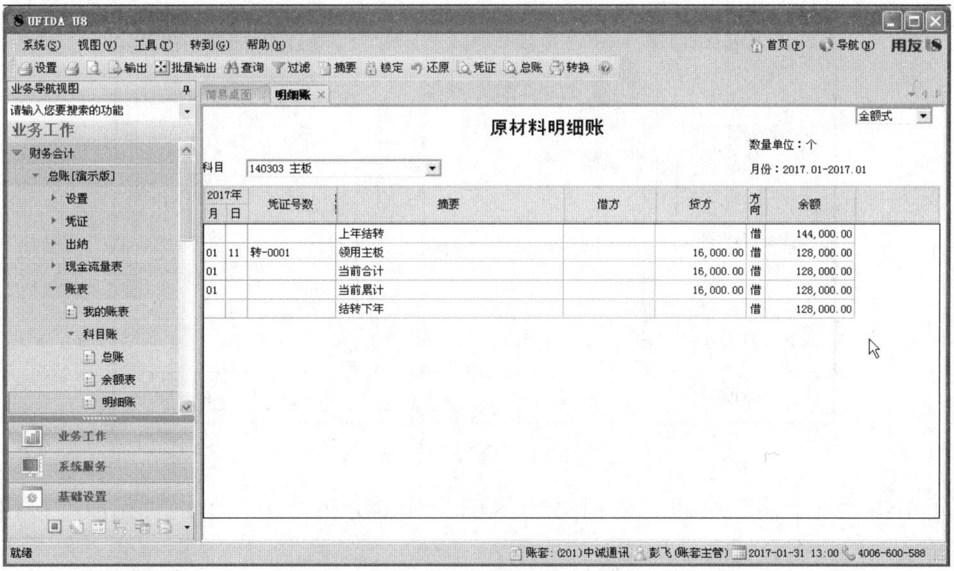

图4-49　查询明细账

提示：

- 在“明细账”界面中，单击“总账”按钮，可以查询到该科目的总账。
- 在“明细账”界面中，单击某一行，再单击“凭证”按钮，可以查询到记录当前业务的凭证。

（3）查询辅助账

【示例】：查询总经办“660205管理费用/招待费”的部门收支分析情况。

①执行“账表”→“部门辅助账”→“部门收支分析”命令，打开“部门收支分析条件”对话框。

②选择科目“660205招待费”，单击“>”按钮，将其选为待分析科目，如图4-50所示。

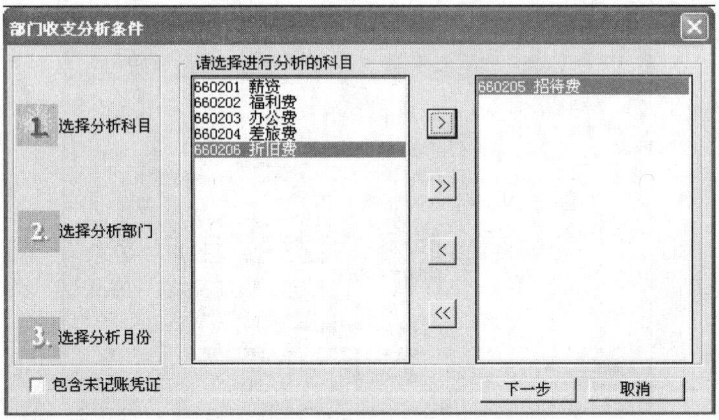

图4-50 选择分析科目

③单击“下一步”按钮。选择“总经办”作为分析部门，如图4-51所示。

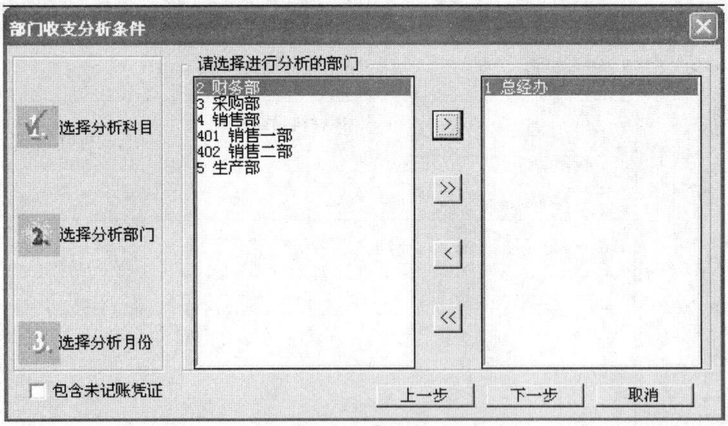

图4-51 选择分析部门

④单击“下一步”按钮。选择“2018.01”作为分析月份，单击“完成”按钮，系统将显示部门收支分析表，如图4-52所示。

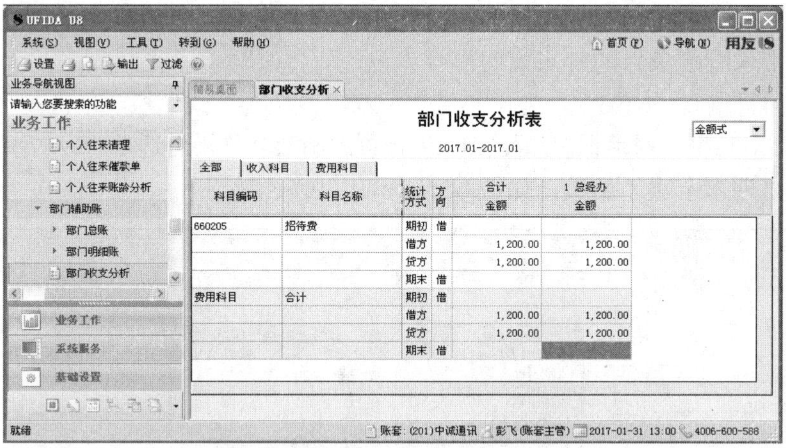

图4-52　部门收支分析表

提示：在“部门收支分析表”界面中，单击“过滤”按钮，可以设置对“期初”“借方”“贷方”还是“期末”进行统计。

2．自动转账定义

（1）自定义结转

【示例】：按短期借款期初余额的6%计提本月短期借款利息。

借：财务费用（6603）　　QC（2001,月）*0.06/12

　　贷：应付利息（2231）　JG（）

①执行“期末”→“转账定义”→“自定义转账”命令，进入“自定义转账设置”窗口，如图4-53所示。

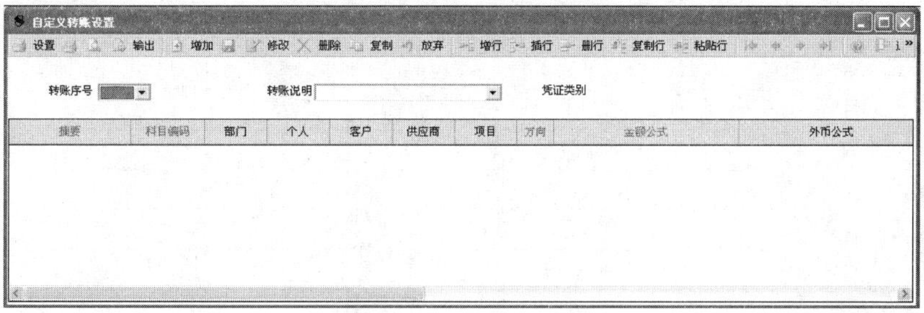

图4-53　自定义转账设置

②单击“增加”按钮，打开“转账目录”对话框。输入转账序号“0001”、转账说明“计提短期借款利息”，选择凭证类别“记账凭证”，如图4-54所示。

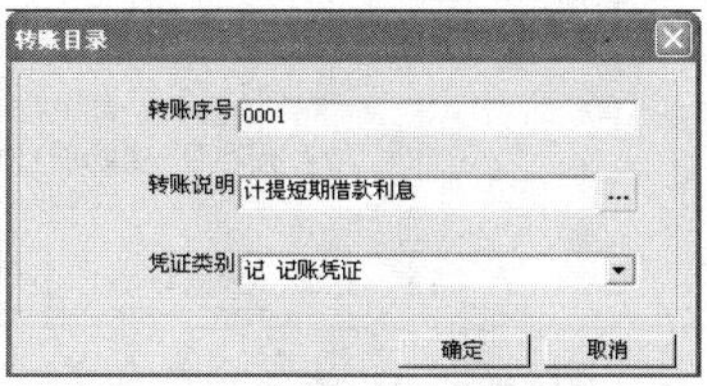

图4-54　“转账目录”对话框

③单击“确定”按钮，返回“自定义转账设置”窗口。单击“增行”按钮，在“摘要”中自动带入刚刚录入的转账说明内容。

④选择科目编码“6603”、方向“借”；双击“金额公式”栏，单击参照按钮，打开“公式向导”对话框。对话框左边显示U8中预置的函数名称，右边是对应的函数公式。

⑤选择“期末余额”函数，如图4-55所示。

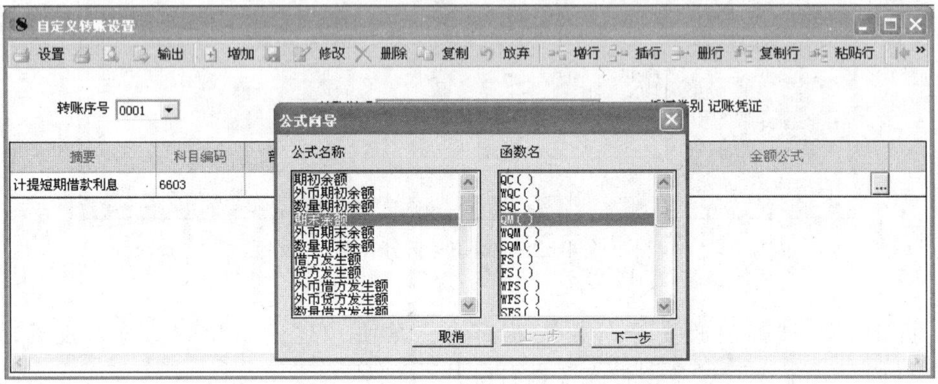

图4-55　选择“期末余额”函数

⑥单击“下一步”按钮，继续公式定义，如图4-56所示。

- 科目：默认前面录入的科目编码6603，重新选择科目“2001”。
- 期间：默认“月”。
- 方向：若不做选择，默认负债类科目余额方向为“贷”。

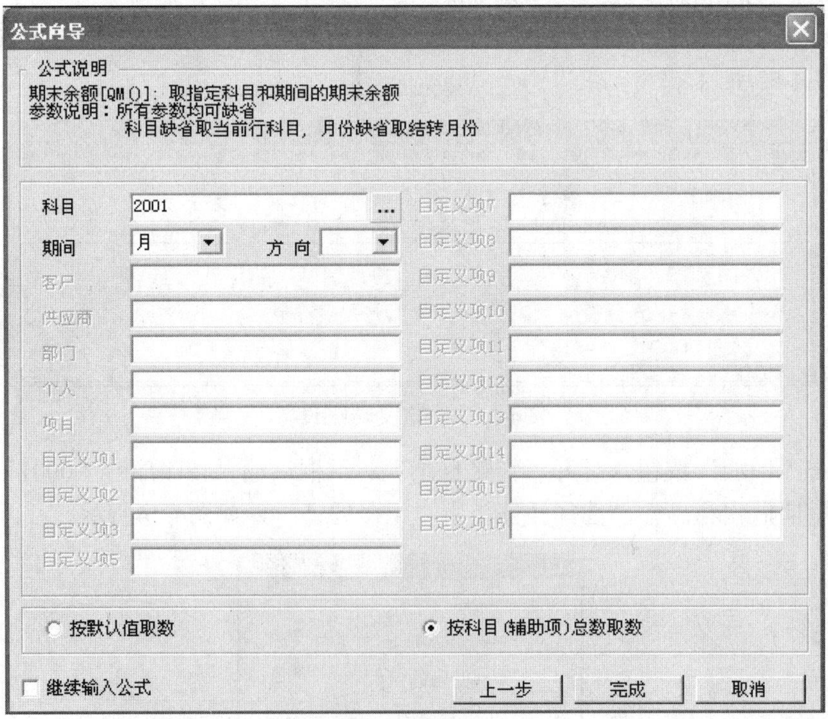

图4-56　定义金额公式

⑦单击“完成”按钮，金额公式带回“自定义转账设置”窗口。将光标移至公式末尾，输入“*0.06/12”，按回车键确认，如图4-57所示。

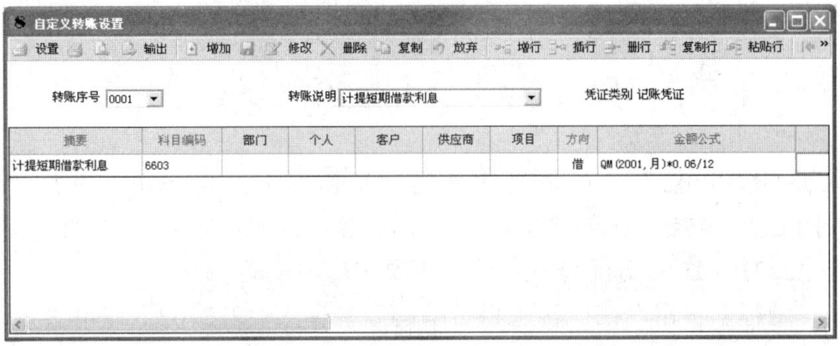

图4-57　定义借方金额公式

提示：不能在金额公式中录入百分数，如果录入6%，系统会弹出“金额公式不合法：词语或语法错误”信息提示框。

⑧单击“增行”按钮，确定分录的贷方信息。选择科目编码“2231”、方向“贷”，直接输入或选择金额公式“JG()”，如图4-58所示。单击“下一步”按钮，再单击“完成”按钮，返回“自定义转账设置”窗口。

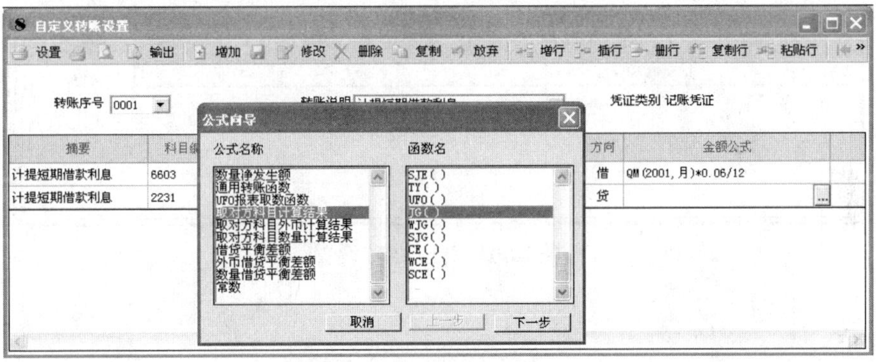

图4-58　定义贷方金额公式

⑨单击“保存”按钮，如图4-59所示。

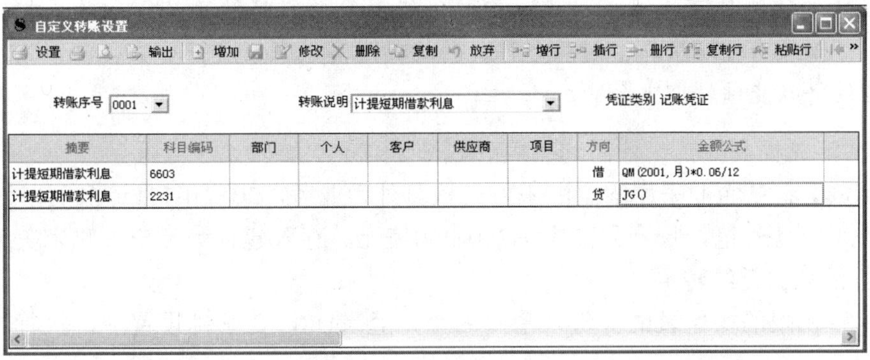

图4-59　自定义转账设置完成

⑩关闭窗口。

（2）对应结转

【示例】：将“应交税费—应交增值税—销项税额”转入“应交税费—未交增值税”。

①执行“期末”→“转账定义”→“对应结转”命令，进入“对应结转设置”窗口。

②录入编号“0002”，单击“凭证类别”栏的下三角按钮，选择“转 转账凭证”，输入摘要“结转销项税额”，在“转出科目”编码栏输入“22210105”或单击参照按钮选择“22210105 应交税费—应交增值税—销项税额”。

③单击“增行”按钮，在“转入科目编码”栏输入“222102”或单击参照按钮选择“222102 应交税费——未交增值税”，输入结转系数为“1”，如图4-60所示。

④单击“保存”按钮，再单击“退出”按钮。

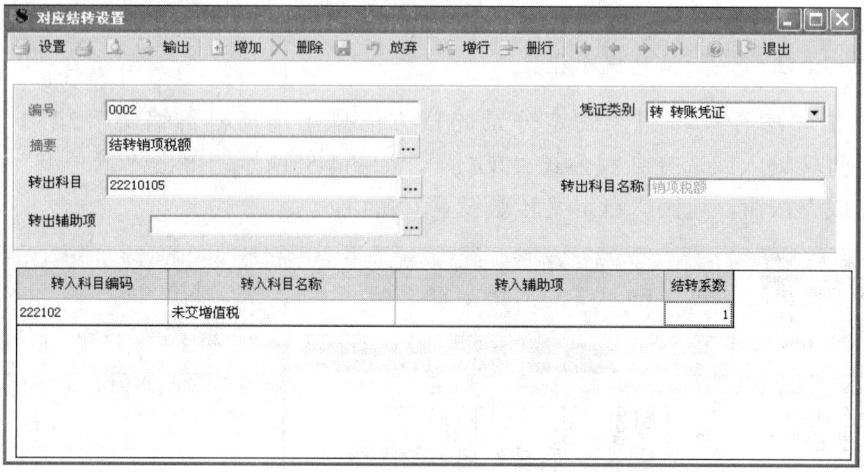

图4-60　对应结转设置

提示：

- 对应结转不仅可以进行两个科目的一对一结转，还可以进行科目的一（一个转出科目）对多（多个转入科目）结转。
- 对应结转的科目可为上级科目，但其下级科目的科目结构必须一致（相同明细科目），如果有辅助核算，则两个科目的辅助账类也必须一一对应。
- 对应结转只能结转期末余额。

（3）汇兑损益结转

【示例】：某企业采用固定汇率方式核算外币业务，2017年1月记账汇率为6.2，本月发生外币业务一笔，收到外商投资200 000美元，存入建行美元户，月末美元汇率为6.1，进行汇兑损益结转定义。

①以有权限的操作员的身份（密码为空）登录U8，在基础设置中，执行“基础档

案”→“财务”→“外币设置”命令，进入“外币设置”窗口。在2017.01美元“调整汇率”栏输入“6.1”，如图4-61所示。

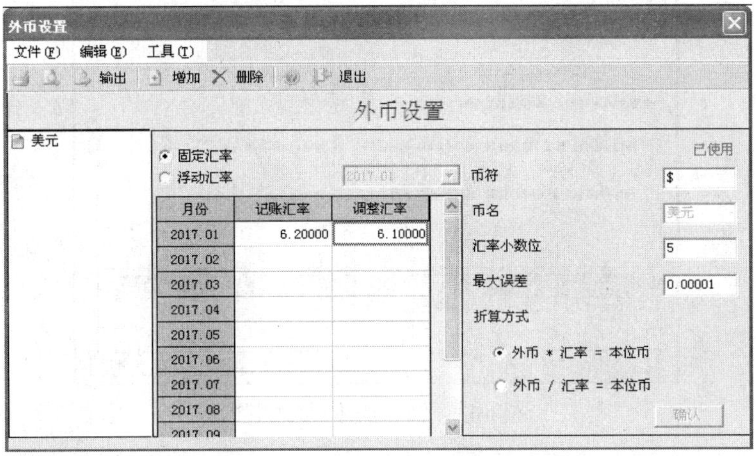

图4-61　录入期末调整汇率

②在总账系统中，执行“期末”→“转账定义”→“汇兑损益”命令，打开“汇兑损益结转设置”对话框。输入汇兑损益入账科目“6603”，双击美元户“是否计算汇兑损益”栏出现“Y”，如图4-62所示。单击“确定”按钮返回。

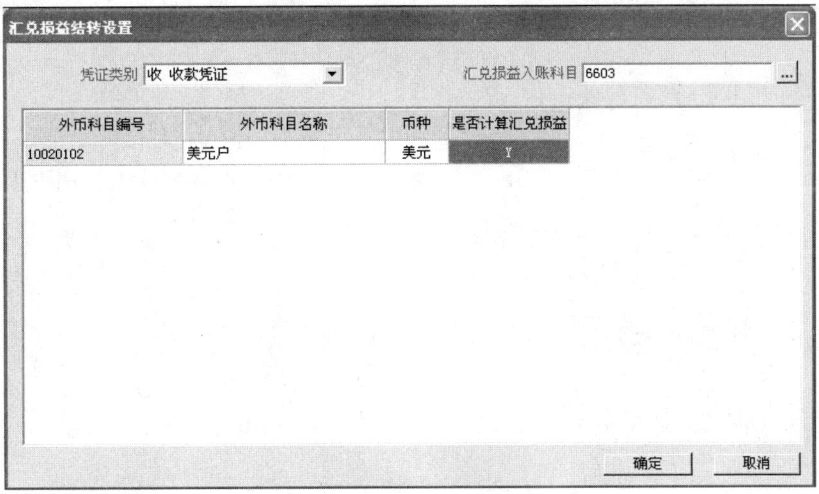

图4-62　汇兑损益结转设置

（4）销售成本结转

①执行“期末”→“转账定义”→“销售成本结转”命令，进入“销售成本结转设置”窗口。

②选择凭证类别“转 转账凭证”，输入库存商品科目“1405”、商品销售收入科目“6001”、商品销售成本科目“6401”，如图4-63所示。

③单击“确定”按钮返回。

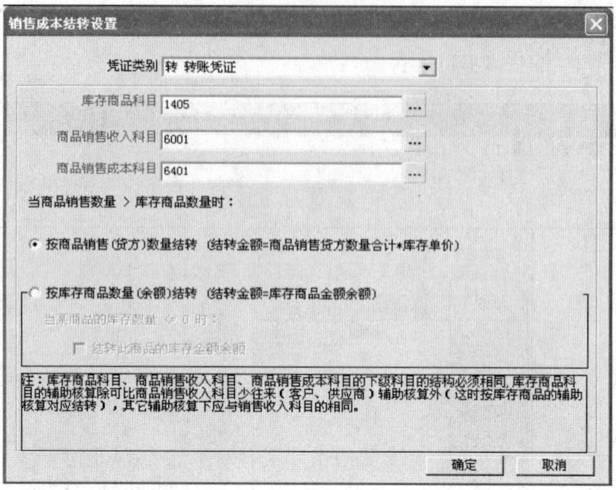

图4-63　销售成本结转设置

提示：库存商品科目、商品销售收入科目、商品销售成本科目三个科目需要具有相同的明细科目结构、且必须有数量核算。输入完成后，系统自动计算出所有商品的销售成本。

第5章　UFO报表管理

UFO报表系统是报表处理的工具。利用UFO报表既可以编制对外报表，也可以编制各种内部报表；可以利用U8系统提供的报表模板编制对外财务报表；用自定义报表方式编制内部管理报表。自定义报表主要分为报表格式设计和报表数据处理。

本章主要内容

- 理解报表格式设计的内容
- 报表格式设计
- 报表数据处理

评分细则

本章分值为12分，设6个评分点，评分点、分值、得分条件及判分要求如下。

序号	评分点	分值	得分条件	判分要求
1	启动UFO，打开指定报表	1	正确打开报表	打开的报表正确
2	在格式状态下设置关键字	2	关键字设置正确	关键字位置及内容正确
3	定义单元公式	4	正确定义单元公式	用友账务函数、统计函数定义正确，各2分
4	录入关键字，生成报表	2	正确录入关键字	切换数据状态1分 正确录入关键字生成报表1分
5	表页管理	2	正确增加表页	追加或插入均可
6	保存报表	1	在指定位置保存文件	路径及文件名正确

本章导读

综上所述，我们明确了本章所要求掌握的技能考核点以及对应《试题汇编》单元的评分点、分值、得分条件和判分要求等。本章结构及逻辑框架为：

- 样题示范：展示《试题汇编》中的一道真题。
- 基本认知：概括介绍本章考核内容对应的U8子系统的主要功能。
- 技能解析：详细讲解本章中涉及到技能考核点和相关知识点。
- 样题解答：给出真题的详细操作指导。
- 拓展训练：对样题示范中未涵盖的技能考核点进行拓展。

5.1 样题示范

【练习目的】

从《试题汇编》中选取样题，了解本章题目类型，掌握本章重点技能点。

【样题来源】

《试题汇编》第5单元5.1题（随书光盘中提供了本样题的操作视频）。

【操作要求】

以系统管理员admin的身份登录用友U8系统管理，引入C:\2016U8softGJ\Unit5文件夹下的账套文件Y5_01。

以2011操作员的身份（密码为空）登录201账套，登录日期为“2017-01-31”。

1．启动UFO，打开指定报表

打开报表文件C:\2016U8softGJ\Unit5\Y5_01\简易资产负债表.rep。

2．在“格式”状态下设置关键字

在“D2”单元定义关键字：年。在“E2”单元定义关键字：月。

3．定义单元公式

（1）利用用友账务函数定义“应收账款”期末余额C7的单元公式。

（2）利用统计函数PTOTAL定义“资产总计”期末余额C9的单元公式为C6到C8之和。

4．录入关键字，生成报表

切换到“数据”状态，并录入关键字：2017年、1月。

5．表页管理

追加1张表页。

6．保存报表

将制作完成的“简易资产负债表”保存至“考生文件夹\X5_01”文件夹中。

5.2 基本认知

5.2.1 UFO报表基本功能

报表编制主要分为报表格式设计和报表数据处理。

1．报表格式设计

如果把一张报表拆分为相对固定的内容和相对变动的内容两部分，相对固定的内容包括报表的标题、表格部分、表中的项目、表中数据的来源等；相对变动的内容主要是报表中的数据。报表格式设计是指在计算机系统中建立一张报表中相对固定的部分，相当于在计算机中建立一个报表模板，供以后编制此类报表时调用。UFO报表系统提供了丰富的格式设计功能，包括设置报表行列数、定义组合单元、画表格线、定义报表关键字、设置公式等，如图5-1、图5-2和图5-3所示。

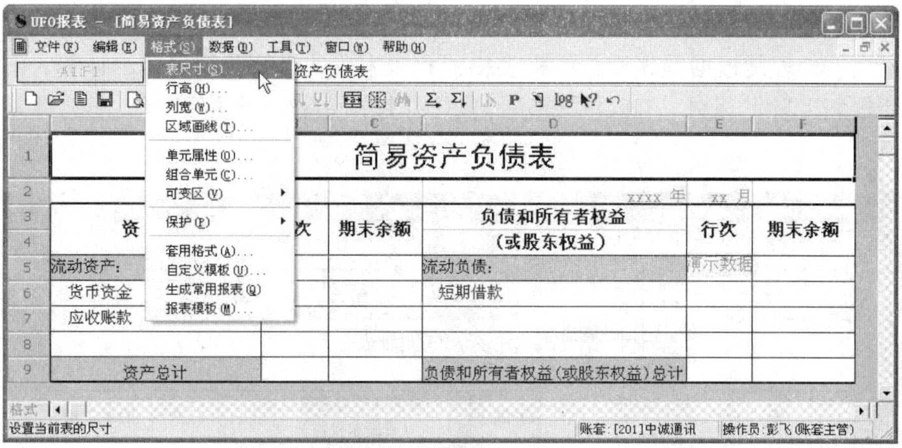

图5-1　报表格式设计

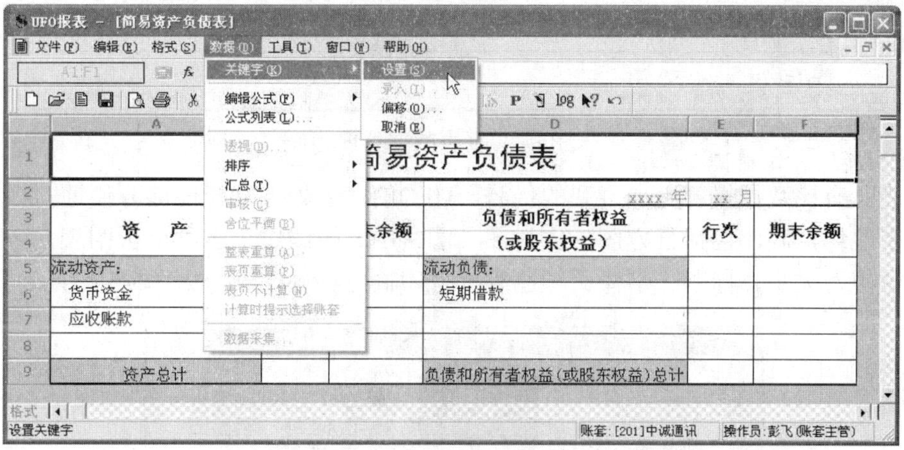

图5-2　设置关键字

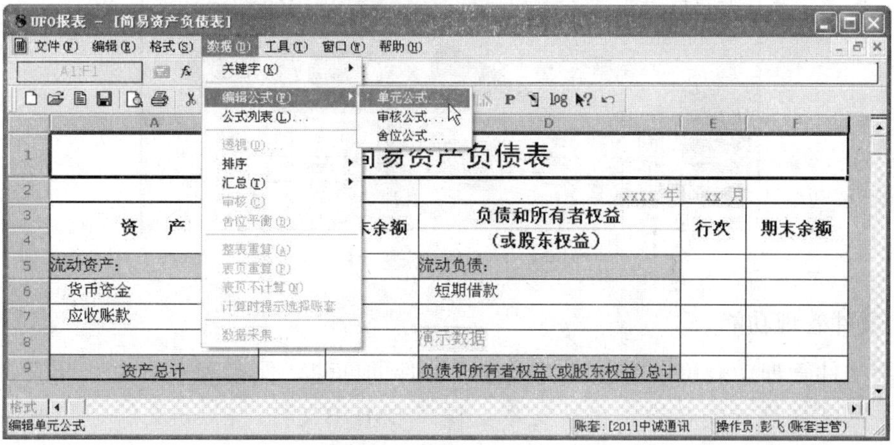

图5-3　设置公式

UFO系统中按照会计制度提供了不同行业的标准财务报表模板，简化了用户的报表格式设计工作。如果标准行业报表仍不能满足需要，系统还提供了自定义模板功能。

2．报表数据处理

报表数据处理是根据预先设置的报表格式和报表公式进行数据采集、计算、汇总等，生成会计报表。除此以外，UFO系统还提供了排序、审核、舍位平衡、汇总等功能，如图5-4所示。

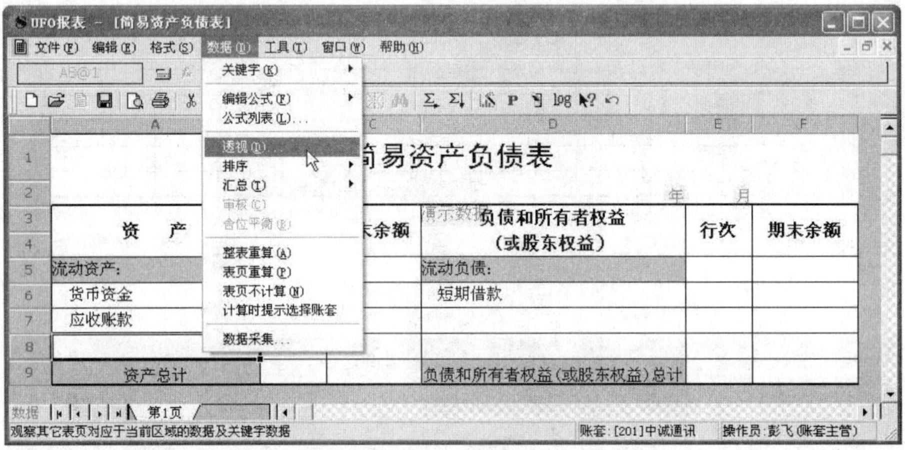

图5-4 报表数据处理

图表具有比数据报表更加直观的优势。UFO的图表处理功能能够方便地对报表数据进行图形组织，制作包括直方图、立体图、圆饼图、折线图等多种分析图表，并能编辑图表的位置、大小、标题、字体、颜色等，打印输出各种图表，如图5-5所示。

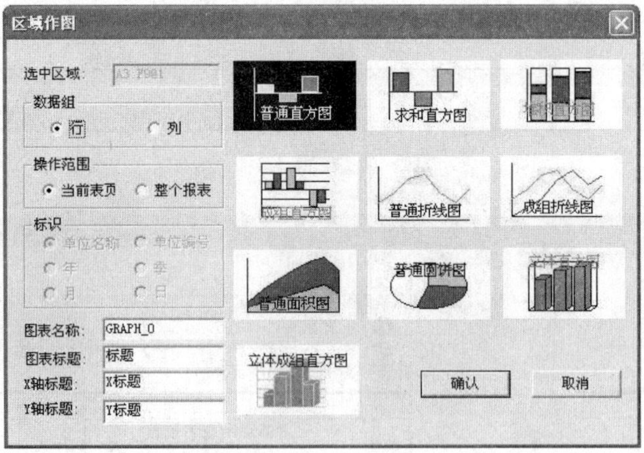

图5-5 UFO图表功能

3．文件管理功能

利用文件管理功能可以方便地完成报表文件的创建、保存等一般文件管理功能；能够进行不同文件格式的转换，包括文本文件、*.MDB文件、Excel文件等；提供标准财务数据的导入、导出功能；如图5-6所示。

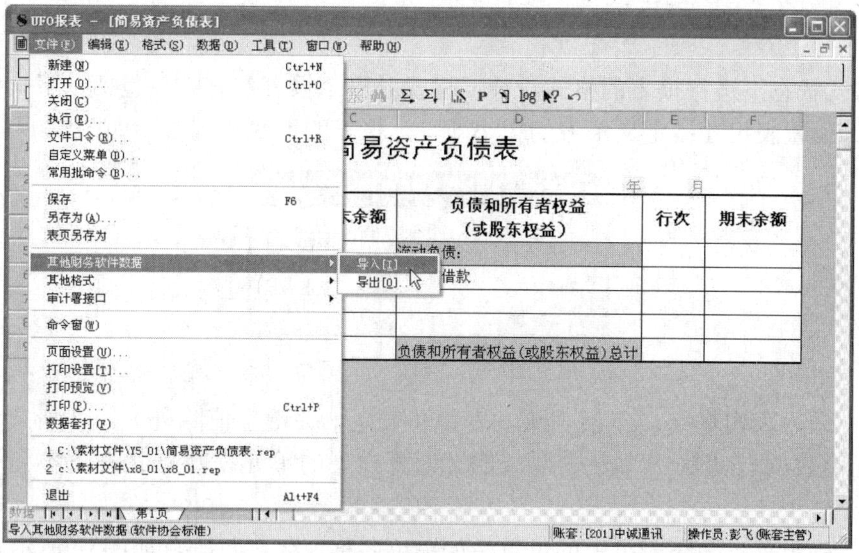

图5-6　文件管理功能

5.2.2 报表编制的工作流程

在UFO报表系统中，编制报表主要有两类方法。对于各企业标准的对外财务报告，一般调用系统预置的报表模板，微调后快速生成，利用报表模板编制报表在上一章中已经介绍。对于企业内部用各种管理报表，需要自行完成报表定义。结合以上两种情况，编制报表的工作流程如图5-7所示。

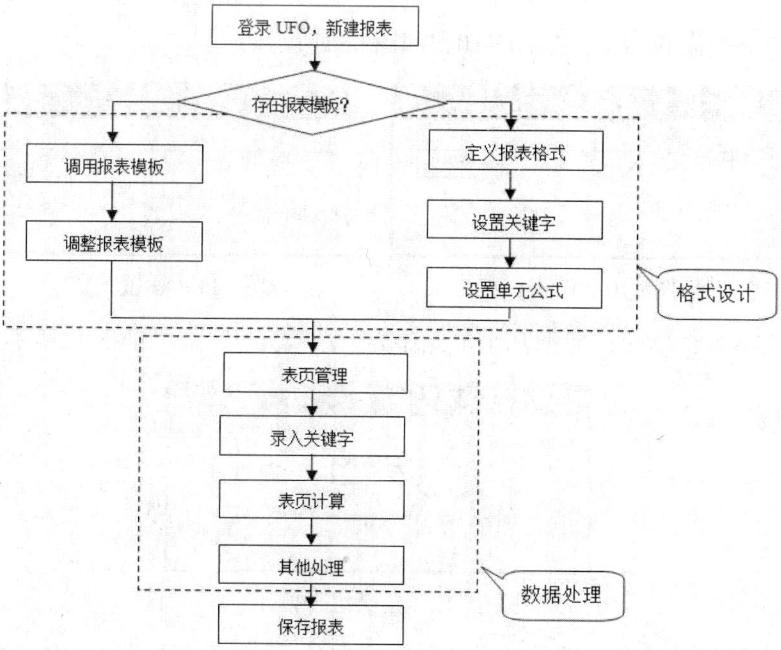

图5-7　编制报表的工作流程

5.2.3 报表格式设计

在格式状态下进行报表的格式设计，格式对整个报表都有效，包括以下操作。

（1）设置表尺寸：定义报表的大小即设定报表的行数和列数，如图5-8所示。

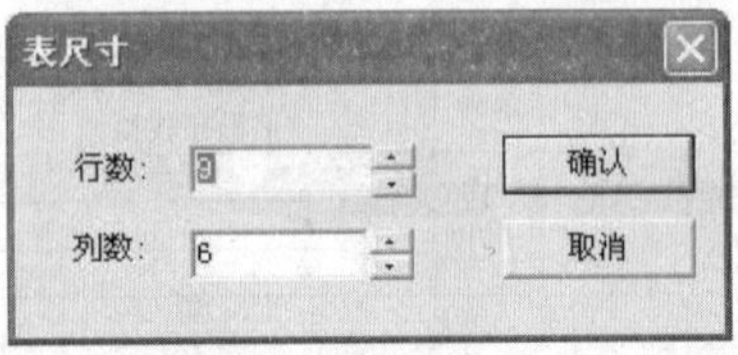

图5-8　设置表尺寸

（2）录入表内文字：包括表头、表体和表尾（关键字值除外）。在格式状态下定义了单元内容的自动默认为表样型，定义为表样型的单元在数据状态下不允许修改和删除。

（3）确定关键字在表页上的位置，如单位名称、年、月等，如图5-9所示。

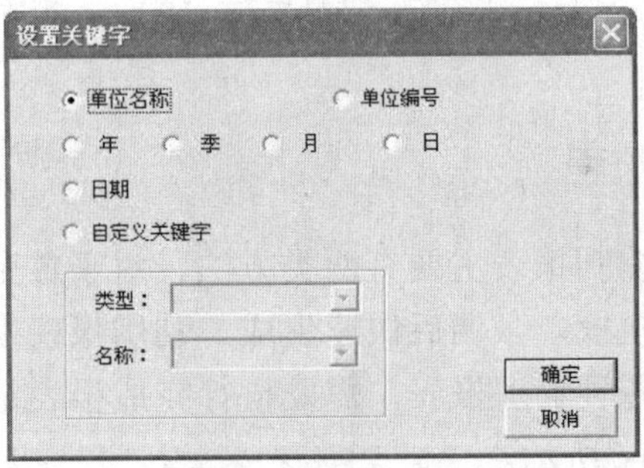

图5-9　设置关键字

（4）定义行高和列宽，如图5-10和和图5-11所示。

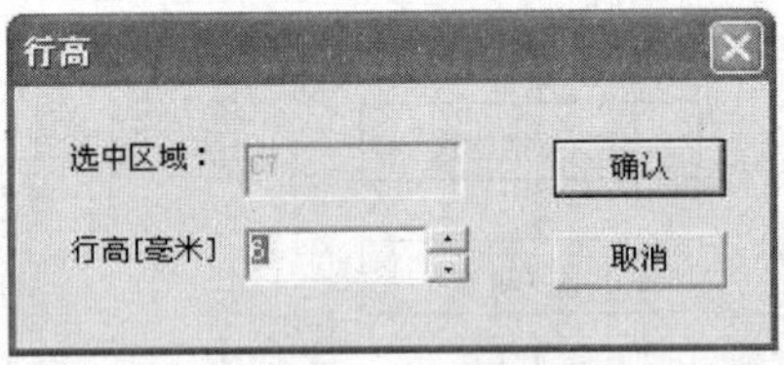

图5-10　设置行高

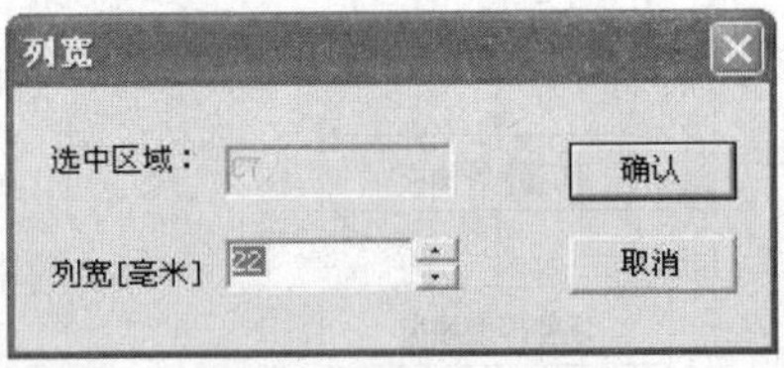

图5-11　设置列宽

（5）定义组合单元：即把几个单元作为一个单元使用，如图5-12所示。

图5-12　定义组合单元

（6）设置单元风格：设置单元的字型、字体、字号、颜色、图案、折行显示等，如图5-13所示。

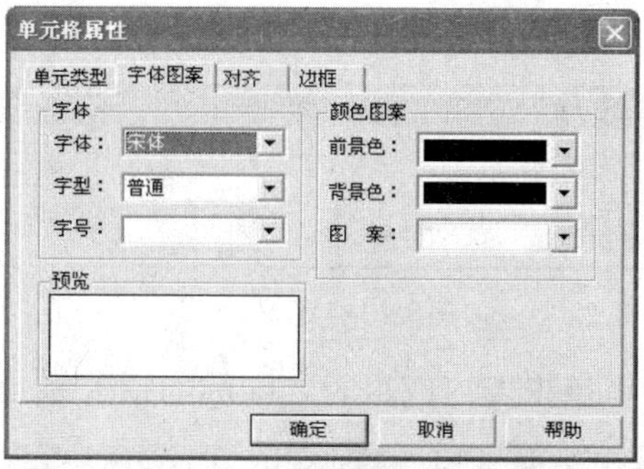

图5-13　设置单元风格

（7）设置单元属性：把需要输入数字的单元定为数值单元；把需要输入字符的单元定为字符单元；如图5-14所示。

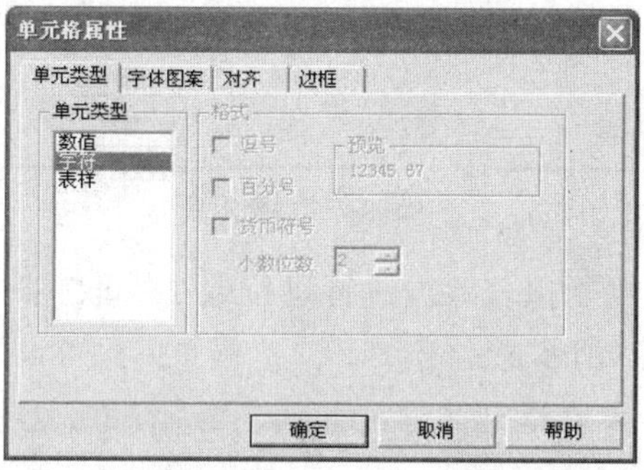

图5-14　设置单元属性

（8）画表格线，如图5-15所示。

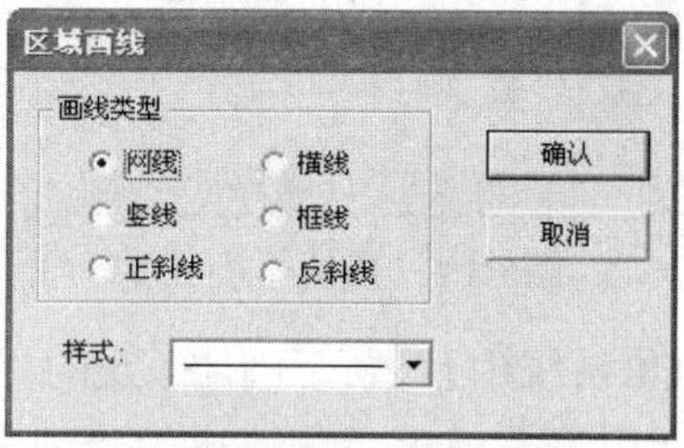

图5-15　画表格线

（9）设置可变区：即确定可变区在表页上的位置和大小，如图5-16所示。

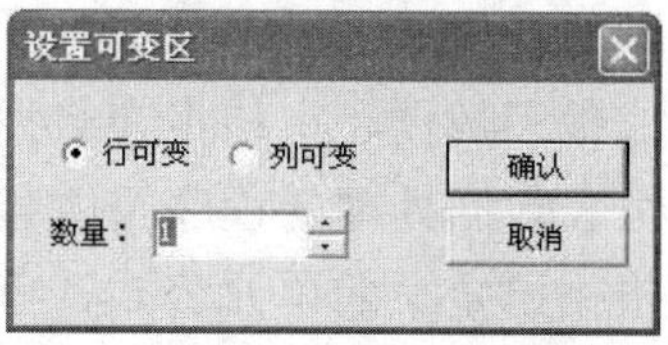

图5-16　设置可变区

（10）定义各类公式。

公式的定义在格式状态下进行，计算公式定义了报表数据之间的运算关系，可以实现报表系统从其他子系统取数，如图5-17所示。在报表单元中键入“=”就可直接定义计算公式，所以称为单元公式。

图5-17　定义公式

● 审核公式：用于审核报表内或报表之间的勾稽关系是否正确，如图5-18所示。

图5-18　审核公式

● 舍位平衡公式：用于报表数据进行进位或小数取整时调整数据，避免破坏原数据平衡，如图5-19所示。

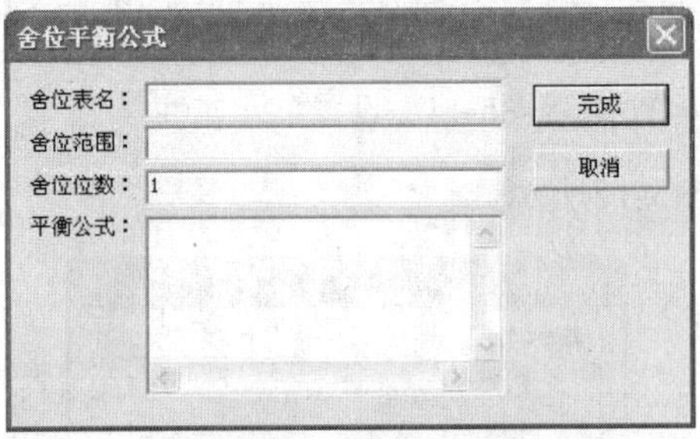

图5-19　舍位平衡公式

如果是对外常用报表，U8系统中预置了不同行业的报表模板，报表模板中已经完成了报表的格式设计工作。调用报表模板后，可以检查或者在原有模板的基础上稍作修改，省去了大量的公式定义工作。

5.2.4 报表数据处理

报表数据处理主要包括生成报表数据、审核报表数据和舍位平衡等工作。数据处理工作必须在数据状态下进行。报表数据处理的程序及内容如下：

报表数据处理时计算机会根据已定义的单元公式、审核公式和舍位平衡公式自动进行取数、审核及舍位等操作。

报表格式和报表中的各类公式定义好之后，就可以录入数据并进行处理了。报表数据处理在数据状态下进行。包括以下操作：

（1）因为新建的报表只有一张表页，需要追加多个表页。

（2）如果报表中定义了关键字，则录入每张表页上关键字的值。

例如，录入关键字“单位名称”的值：给第1页录入“甲单位”，给第2页录入“乙单位”，给第3页录入“丙单位”等等。

（3）在数值单元或字符单元中录入数据。

（4）如果报表中有可变区，可变区初始只有一行或一列，需要追加可变行或可变列，并在可变行或可变列中录入数据。

随着数据的录入，当前表页的单元公式将自动运算并显示结果。如果报表有审核公式和舍位平衡公式，则执行“审核”和“舍位平衡”命令。需要的话，做报表汇总和合并报表。

（5）报表图形处理。

有必要的话，可以选取报表数据后可以制作各种图形，如直方图、圆饼图、折线图、面积图、立体图。图形可随意移动；图形的标题、数据组可以按照要求设置；图形可以打印输出。

5.2.5 报表模板

对外财务报表常用的有资产负债表、利润表、现金流量表和所有者权益变动表。这些表的格式在会计制度中有统一规定。对于这类固定格式报表，为了减少财务人员的工作量，U8系统中已经预先设置好，称为报表模板，如图5-20所示。利用U8系统预置的报表模板，企业财务人员可以迅速建立起本单位财务报表。

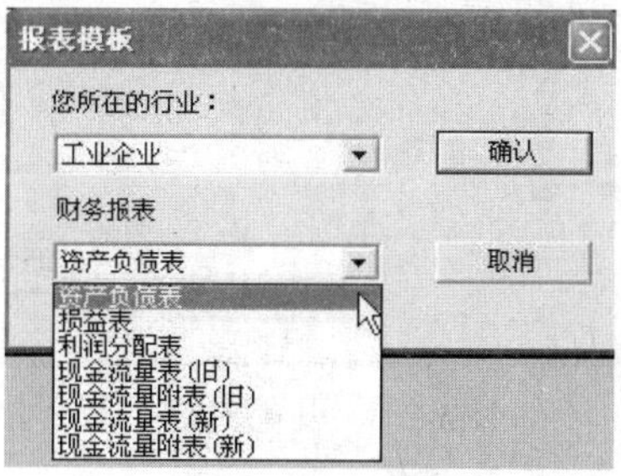

图5-20　报表模板

对于一些本企业常用报表模板中没有提供的报表，在自定义完这些报表的格式和公式后，可以将其定义为报表模板，以后可以直接调用。

5.3 技能解析

5.3.1 文件管理

1．新建报表文件

在UFO报表系统中，新建文件时，默认进入“格式”设计状态，新建表名默认为report1，扩展名为.rep。

2．打开报表文件

扩展名为.rep的文件必须在UFO系统中打开，打开报表文件时默认进入“数据”处理状态。

3．保存报表文件

保存的报表文件以文档形式存在，并不存储在数据库中。因此，账套输出时不包含报表文件。

5.3.2 关键字

1．理解关键字

关键字是游离于单元之外的特殊数据单元，可以唯一标识一个表页，用于在大量表页中快速选择表页。例如：一个资产负债表的表文件可以存放一年12个月的资产负债表（甚至多年的多张表），当要对某一张表页的数据进行定位，就需要设定一些定位标志，这些定位标志就被称为关键字。关键字的显示位置在“格式”状态下设置，关键字的值则在“数据”状态下录入，每张报表可以定义多个关键字。

2．U8中的关键字

通常关键字可以有以下几种，如图5-21所示。

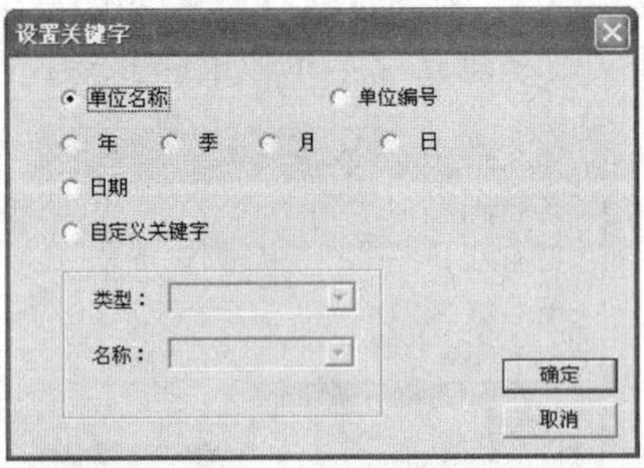

图5-21　设置关键字

（1）单位名称：该报表表页编制单位的名称。

（2）单位编号：该报表表页编制单位的编号。

（3）年：该报表表页反映的年度。

（4）季：该报表表页反映的季度。

（5）月：该报表表页反映的月份。

（6）日：该报表表页反映的日期。

除了以上常见的关键字之外，系统通常还会提供一个自定义关键字功能，方便用户灵活定义并运用这些关键字。

3．定义关键字

关键字在格式状态下定义，每个关键字只能定义一次。

关键字定义后可以取消定义。可以利用“偏移”功能对关键字的位置进行调整，如图5-22所示。

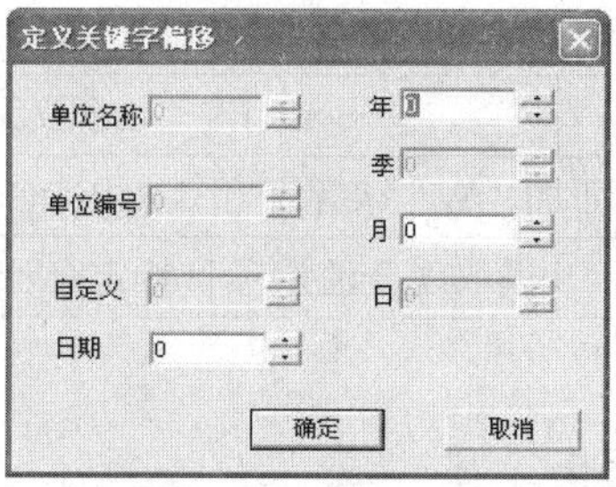

图5-22 定义关键字偏移

4．录入关键字值

在数据状态下录入关键字值，系统根据关键字值到相应的会计期间提取数据，按照设定的公式进行计算，生成报表。

5.3.3 报表公式设置

由于各种报表之间存在着密切的数据间的逻辑关系，所以，报表中各种数据的采集、运算和勾稽关系的检测就用到了不同的公式，主要有计算公式、审核公式和舍位平衡公式。本教程重点介绍计算公式。

计算公式的作用是从其他子系统的账簿文件中或者本表其他表页中或者其他报表中采集数据，直接填入表中相应的单元或经过简单计算填入相应的单元。因此，通常报表系统会内置一整套从各种数据文件中调取数据的函数。不同的报表软件函数的具体表示方法不同，但这些函数所提供的功能和使用方法一般是相同的。通过计算公式来组织报表数据，既经济又省事，把大量重复、复杂的劳动简单化了。合理地设计计算公式能大大地节约劳动时间，提高工作效率。计算公式可以直接定义在报表单元中。这样的公式称为“单元公式”。

1．常用账务函数

常用账务函数列示于表5-1中。

表5-1 常用账务函数

分类	函数名	含义及用法示例
金额函数	QC期初余额	取指定会计科目的期初余额
	QM期余余额	取指定会计科目的期末余额
	FS发生额	取指定会计科目的发生额
	LFS累计发生额	取某科目从年初至今累计发生额
金额函数	DFS对方发生额	DFS(1405,6401,月,d)提取凭证中贷方为1405科目且借方为6401科目的当月贷方发生额
	JE净发生额	JE（1001,月）计算库存现金科目本月净发生额
	TFS条件发生额	TFS(22210101,月,j,“固定资产”,“=”)提取进项税额科目22210101摘要中包含固定资产的当月借方发生额
数量函数	在金额函数的前面加“S”表示数量。如SQC表示取科目的数量期初余额	

续表

分类	函数名	含义及用法示例
外币函数	在金额函数的前面加“W”表示外币。如WQC表示取科目的外币期初余额	
现金流量函数	XJLL现金流量	提取现金流量项目特定会计期间或指定日期范围的发生额

2．统计函数

常用统计函数列示于表5-2中。

表5-2　常用统计函数

函数名	含义及用法示例
PTOTAL	指定区域内所有满足区域筛选条件的固定区单元的合计
TOTAL	符合页面筛选条件的所有页面的区域内各单元值的合计
PAVG	指定区域内所有满足区域筛选条件的固定区单元的平均值
PMAX	指定区域内所有满足区域筛选条件的固定区单元中最大的单元的数值
PMIN	指定区域内所有满足区域筛选条件的固定区单元中最小的单元的数值

3．本表他页取数函数

本表他页取数是指要取数的表（目的表）和存放数据来源的表（源表）之间是一个文件的不同表页。本表他页取数主要有两种情况：取确定页号表页的数据或按一定关键字取数。

（1）取确定页号表页的数据

当所取数据所在的表页页号已知时，用以下格式可以方便的取得本表他页的数据。

<目标区域> = <数据源区域> @ <页号>

例如：B2=C5@1的含义为各页B2单元取当前表第1页C5单元的值。

（2）按一定关键字取数

可用SELECT函数按一定关键字从本表他页取得数据。

例如：D=C+SELECT(D,年@=年and 月@=月+1)表示当前表的D列等于当前表的C列加上同年上个月D列的值。

SELECT函数中，@前的年和月代表目的表的年关键字值和月关键字值，@后面的年和月代表源表的年关键字值和月关键字值。

4．他表取数函数

他表取数是指目的表和源表不在一个表文件中。同样，他表取数也主要有两种情况：取确定页号表页的数据或按一定关键字取数。

（1）取他表确定页号表页的数据

当所取数据所在的表页页号已知时，用以下格式可以方便的取得他表的数据。

<目标区域> = “<他表表名>” -><数据源区域>[@ <页号>]

如：B2="LRB"->C5@1的含义为各页B2单元取LRB第1页C5单元的值。

（2）按一定关键字取数

当从他表取数时，已知条件并不是页号，而是希望按照年、月、日等关键字的对应关系来取他表数据，就必须用到关联条件。

RELATION <单元 | 关键字 | 变量 | 常量> WITH “<他表表名>”-> <单元 | 关键字 | 变量 | 常量>

如A1="FYB"->A1 FOR ALL RELATION 月 WITH "FYB"->月意为取FYB表的，与当前表页月相同的月的A1单元的值。

UFO允许在报表中的每个数值型、字符型的单元内，写入代表一定运算关系的公式，用来建立表内各单元之间、报表与报表之间或报表系统与其他子系统之间的运算关系，描述这些运算关系的表达式，我们称之为单元公式。为了规范和简化单元公式的定义过程，一般报表系统会提供公式向导，逐步引导公式的建立过程。

5.3.4 表页管理

在U8中，每个报表文件中可以存放多个表页，每个表页用于存放不同会计期间的数据，同一报表文件中每个表页的格式均相同。报表数据处理一般是针对某一特定表页进行的，因此在进行数据处理时还涉及到对表页的操作，如增加、删除、插入、追加表页等。

5.4 样题示范

进行以下操作之前，已经由系统管理员引入了账套文件Y5_01，且以2011操作员身份登录201账套企业应用平台。

1．启动UFO，打开指定报表

（1）执行“财务会计”→“UFO报表”命令，进入“UFO报表”窗口，如图5-23所示。

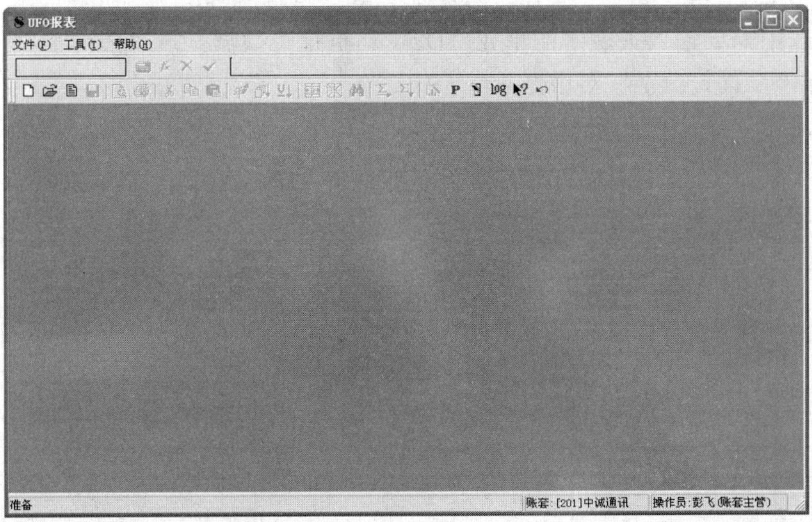

图5-23　“UFO报表”窗口

（2）单击“打开”文件按钮或执行“文件”→“打开”命令，打开“打开”对话框。选择存放报表格式的文件夹中的报表文件“Y5_01.REP”，如图5-24所示，单击“确定”按钮。报表左下角当前状态为“数据”状态，如图5-25所示。

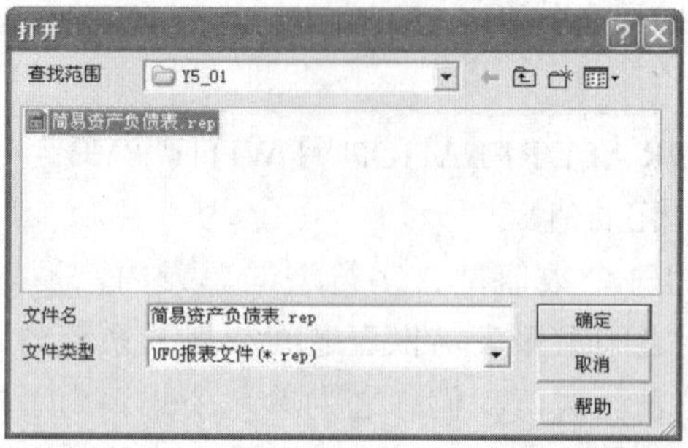

图5-24　“打开”对话框

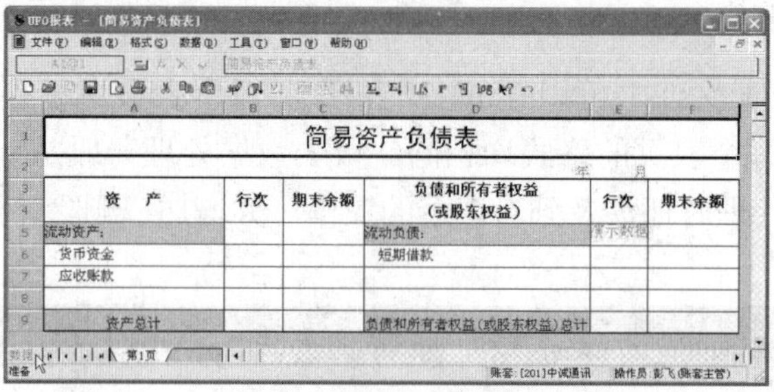

图5-25　打开的报表文件

提示：报表数据处理必须在“数据”状态下进行。

2. 在“格式”状态下设置关键字

在“D2”单元定义关键字：年。在“E2”单元定义关键字：月。

（1）单击左下角“数据”按钮，切换到“格式”设计状态。左下角将显示“格式”。

（2）选中需要输入关键字的单元“D2”。执行“数据”→“关键字”→“设置”命令，打开“设置关键字”对话框。

（3）选中“年”单选按钮，如图5-26所示，单击“确定”按钮。设置完成后，在D2单元显示红色的“xxxx年”，但编辑栏中显示为“空”。

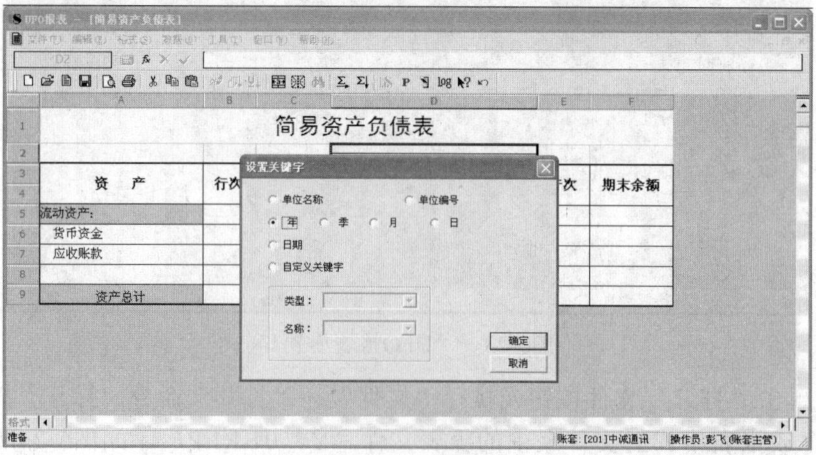

图5-26　设置关键字

（4）同样操作，在E2单元中设置“月”关键字，设置完成后如图5-27所示。

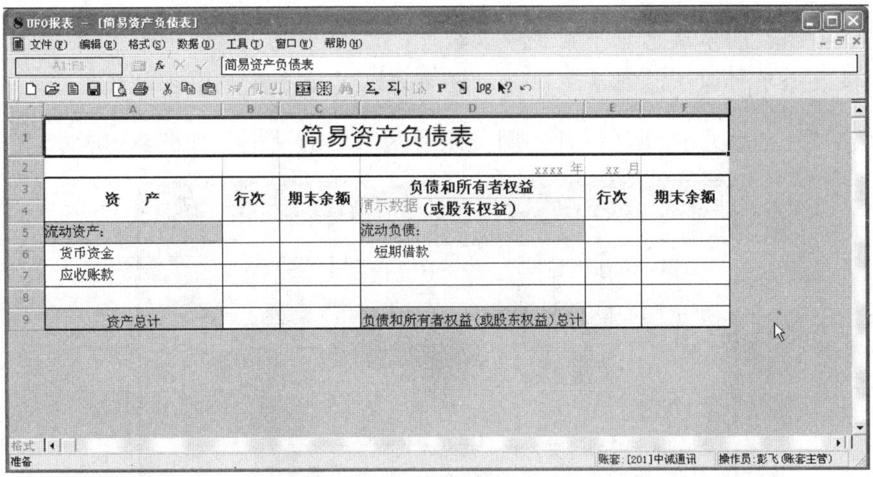

图5-27　设置关键字完成

3．定义单元公式

（1）利用用友账务函数定义“应收账款”期末余额C7的单元公式。

①选中需要定义公式的单元“C7”，即“应收账款”期末余额。

②单击“*fx*”按钮或执行“数据”→“编辑公式”→“单元公式”命令，打开“定义公式”对话框，如图5-28所示。

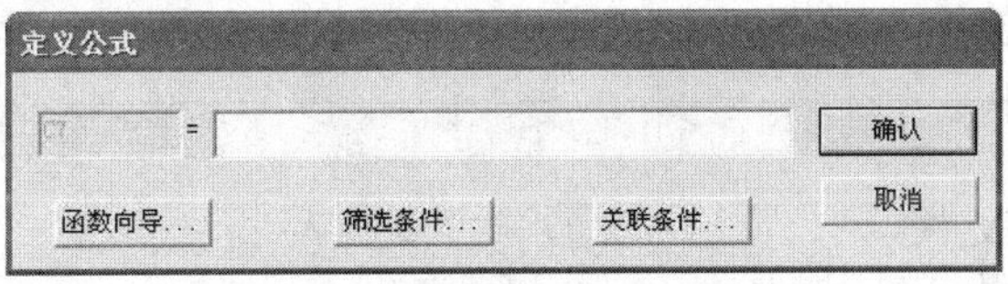

图5-28　“定义公式”对话框

③单击“函数向导”按钮，打开“函数向导”对话框。在“函数分类”列表框中选择“用友账务函数”，在右边的“函数名”列表中选择“期末（QM）”，如图5-29所示。

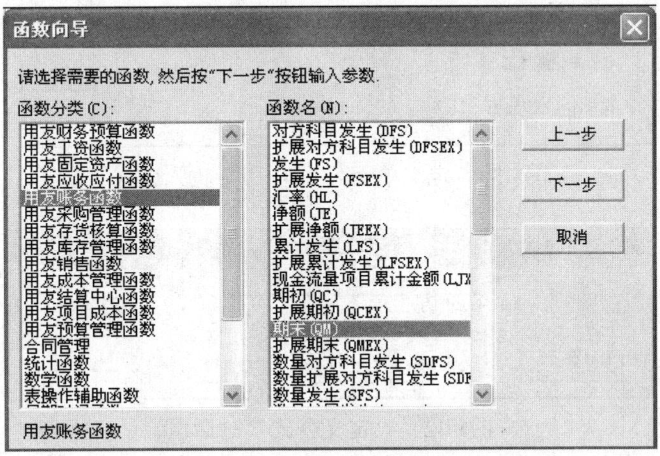

图5-29　函数向导 - 选择用友账务函数

提示：

- 用友账务函数表示从总账子系统中取数。
- UFO报表除了可以从总账系统取数，还可以从其他子系统中获取数据。

④单击“下一步”按钮，打开“用友账务函数”对话框，如图5-30所示。

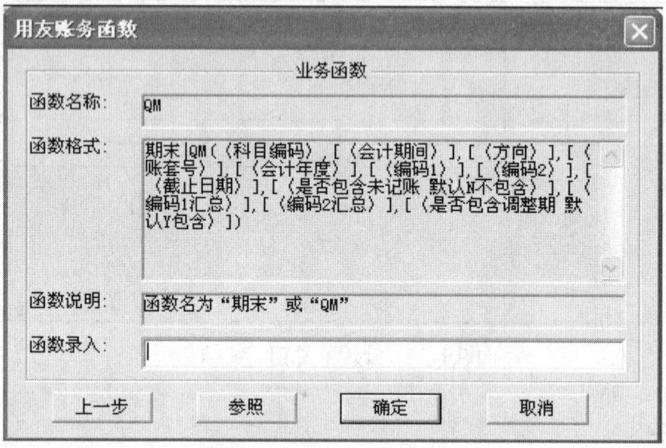

图5-30　用友账务函数

⑤单击“参照”按钮，打开“账务函数”对话框。选择科目“1122”，其余各项均采用系统默认值，如图5-31所示。

⑥单击“确定”按钮，返回“用友账务函数”对话框。

⑦单击“确定”按钮，返回“定义公式”对话框，如图5-32所示。

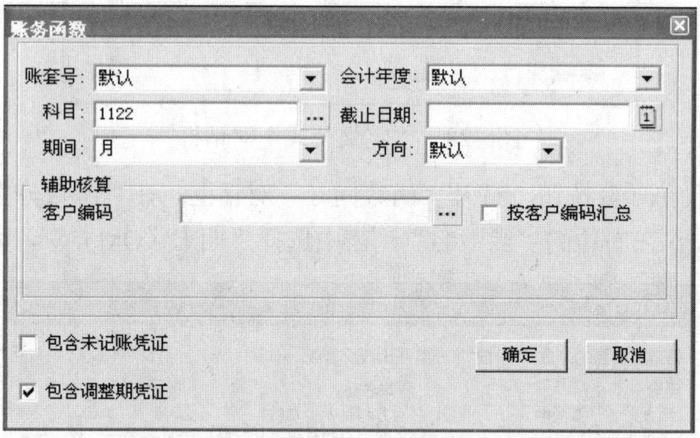

图5-31　定义单元公式 - 引导输入公式

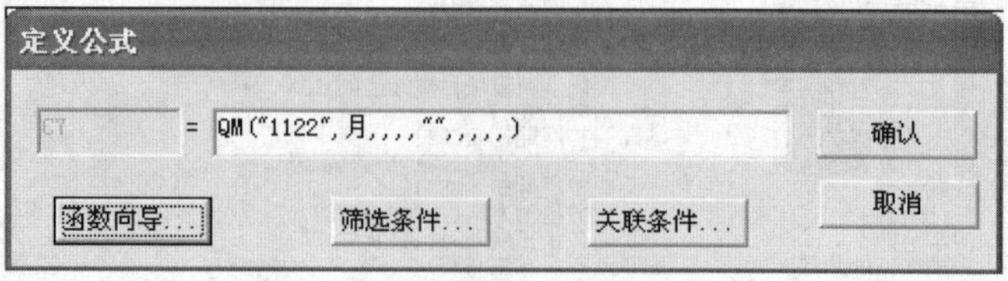

图5-32　“定义公式”对话框

提示：

- 一般来说，账务函数中的账套号和会计年度不需要输入，保持系统默认。待输入关键字值时，系统会自动替换。
- 勾选“包含未记账凭证”复选框后，根据公式或函数所取得的数据中也能包含未经记账的凭证数据。

⑧单击“确认”按钮，完成“应收账款”科目期末余额的定义。C7单元中显示“公式单元”字样，C7单元中的公式在窗口上方的编辑栏中显示，如图5-33所示。

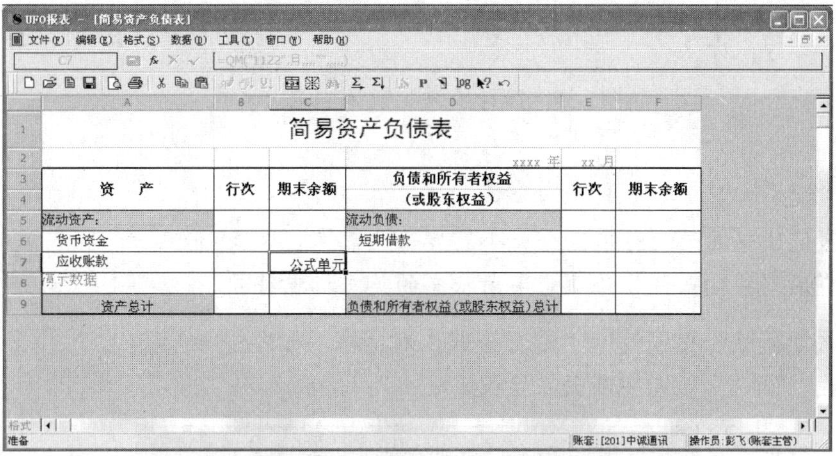

图5-33 C7单元公式定义完成

（2）利用统计函数PTOTAL定义“资产总计”期末余额C9的单元公式为C6到C8之和。

①选中需要定义公式的单元“C9”。单击“*fx*”按钮，打开“定义公式”对话框。

②单击“函数向导”按钮，打开“函数向导”对话框。

③在“函数分类”列表框中选择“统计函数”，在右边的“函数名”列表中选择“PTOTAL”，如图5-34所示。

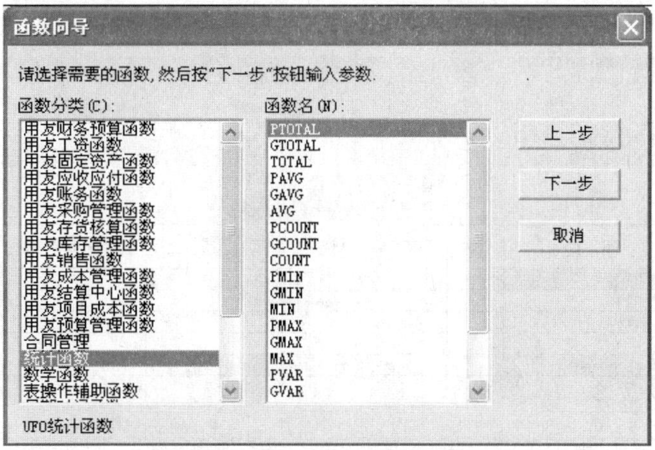

图5-34 选择统计函数PTOTAL

④单击“下一步”按钮，打开“固定区统计函数”对话框。在“固定区区域”文本框中输入“C6:C8”，如图5-35所示。

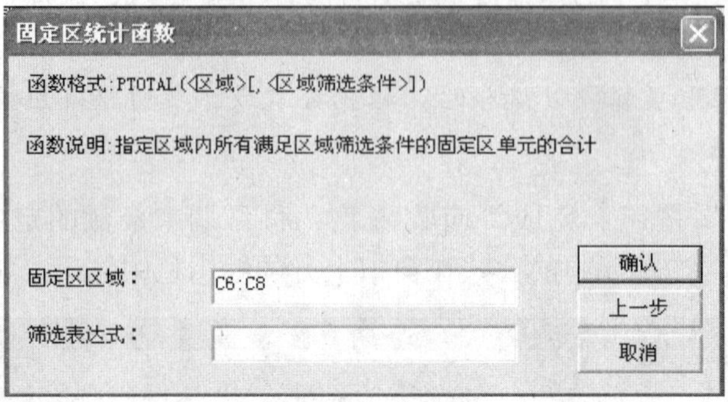

图5-35　统计函数 - 输入固定区区域

提示：

- 固定区区域范围录入时不区分大小写字母。
- 公式中用到的标点符号必须为半角状态的英文标点符号。

⑤单击“确认”按钮返回“定义公式”对话框，如图5-36所示。

⑥单击“确认”按钮完成公式定义。

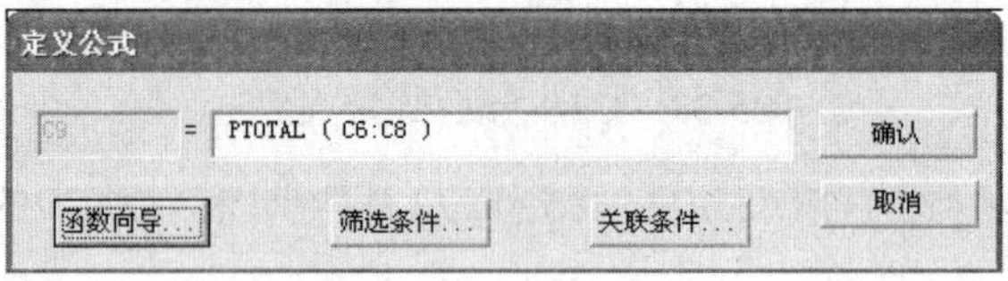

图5-36　统计函数定义完成

4．**录入关键字，生成报表**

切换到“数据”状态，并录入关键字：2017年、1月。

（1）单击左下角“格式”按钮，切换到“数据”状态。系统弹出“是否确定全表重算”信息提示框，如图5-37所示，单击“否”按钮返回。

图5-37　“是否确定全表重算”信息提示框

（2）执行“数据”→“关键字”→“录入”命令，打开“录入关键字”对话框。

（3）输入年“2017”，月“1”，如图5-38所示。

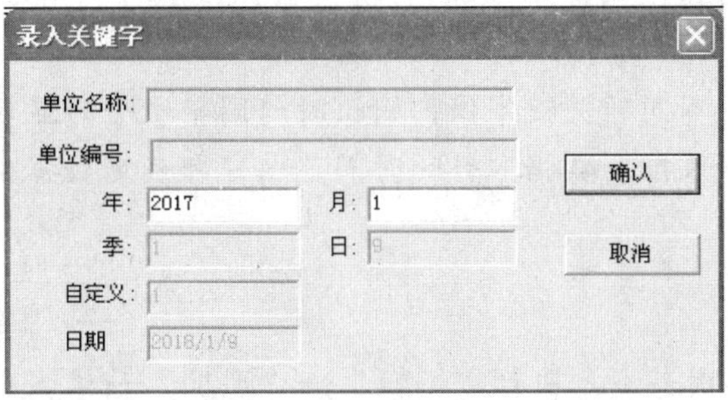

图5-38　录入关键字

（4）单击“确认”按钮，系统弹出 “是否重算第1页？ ”信息提示框，如图5-39所示。

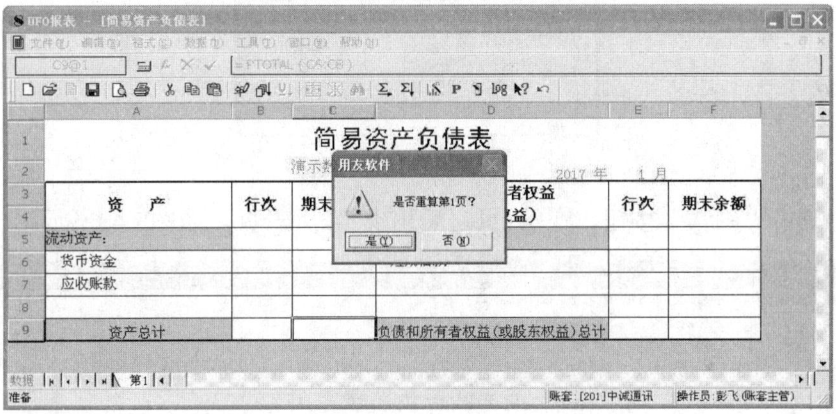

图5-39　“是否重算第1页”信息提示框

（5）单击“是”按钮，系统会自动根据单元公式计算1月份数据，生成数据如图5-40所示。

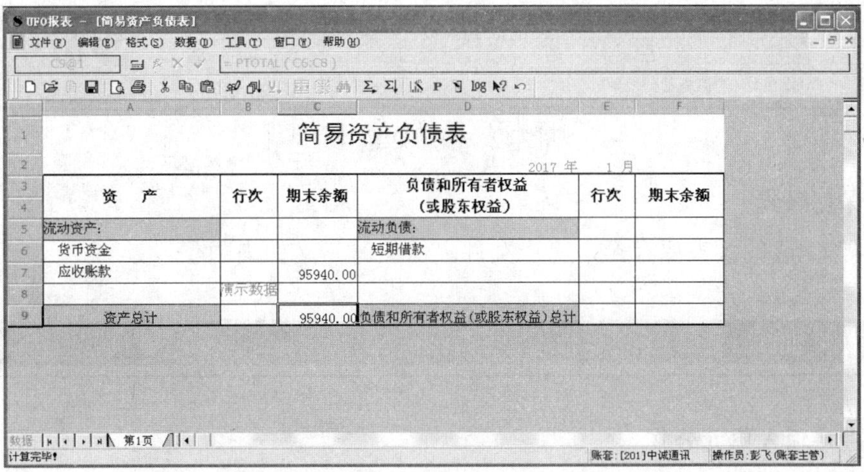

图5-40　生成报表

提示：

- 如果单击“否”按钮，系统不计算1月份数据，以后可利用“表页重算”功能生成1月份数据。
- 每一张表页均对应不同的关键字值，输出时随同单元一起显示。
- 日期关键字可以确认报表数据取数的时间范围，即确定数据生成的具体日期。

5．表页管理

追加1张表页。

（1）在“数据”状态下，执行“编辑”→“追加”→“表页”命令，打开“追加表页”对话框。

（2）利用增减器按钮设置增加“1”张表页，如图5-41所示。

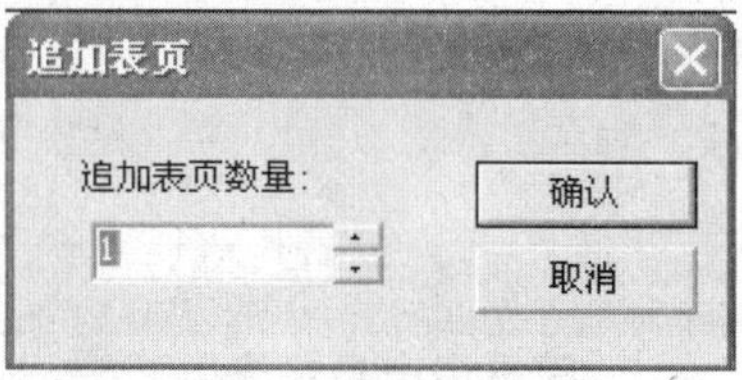

图5-41　追加表页

（3）单击“确认”按钮，在第1页之后出现第2页表页，如图5-42所示。

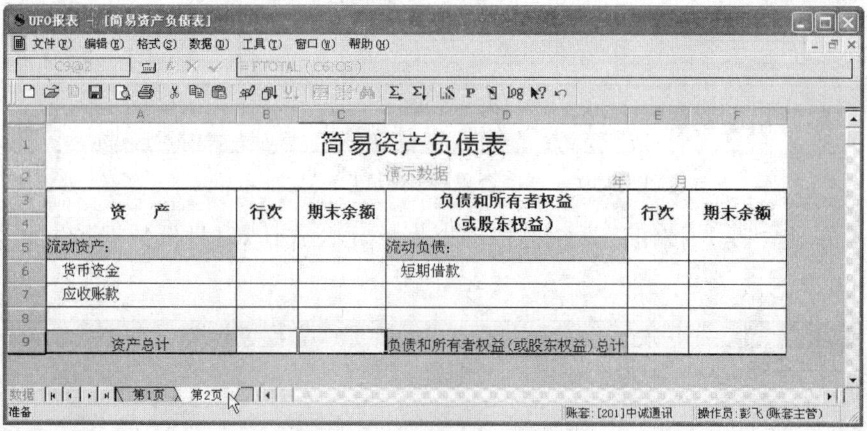

图5-42　增加第2页表页

6．保存报表

将制作完成的报表保存至“考生文件夹\X5_01”文件夹中。

5.5　拓展训练

1．直接输入单元公式

除了可以采用引导方式输入单元公式外，还可以直接输入单元公式。如上例中可以定义C9单元公式为“C6+C7+C8”，如图5-43所示。计算结果与使用统计函数结果一致。

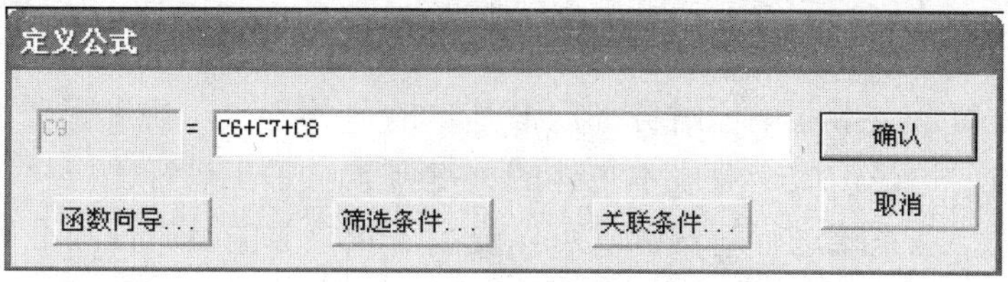

图5-43　直接输入单元公式

2．取消关键字设置

如果关键字定义错误，可以取消关键字设置。

（1）在“格式”状态下，执行“数据”→“关键字”→“取消”命令，打开“取消关键字”对话框，如图5-44所示。

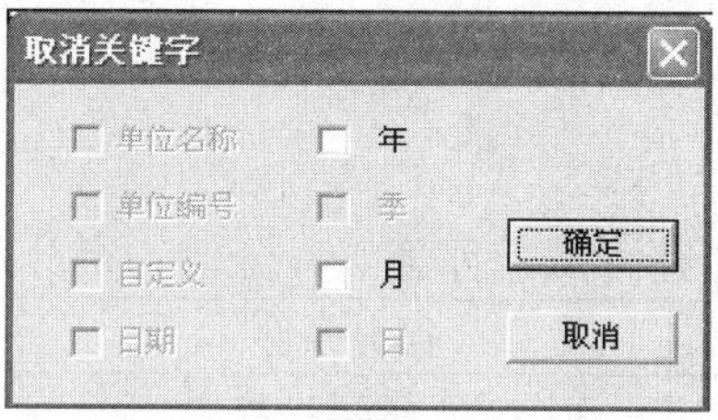

图5-44　取消关键字

（2）当前报表文件中已经设置的关键字显示为黑色字体，勾选要取消的关键字前的复选框，单击“确定”按钮，即可取消关键字设置。

第6章　薪资管理

薪资核算是每个企事业单位财务部门最基本的业务之一，薪资管理不仅关系到每个职工的切身利益，也是构成企业成本主体的关键要素。手工进行工资核算工作量大、易出错，利用薪资管理系统进行薪资管理可以提高工资核算的及时性和准确性。

本章主要内容

- 理解薪资管理的功能
- 建立工资账套
- 工资类别管理
- 工资核算
- 工资费用分摊

评分细则

本章分值为12分，设9个评分点，评分点、分值、得分条件及判分要求如下。

序号	评分点	分值	得分条件	判分要求
1	建立工资账套	2	正确设置工资套参数	设置工资套参数正确
2	设置工资项目	2	正确设置工资项目	工资项目设置正确
3	工资类别管理	1	正确设置工资类别及适用部门。打开指定的工资类别	工资类别设置正确，适用部门选择正确。打开的工资类别正确
4	建立人员档案	1	在指定类别下建立人员档案	人员档案各项信息设置正确
5	选择工资项目、排列顺序并设置计算公式	1	选择工资类别适用的工资项目正确设置计算公式	工资项目选择及排列正确0.5分计算公式设置正确及排列正确0.5分
6	工资数据录入	1	正确录入工资数据	录入工资数据正确
7	数据替换、计算与汇总	1	正确进行数据替换、计算与汇总工资数据	数据替换、计算与汇总工资数据正确
8	工资分摊设置	2	正确进行工资分摊设置	工资分摊设置正确
9	生成凭证	1	正确生成凭证	凭证正确

本章导读

综上所述，我们明确了本章所要求掌握的技能考核点以及对应《试题汇编》单元的评分点、分值、得分条件和判分要求等。本章结构及逻辑框架为：

- 样题示范：展示《试题汇编》中的一道真题。
- 基本认知：概括介绍本章考核内容对应的U8子系统的主要功能。
- 技能解析：详细讲解本章中涉及到技能考核点和相关知识点。
- 样题解答：给出真题的详细操作指导。
- 拓展训练：对样题示范中未涵盖的技能考核点进行拓展。

6.1 样题示范

【练习目的】

从《试题汇编》中选取样题，了解本章题目类型，掌握本章重点技能点。

【样题来源】

《试题汇编》第6单元6.1题（随书光盘中提供了本样题的操作视频）。

【操作要求】

以系统管理员admin的身份登录用友U8系统管理，引入C:\2016U8softGJ\Unit6文件夹下的账套文件Y6_01。

以2011账套主管的身份（密码为空）登录201账套，登录日期为“2017-01-11”。

1．建立工资账套

201账套有多个工资类别，工资核算本位币为人民币，选中“是否核算计件工资”，自动从工资中代扣所得税，不进行扣零设置。

2．设置工资项目

项目名称	类型	长度	小数位数	增减项
基本工资	数字	8	2	增项
交补	数字	8	2	增项
缺勤扣款	数字	8	2	减项
缺勤天数	数字	8	2	其它

3．工资类别管理

新建工资类别“在职人员”，该类别包括所有部门，启用日期为“2017-01-01”。

4．建立人员档案

人员编号	人员姓名	部门名称	人员类别	中方人员	是否计税
001	马国华	总经办	企业管理人员	是	是
002	王莉	财务部	企业管理人员	是	是
003	方萌	财务部	企业管理人员	是	是
004	白亚楠	财务部	企业管理人员	是	是
005	范文芳	采购部	企业管理人员	是	是
006	高文庆	销售一部	销售人员	是	是
007	沈宝平	销售二部	销售人员	是	是
008	杜海涛	生产部	车间管理人员	是	是
009	段博	生产部	生产工人	是	是

5．选择工资项目、排列顺序并设置公式

“在职人员”工资类别工资项目及排列：基本工资、交补、应发合计、缺勤扣款、代扣税、扣款合计、实发合计、缺勤天数。

设置计算公式：缺勤扣款=缺勤天数×50。

6．工资数据录入

基本工资情况如下：

姓名	基本工资
马国华	10000
王莉	7000
方萌	3500
白亚楠	5000
范文芳	5000
高文庆	4500
沈宝平	4500
杜海涛	4000
段博	3000

本月考勤：方萌请假3天、沈宝平请假1天。

7．数据替换、计算与汇总

计算并汇总2017年1月份的工资数据。

8．工资分摊设置

部门 \ 工资分摊		应付工资	
		借方	贷方
总经办、财务部、采购部	企业管理人员	660201	221101
销售一部、销售二部	销售人员	660101	221101
生产部	车间管理人员	510101	221101
	生产工人	500102	221101

9．生成凭证

生成1月份工资分摊的记账凭证并保存。

10．输出账套

将操作结果输出至“考生文件夹\X6_01”文件夹中。

6.2 基本认知

6.2.1 薪资管理基本功能

薪资管理系统的任务是以职工个人的薪资原始数据为基础，计算应发工资、扣款小计和实发工资等，编制工资结算单；按部门和人员类别进行汇总，进行个人所得税计算；提供多种方式的查询、打印薪资发放表、各种汇总表及个人工资条；进行工资费用分配与计提，并实现自动转账处理。薪资管理系统具体包括以下内容。

1．工资类别管理

薪资系统提供处理多个工资类别的功能。如果单位按周或按月多次发放薪资，或者是单位中有多种不同类别（部门）的人员，薪资发放项目不同，计算公式也不同，但需进行统一薪资核算管理，可以选择多个工资类别。

2．人员档案管理

可以设置人员的基础信息并对人员变动进行调整，系统同时还提供了设置人员附加信息的功能。

3．薪资数据管理

根据不同企业的需要设计工资项目和计算公式；管理所有人员的工资数据，并对平时发生的工资变动进行调整；自动计算个人所得税，结合工资发放形式进行扣零处理或向代发的银行传输工资数据；自动计算、汇总工资数据；自动完成工资分摊、计提、转账业务。

4．薪资报表管理

提供多层次、多角度的工资数据查询。

6.2.2　薪资管理系统的应用流程

薪资管理系统的应用流程如图6-1所示。

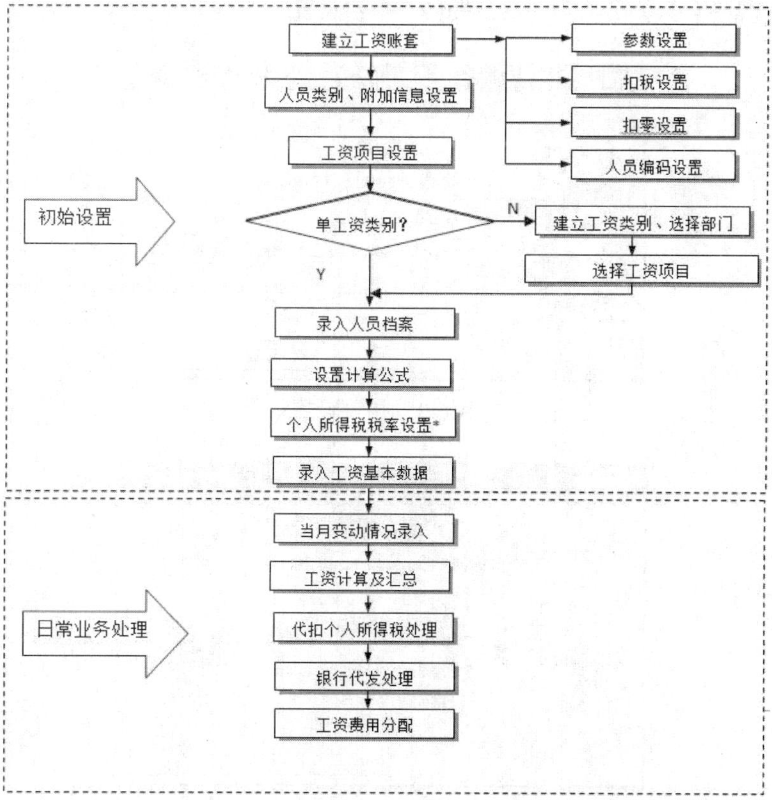

图6-1　薪资管理的应用流程

6.2.3 薪资管理初始化

薪资管理系统初始化是在薪资管理日常业务处理之前设置好基础信息，包括建立工资账套、进行基础信息设置及录入基本工资数据等内容。

1．建立工资账套

工资账套与企业核算账套是不同的概念，企业核算账套在系统管理中建立，是针对整个U8系统而言，而工资账套只针对U8中的薪资管理子系统。可以说工资账套是企业核算账套的一个组成部分。要建立工资账套，前提是在系统管理中首先建立本单位的核算账套。建立工资账套时可以根据建账向导分四步进行：即参数设置、扣税设置、扣零设置、人员编码设置，如图6-2、图6-3、图6-4和图6-5所示。

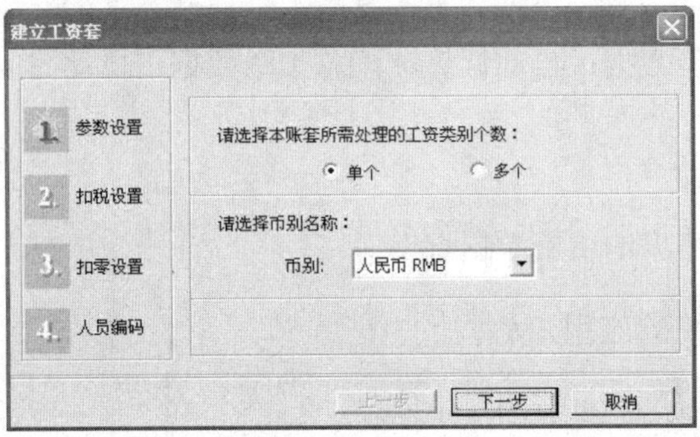

图6-2 参数设置

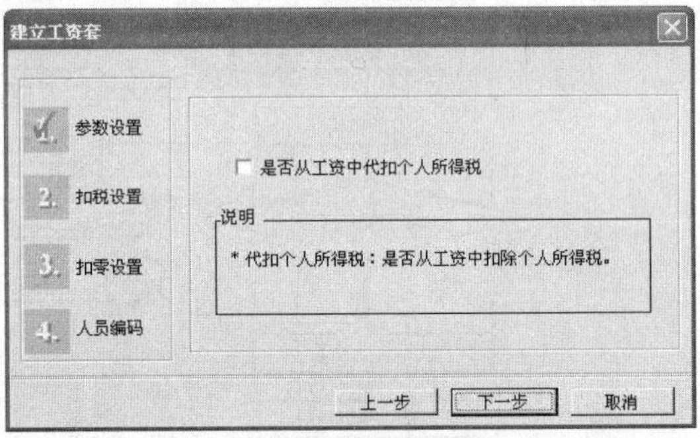

图6-3 扣税设置

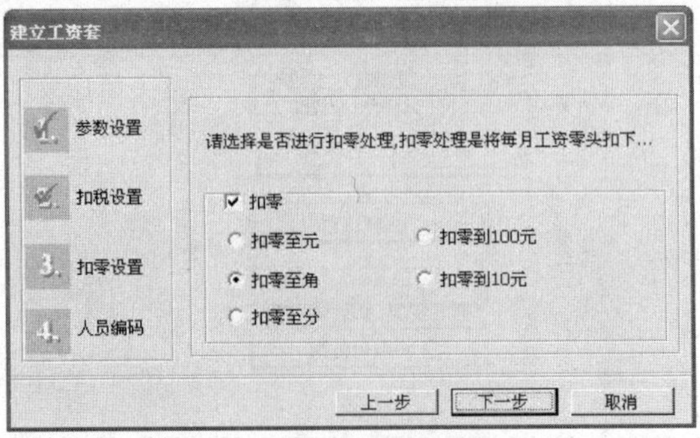

图6-4 扣零设置

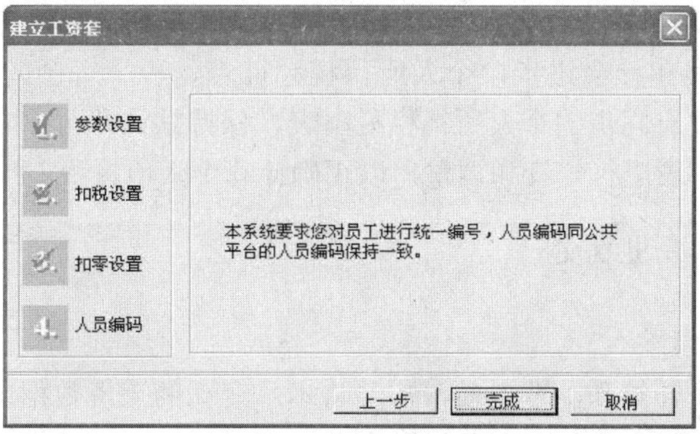

图6-5 人员编码

2．基础信息设置

建立工资账套以后，要对整个系统运行所需的一些基础信息进行设置。有些基础信息为整个工资账套共享，如人员类别、人员附加信息、所有工资项目。如果采用多工资类别核算，有些信息属于某个特定的工资类别，如人员档案、该工资类别的工资项目、计算公式、个人所得税扣税基数及税率等。

（1）与工资账套相关的基础信息

①部门设置

职工工资的汇总、统计是以部门为单位管理的。部门档案在企业应用平台中已设置完成，各个子系统可共享使用。

②人员类别设置

职工工资是企业成本的重要组成，企业中不同性质人员的工资费用应计入不同的账户，如生产人员的工资计入“生产成本”，车间管理人员工资计入“制造费用”，管理人员工资计入“管理费用”等。为了使计算机自动完成工资费用的分配，就需要设置人员类别，以便于按人员类别进行工资汇总计算。

③人员附加信息设置

薪资系统中已经预置了职工的编号、姓名、所属部门等基本信息。此外，还可以增加职工职称、电话、身份证号等辅助信息，使薪资管理系统具备简单的人事管理系统职能。

④工资项目设置

对各个企事业单位通用的工资项目，如“应发合计”“扣款合计”“实发合计”，系统进行预置，这些项目不能删除和重命名。其他项目可根据单位实际情况定义。

⑤银行名称设置

由银行代发工资的企业应进行银行名称的设置。发放工资的银行可按需要设置多个，这里银行名称设置是对所有工资类别。例如：同一工资类别中的人员由于工作地点不同，需由不同的银行代发工资；或者不同的工资类别由不同的银行代发工资，均需设置相应的银行名称。

（2）与工资类别相关的基础信息

薪资系统是按工资类别来进行管理。与工资类别相关的基础信息包括人员档案、工资项目选择、公式设置、个人所得税税率设置、基本工资数据录入等等。

随着经济的发展和社会进步，个人所得税起征点、税率等会随之调整，U8系统中目前预置了与软件发布同步的个人所得税税率表，保持默认即可。若与现实情况不符，可对纳税基数和税率表进行修订和调整，以正确计算个人所得税。

6.2.4 薪资管理日常业务处理

1．工资变动数据录入

在进行本月工资计算和汇总之前，需要将本月变动的工资数据录入系统，如本月请假天数与扣款有关，职务变动与职务津贴有关。可以采用系统提供的过滤器、筛选、替换等功能快速准确地录入数据。

2．工资计算

U8系统按照事先定义好的计算公式计算职工的应发合计、扣款合计、实发合计，并按照个人所得税税率表相关设置同时完成代扣个人所得税的计算。

个人所得税计算在工资计算和汇总中同时完成，在个人所得税扣缴申报中可以查看个人所得税扣缴申报表。

3．银行代发

银行代发是指企业为职工在代发工资的银行中开设储蓄账户，每月企业直接将职工工资划入职工账户。这样做既减轻了财务部门发放工资工作的繁重负担，又有效地避免了财务部门人员去银行提取大笔款项所承担的风险，同时还提高了员工个人工资的保密程度。

4．工资分摊

工资是费用中人工费最主要的部分，每月需要对工资费用进行工资总额的计提计算、分配及各种经费的计提，并编制转账会计凭证，供登账处理之用。

5．工资数据查询统计

工资数据处理结果最终通过工资报表的形式反映，工资系统提供了主要的工资报表，包括工资表和工资分析表等。

6．工资类别汇总

各工资类别日常业务处理完成后，需要进行工资类别汇总，从而实现统一工资核算的功能。

7．月末处理

月末处理是将当月数据经过处理后结转至下月。每月工资数据处理完毕后均可进行月末结转。由于在工资项目中，有的项目是变动的，即每月的数据均不相同，在每月工资处理时，均需将其数据清零，而后输入当月的数据，此类项目即为清零项目。

因月末处理功能只有主管人员才能执行，所以应以主管的身份登录系统。

月末结转只能在会计年度的1月至11月进行，且只有在当月工资数据处理完毕后才可进行。若为处理多个工资类别，则应打开工资类别，分别进行月末结转。若本月工资数据未汇总，系统将不允许进行月末结转。进行期末处理后，当月数据不允许变动。

6.3　技能解析

6.3.1　建立工资账套

1．参数设置

在参数设置中，需要选择工资账套中所需处理的工资类别个数和核算工资的货币币种。

（1）工资类别个数

如果单位按周或每月多次发放薪资，或者是单位中有多种不同类别（部门）人员，工资发放项目不尽相同，计算公式也不相同，但需要进行统一工资核算管理，应选择“多个”工资类别。反之，如果单位中所有人员工资按统一标准进行管理，而且人员的工资项目、工资计算公式全部相同，则选择“单个”工资类别。

（2）工资核算币种

系统默认人民币作为发放工资的币种，也可以选择账套本位币之外的其他币种作为发放工资的货币。

2．扣税设置

依法纳税是每个公民的应尽义务。工资薪金所得是个人所得税的征税内容。U8薪资管理系统中提供了是否在工资核算同时代扣个人所得税选项设置。选择从工资中代扣个人所得税，系统将自动生成工资项目“代扣税”，计算工资时自动进行代扣税金的计算。

3．扣零设置

扣零处理是指每次发放工资时将零头扣下，积累取整，在下次发放工资时补上，系统在计算工资时将依据扣零类型（扣零至元、扣零至角、扣零至分）进行扣零计算。一旦选择了“扣零处理”，系统会自动在工资项目中增加“本月扣零”和“上月扣零”两个项目，扣零的计算公式将由系统自动定义，不用设置。

4．人员编码设置

人员编码设置即设定薪资管理系统中企业人员编码的位数。如果企业已有上千名职工，至少设置4位人员编码。

6.3.2　设置工资项目

工资项目设置即定义工资项目的名称、类型、宽度、小数、增减项，如图6-6所示。在工资账套中设置的工资项目应包括所有工资类别的全部工资项目。例如，在职人员可能有22个工资项目，退休人员可能有12个工资项目，如果他们有8个工资项目是共同的，那么在工资账套中需要设置8（共同工资项目）+14（在职人员独有工资项目）+4（退休人员独有工资项目）=26个工资项目。

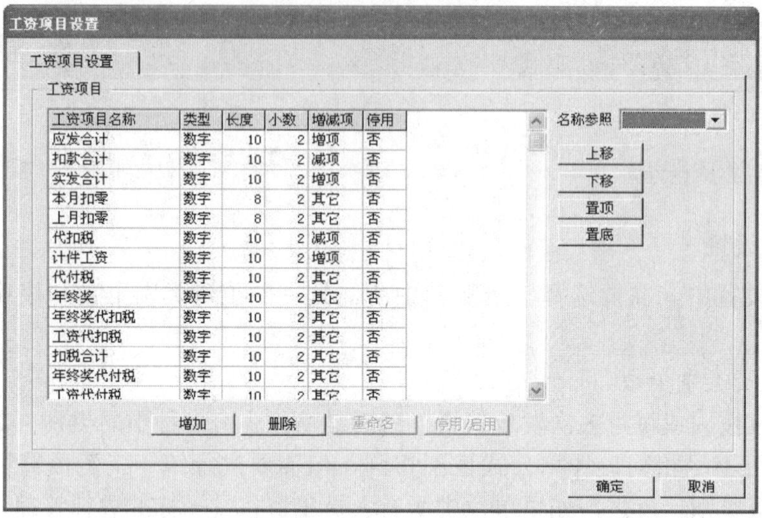

图6-6　工资项目设置

系统中有一些固定项目，是工资账中必不可少的，包括：“应发合计”“扣款合计”和“实发合计”，这些项目不能删除和重命名。其他项目可根据实际情况定义或参照增加。如：基本工资、奖励工资、请假天数等。

6.3.3 工资类别管理

企业中的人员只要是薪资项目不同、计算方法不同就需要设为不同的工资类别，如“在职人员”“退休人员”“临时人员”等。企业中的每个员工只能归属于某一个工资类别。

每个工资类别中，需要建立人员档案，设置工资项目和计算公式，进行工资核算、个人所得税扣税处理和工资费用分摊。

工资类别管理包括新建工资类别、打开工资类别、删除工资类别和关闭工资类别。

6.3.4 建立人员档案

在企业应用平台基础档案中，已经建立了企业全部人员。在薪资管理系统中如果设置了多个人员类别，那么每个工资类别中都有归属于该类别的职工。在打开工资类别的前提下，需要设置该类别中工资发放人员的姓名、职工编号、所在部门、人员类别等信息，这些人员档案可以参照以前已经设置完成的人员档案生成。

人员档案管理包括增加/修改/删除人员档案、人员调离与停发处理、查找人员等。

6.3.5 选择工资项目并设置计算公式

在薪资账套中设置的工资项目包括本单位各种工资类别所需要的全部工资项目。由于不同的工资类别，工资发放项目不同，计算公式也不同，因此针对某个工资类别，需要从工资项目全集中选定本类别需要使用的工资项目，并定义工资项目之间的计算关系。

1．选择本工资类别的工资项目

这里只能选择薪资账套中已设置的工资项目，不可自行输入。工资项目的类型、长度、小数位数、增减项等均不可更改。

2．设置计算公式

定义某些工资项目的计算公式及工资项目之间的运算关系。例如：缺勤扣款=基本工资/月工作日×缺勤天数。运用公式可直观表达工资项目的实际运算过程，灵活地进行工资计算处理。定义公式可通过选择工资项目、运算符、关系符、函数等组合完成。

系统固定的工资项目“应发合计”“扣款合计”“实发合计”等的计算公式，系统根据工资项目设置的“增减项”自动给出。用户在此只能增加、修改、删除其他工资项目的计算公式。

定义工资项目计算公式要符合逻辑，系统将对公式进行合法性检查，不符合逻辑的系统将给出错误提示。定义公式时要注意先后顺序，先得到的数据应先设置公式。应发合计、扣款合计和实发合计公式应是公式定义框的最后三个公式，并且实发合计的公式要在应发合计和扣款合计公式之后。可通过单击公式框的“▲”“▼”上下箭头调整计算公式顺序。如出现计算公式超长，可将所用到的工资项目名称缩短（减少字符数），或设置过渡项目。定义公式时可使用函数公式向导参照输入。

6.3.6 工资数据录入

职工工资数据中有些数据是相对稳定的，如基本工资、职务津贴等；还有一些是每月变动的数据，如病事假扣款、代扣税等。对于相对稳定的工资数据，可以在薪资系统初始化时一次性录入；对于每月变动的数据，则需要在每月进行工资计算前进行编辑。

6.3.7 工资数据计算与汇总

1．录入本月变动工资数据

职工工资中有一些是每月基本固定的工资项目，还有一些是每月可能发生变化的。为了快速、准确地录入工资数据，U8系统提供以下功能。

（1）筛选和定位

如果对部分人员的工资数据进行修改，最好采用数据过滤的方法，先将所要修改的人员过滤出来，然后进行工资数据修改。修改完毕后进行“重新计算”和“汇总”。

（2）页编辑

在工资变动界面提供了“编辑”按钮，可以对选定的个人进行快速录入。单击“上一人”“下一人”可变更人员，录入或修改其他人员的工资数据。

（3）替换

将符合条件的人员的某个工资项目的数据，统一替换成某个数据。如管理人员的奖金上调100元。

（4）过滤器

如果只对工资项目中的某一个或几个项目修改，可将要修改的项目过滤出来。如：只对事假天数、病假天数两个工资项目的数据进行修改。对于常用到的过滤项目可以在项目过滤选择后，输入一个名称进行保存，以后可通过过滤项目名称调用，不用时也可以删除。

2．工资计算与汇总

所有相关基础数据输入完成后，单击“计算”按钮，系统自动完成职工工资的计算。

6.3.8 工资费用分摊

人工费是产品成本的主要构成部分，工资费用分摊是对当月发生的工资费用进行分摊，即区分工资总额中哪些进入成本科目，哪些计入费用科目。除此以外，还要完成与工资总额相关的各种经费的计提。

1．设置工资分摊类型

所有与工资总额相关的均需事先建立分摊类型并进行分摊设置。

建立分摊类型时，需要指定计提类型名称及分摊计提比例。

如，按应付工资总额的2%计提工会经费。可以定义计提类型名称为“工会经费”、分摊计提比例为“2%”。

2．进行分摊生成转账凭证

以上设置完成后，每月只需选择相应的计提费用类型及核算部门，即可由系统自动生成转账凭证并自动传递到总账系统。

薪资管理系统生成的凭证可以在薪资管理系统中进行修改、删除、查询处理。在总账系统中对这些外部系统传递过来的凭证可以进行查询、审核、记账，不能修改和删除。

6.4 样题示范

已经以系统管理员admin的身份登录用友U8系统管理，引入C:\2016U8softGJ\Unit6文件夹下的账套文件Y6_01。

以2011账套主管的身份（密码为空）登录201账套，登录日期为“2017-01-11”。

1．建立工资账套

201账套有多个工资类别，工资核算本位币为人民币，选中“是否核算计件工资”，自动从工资中代扣所得税，不进行扣零设置。

（1）在企业应用平台的“业务工作”选项卡中，执行“人力资源”→“薪资管理”命令，打开“建立工资套”对话框。

（2）在建账第一步“参数设置”中，选择本账套所需处理的工资类别个数“多个”，默认币别名称为“人民币”，如图6-7所示。

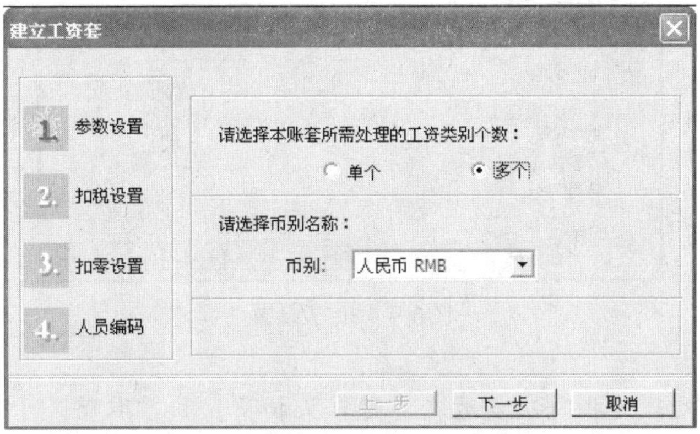

图6-7 建立工资套 - 参数设置

提示：

- 本题中对多个工资类别分别进行核算，所以工资类别应选择“多个”。
- 如果企业有按计件支付劳动报酬的情况，可以启用“计件工资”系统，然后在该界面中会出现“核算计件工资”复选框，若选中该项，系统在工资项目中自动增加“计件工资”项目。

（3）单击“下一步”按钮，打开“扣税设置”对话框。勾选“是否从工资中代扣个人所得税”复选框，如图6-8所示。

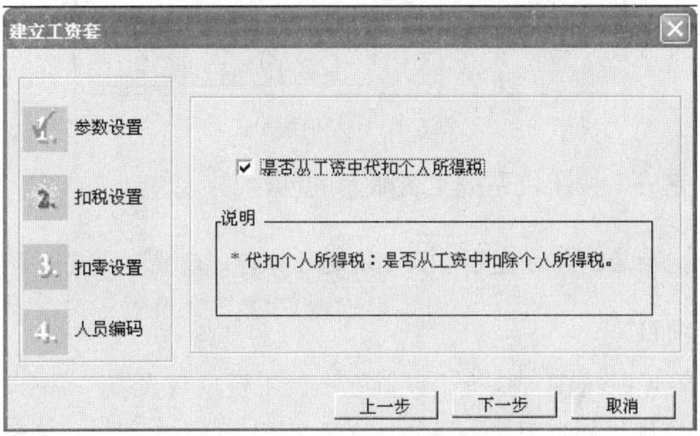

图6-8 建立工资套 - 扣税设置

提示：选择代扣个人所得税后，系统将自动生成工资项目“代扣税”，并在工资计算的同时自动进行代扣个人所得税的计算。

（4）单击“下一步”按钮，进行扣零设置，如图6-9所示。本题不选择“扣零”。

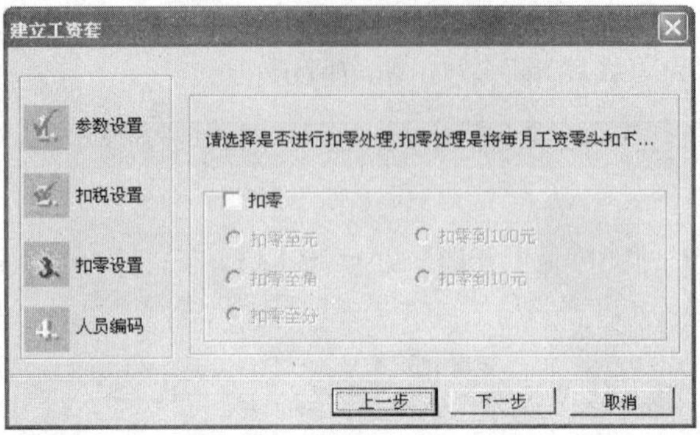

图6-9　扣零设置

提示：扣零处理是指每次发放工资时零头扣下，积累取整，于下次工资发放时补上。系统在计算工资时将依据扣零类型（扣零至元、扣零至角、扣零至分）进行扣零计算。因为目前企业大多采用银行代发方式，因此扣零功能失去原来的设计意义。

（5）单击“下一步”按钮，设置人员编码，如图6-10所示。系统要求和公共平台中的人员编码保持一致。

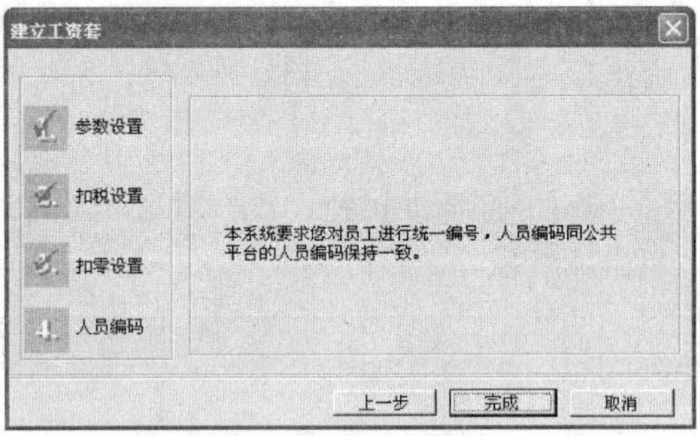

图6-10　人员编码

（6）单击“完成”按钮，完成工资账套的创建。

提示：建账完毕后，部分建账参数可以通过执行“设置”→“选项”命令进行修改。

2．设置工资项目

（1）在薪资管理系统中，执行“设置”→“工资项目设置”命令，打开“工资项目设置”对话框。工资项目列表中显示14个系统自动生成的工资项目，这些项目不能删除。

（2）单击“增加”按钮，工资项目列表中增加一空行。输入各栏内容时注意：

- 工资项目名称：可以直接录入汉字，也可以从“名称参照”下拉列表中选择。如本例选择“基本工资”，如图6-11所示。
- 类型：包括数字和字符两种，一般需要参与计算的工资项目均为数字型。
- 长度：默认为8位。8位中包含一位小数点和两位小数。
- 小数：设置小数保留几位。
- 增减项：包括“增项”“减项”和“其它”三项。选择“增项”，意味本工资项目是应发合计的构成部分，如“岗位津贴”；选择“减项”，意味本工资项目是扣款合计的构成部分，如“缺勤扣款”；选择“其它”，则本工资项目既不计入应发合计也不计入扣款合计，如“缺勤天数”。

（3）按资料输入基本工资其他内容。如果需要修改某栏目，只需要双击栏目，按需要进行修改即可。

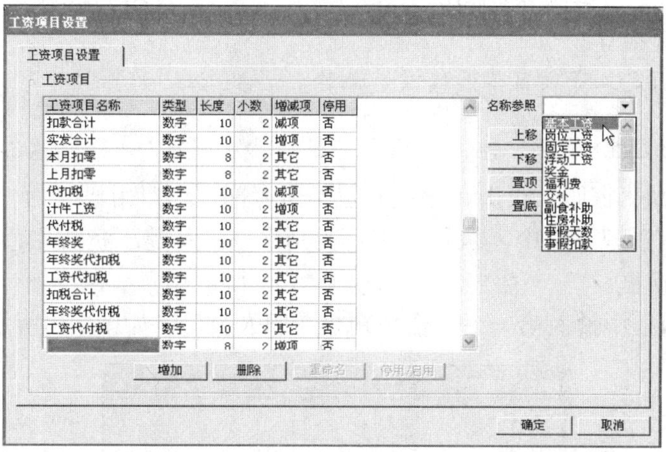

图6-11　增加工资项目 - 参照选择工资项目名称

（4）单击“增加”按钮，增加其他工资项目。可以利用右侧的“上移”或“下移”按钮调整工资项目的位置。完成后，如图6-12所示。

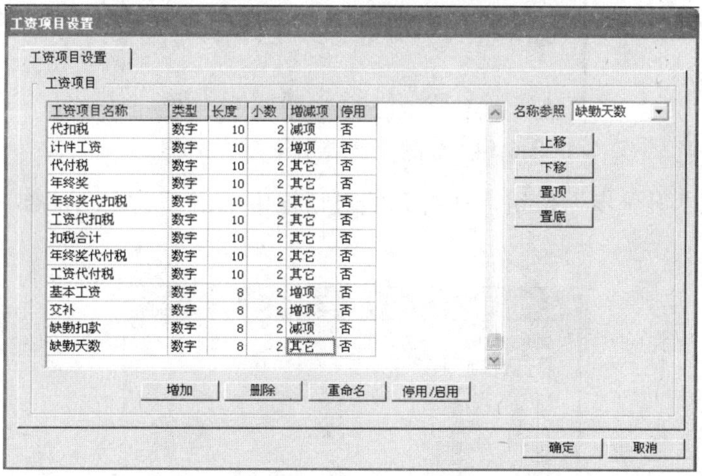

图6-12　工资账套工资项目设置

（5）单击“确定”按钮，系统弹出提示“工资项目已经改变，请确认各工资类别的公式是否正确”，如图6-13所示，单击“确定”按钮。

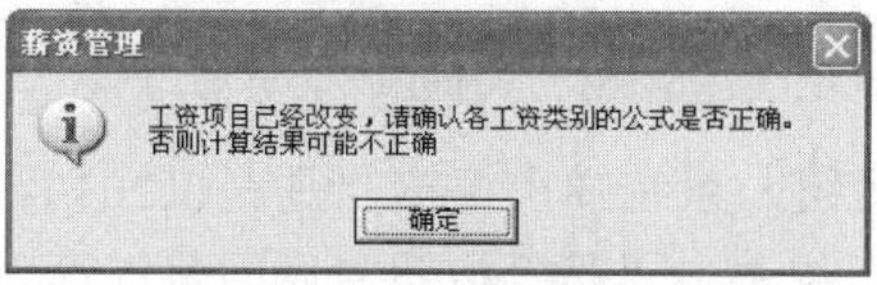

图6-13　信息提示框

提示：

- 系统提供若干常用工资项目供参考，可选择输入。对于参照中未提供的工资项目，可以通过双击“工资项目名称”一栏直接输入，或先从“名称参照”中选择一个项目，然后单击“重命名”按钮将其修改为需要的项目。
- 在未进入任何一个工资类别时，设置的工资项目应包括本工资账套中所有工资类别要使用的工资项目。
- 系统提供的固定工资项目不能修改、删除。

3．工资类别管理

新建工资类别“在职人员”，该类别包括所有部门，启用日期为“2017-01-11”。

（1）在薪资管理系统中，执行“工资类别”→“新建工资类别”命令，打开“新建工资类别”对话框。

（2）在文本框中输入第一个工资类别“在职人员”，如图6-14所示。

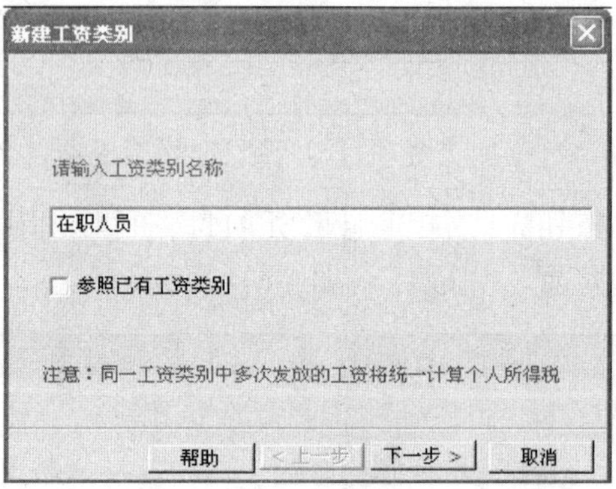

图6-14　新建工资类别 - 输入名称

（3）单击“下一步”按钮，在打开的对话框中单击“选定全部部门”按钮，如图6-15所示。

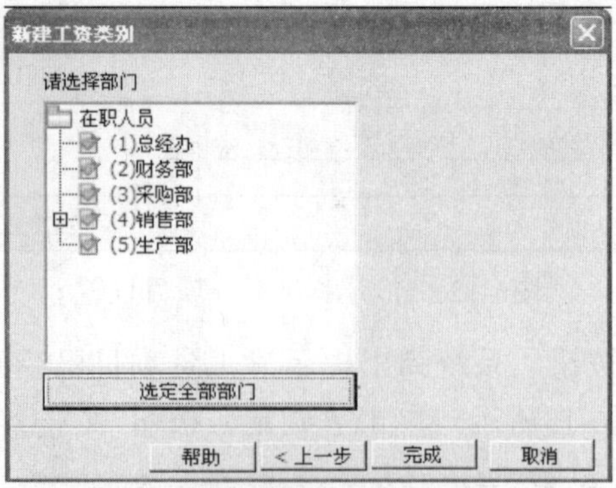

图6-15　选择在职人员部门

（4）单击“完成”按钮，系统弹出提示“是否以2017-01-11为当前工资类别的启用日期？”，如图6-16所示，单击“是”按钮，返回薪资管理系统，系统自动进入新建的工资类别，如图6-17所示。

图6-16　信息提示框

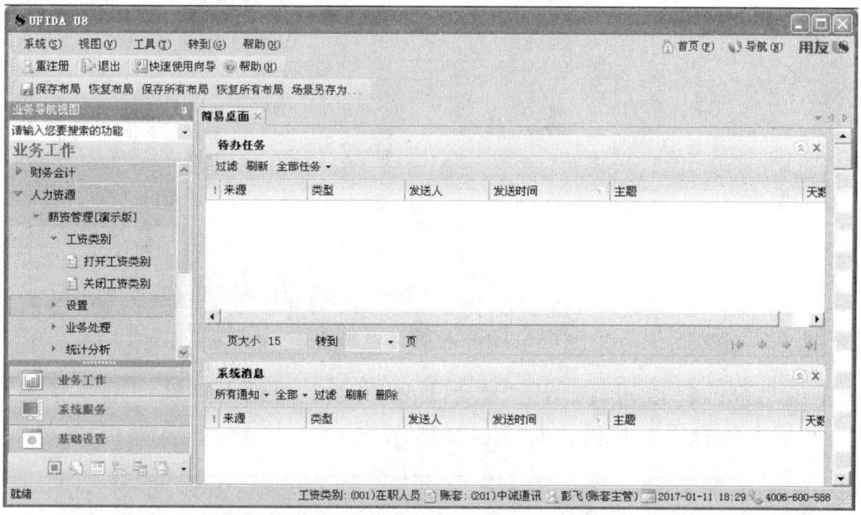

图6-17　进入在职人员工资类别

可以看到，窗口最下面的状态栏中显示“工资类别（001）在职人员”，并且左侧工资类别菜单下显示“打开工资类别”和“关闭工资类别”两项。

4．建立人员档案

（1）执行“设置”→“人员档案”命令，进入“人员档案”界面，如图6-18所示。

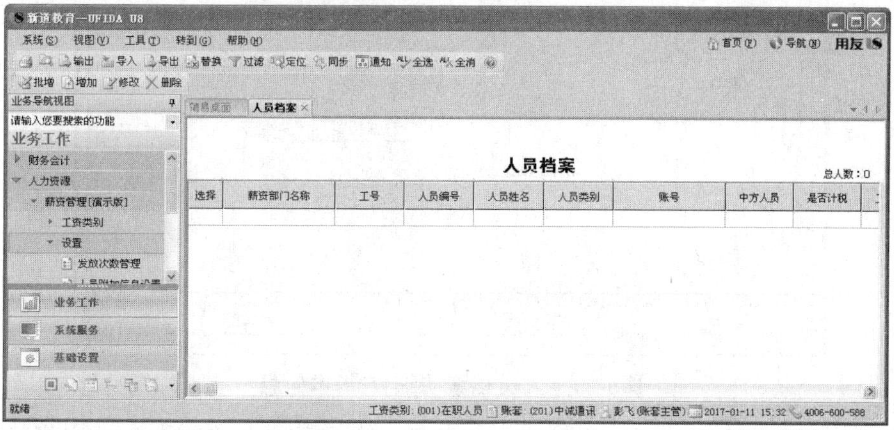

图6-18　“人员档案”界面

（2）单击“批增”按钮，打开“人员批量增加”对话框。

（3）单击“查询”按钮，系统显示在企业应用平台中已经增加的人员档案，且默认是选中状态，如图6-19所示。单击“确定”按钮返回“人员档案”界面。

图6-19　人员批量增加

（4）单击“修改”按钮，打开“人员档案明细”对话框。在“基本信息”选项卡中，可对人员基本信息进行修改，如图6-20所示。

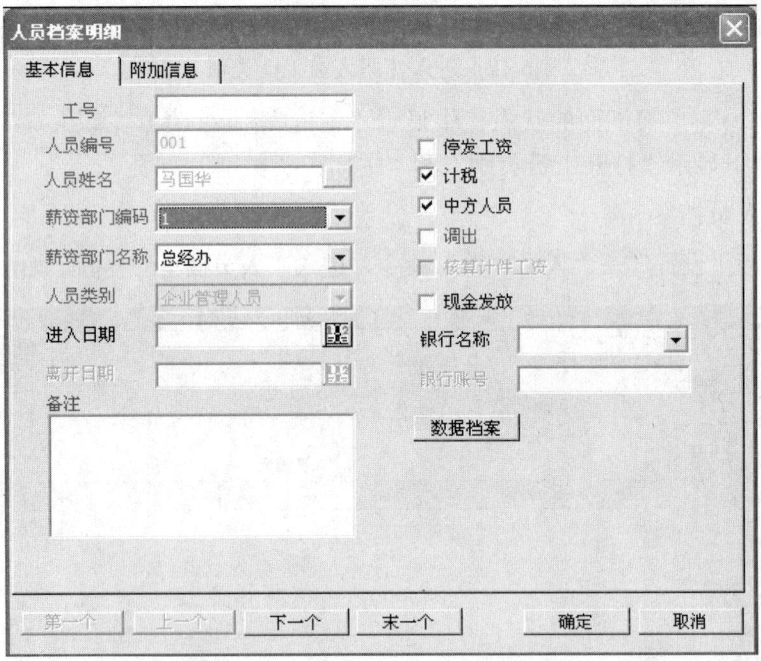

图6-20　人员档案明细 - 基本信息

（5）单击“确定”按钮，系统弹出“写入该人员档案信息吗？”信息提示框，如图6-21所示，单击“确定”继续修改其他人员信息。

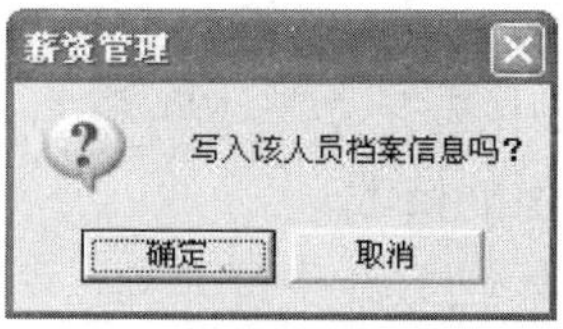

图6-21　信息提示框

提示：

- 如果需要由银行代发工资，那么需要设置职工工资代发银行名称和银行账号。
- 在增加人员档案时，“停发”“调出”和“数据档案”不可选，在修改状态下才能编辑。
- 在“人员档案明细”对话框中，可以单击“数据档案”按钮，录入薪资数据。如果个别人员档案需要修改，在“人员档案明细”对话框中可以直接修改。如果一批人员的某个薪资项目同时需要修改，可以利用数据替换功能，将符合条件人员的某个薪资项目的内容统一替换某个数据。若进行替换的薪资项目已设置了计算公式，则在重新计算时以计算公式为准。

5．选择工资项目、排列顺序并设置公式

（1）选择工资项目并排列

①执行“设置”→“工资项目设置”命令，打开“工资项目设置”对话框，如图6-22所示。

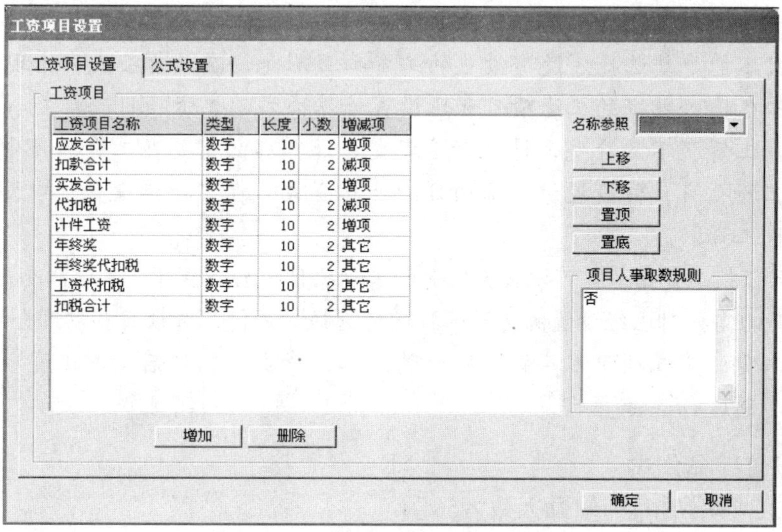

图6-22　“工资项目设置”对话框

图6-22是进入工资类别后的工资项目设置对话框，与图6-12工资账套中的工资项目设置对话框不同之处在于：图6-22中有两个选项卡“工资项目设置”和“公式设置”，而图6-12 中只有“工资项目设置”。

②单击“工资项目设置”选项卡，单击“增加”按钮，工资项目列表中增加一

空行。

③从“名称参照”下拉列表中选择“基本工资”选项，工资项目名称、类型、长度、小数、增减项都自动带出，不能修改。

④单击“增加”按钮，增加其他工资项目。

⑤所有项目增加完成后，利用“工资项目设置”界面上的“上移”和“下移”按钮按照题目要求调整工资项目的排列位置，完成后如图6-23所示。

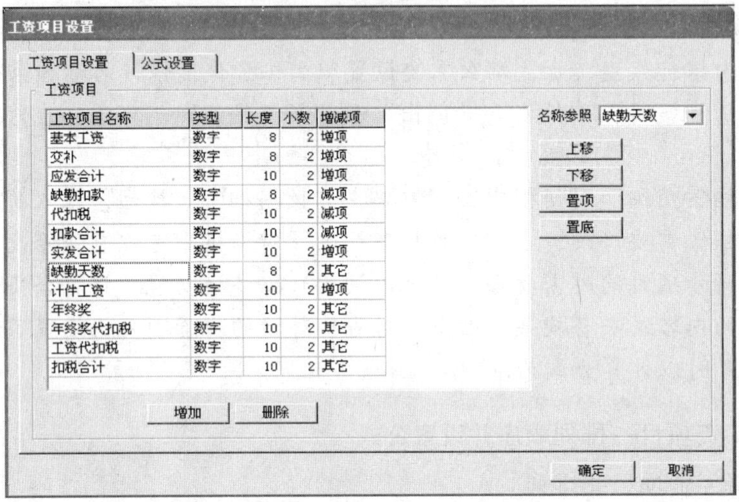

工资项目名称	类型	长度	小数	增减项
基本工资	数字	8	2	增项
交补	数字	8	2	增项
应发合计	数字	10	2	增项
缺勤扣款	数字	8	2	减项
代扣税	数字	10	2	减项
扣款合计	数字	10	2	减项
实发合计	数字	10	2	增项
缺勤天数	数字	8	2	其它
计件工资	数字	10	2	增项
年终奖	数字	10	2	其它
年终奖代扣税	数字	10	2	其它
工资代扣税	数字	10	2	其它
扣税合计	数字	10	2	其它

图6-23 “在职人员”工资项目设置完成

提示：

- 工资项目不能重复选择。没有设置的工资项目不允许在计算公式中出现。
- 不能删除已输入数据的工资项目和已设置计算公式的工资项目。
- 如果计税工资既不是应发合计也不是实发合计，那么需要在工资项目中增加“计税工资”工资项目，并设置该工资项目的计算公式，在“扣税设置”中设置扣税项目为“计税工资”。
- 在未打开任何工资账套前可以设置所有的工资项目；当打开某一工资账套后可以根据本工资账套的需要对已经设置的工资项目进行选择，并将工资项目移动到合适的位置。
- 如果所需要的工资项目不存在，则要关闭本工资类别，然后新增工资项目，再打开此工资类别进行选择。

（2）设置计算公式

设置公式“缺勤扣款=缺勤天数×50”。

①在“工资项目设置”对话框中单击“公式设置”选项卡。

②单击“增加”按钮，在工资项目列表中增加一空行，从下拉列表中选择“缺勤扣款”。

③单击“缺勤扣款公式定义”文本框，选择工资项目列表中的“缺勤天数”，缺勤天数出现在“缺勤扣款公式定义”文本框中。

④再单击选中“运算符”区域中的“*”，在“缺勤扣款公式定义”区域中继续录入“50”，如图6-24所示，单击“公式确认”按钮。

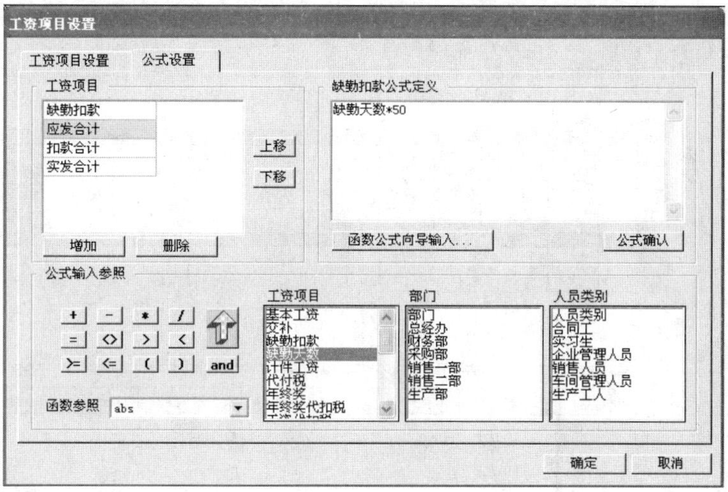

图6-24　缺勤扣款公式设置

提示：

- “×”要录“*”。
- 如果公式输入错误，单击“公式确认”按钮时系统会弹出“非法的公式定义”信息提示框，单击“确定”按钮返回。

6．工资数据录入

（1）执行“业务处理”→“工资变动”命令，进入“工资变动”界面。

（2）按题目要求录入正式职工基本工资数据和考勤情况，如图6-25所示。

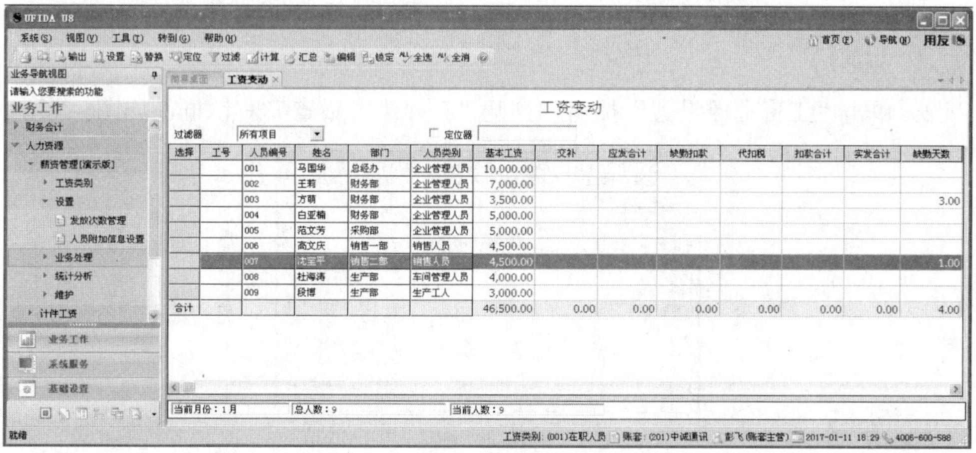

图6-25　工资数据录入

7．数据替换、计算与汇总

（1）在“工资变动”界面中，在工具栏中单击“计算”按钮，计算工资数据。

（2）单击“汇总”按钮，汇总工资数据，完成后如图6-26所示。

（3）退出“工资变动” 界面。

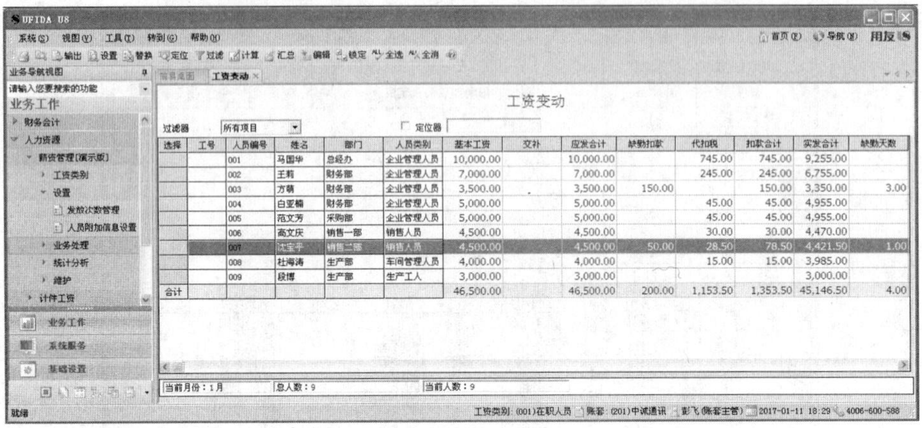

图6-26　工资计算与汇总

8．工资分摊设置

（1）执行“业务处理”→“工资分摊”命令，打开“工资分摊”对话框，如图6-27所示。

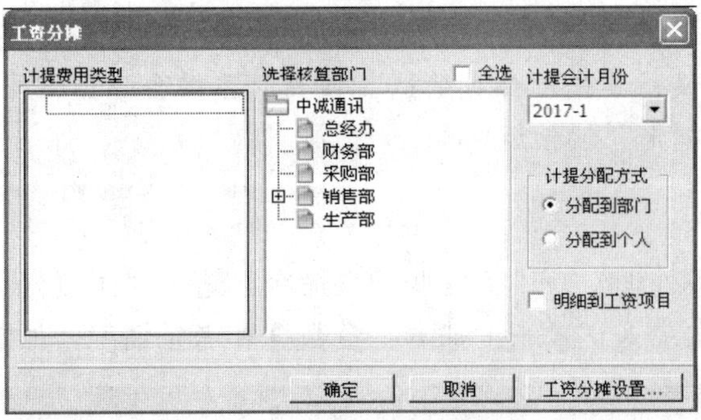

图6-27　“工资分摊”对话框

（2）单击“工资分摊设置”按钮，打开“分摊类型设置”对话框，如图6-28所示。

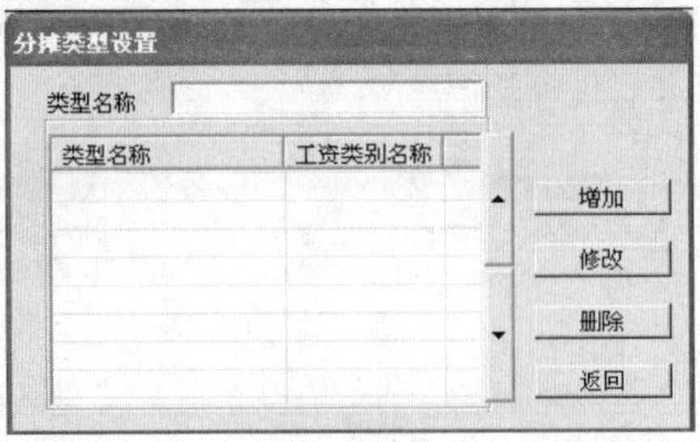

图6-28　“分摊类型设置”对话框

（3）单击“增加”按钮，打开“分摊计提比例设置”对话框。

（4）输入计提类型名称“应付工资”，默认分摊计提比例“100%”，如图6-29所示。

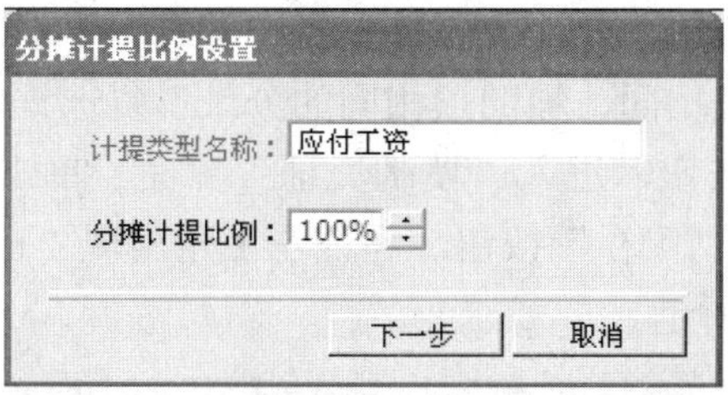

图6-29　“分摊计提比例设置”对话框

（5）单击“下一步”按钮，打开“分摊构成设置”对话框。按题目要求进行设置，设置完成后如图6-30所示。

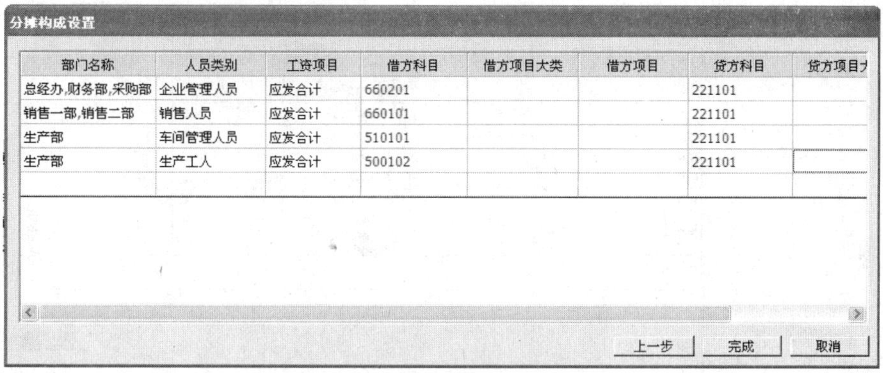

图6-30　分摊构成设置

（6）单击“完成”按钮返回“分摊类型设置”对话框。

（7）单击“返回”按钮返回“工资分摊”对话框。单击“确定”按钮。

9．生成凭证

生成1月份工资分摊的记账凭证并保存。

（1）执行“业务处理”→“工资分摊”命令，打开“工资分摊”对话框。

（2）选择需要分摊的计提费用类型，确定分摊计提的月份“2017.01”。

（3）选择核算部门：总经办、财务部、采购部、销售部、生产部。

（4）勾选“明细到工资项目”复选框，如图6-31所示。

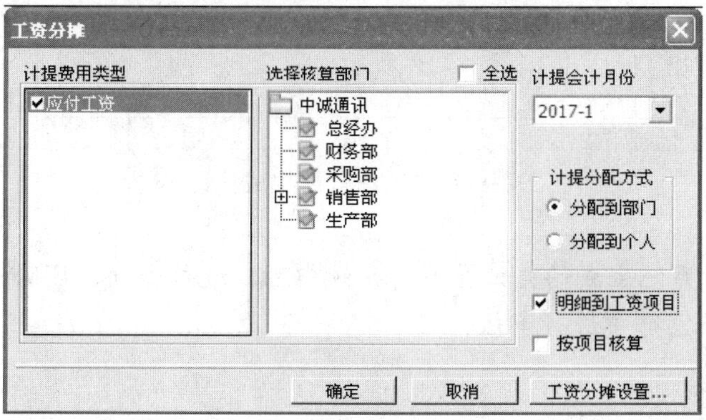

图6-31　进行工资分摊

（5）单击“确定”按钮，打开“应付工资一览表”界面。

（6）勾选“合并科目相同、辅助项相同的分录”复选框，如图6-32所示。

（7）单击“制单”按钮，进入“填制凭证”界面。单击凭证左上角的“字”处，选择“转账凭证”，单击“保存”按钮，凭证左上角出现“已生成”标志，代表该凭证已传递到总账，如图6-33所示。

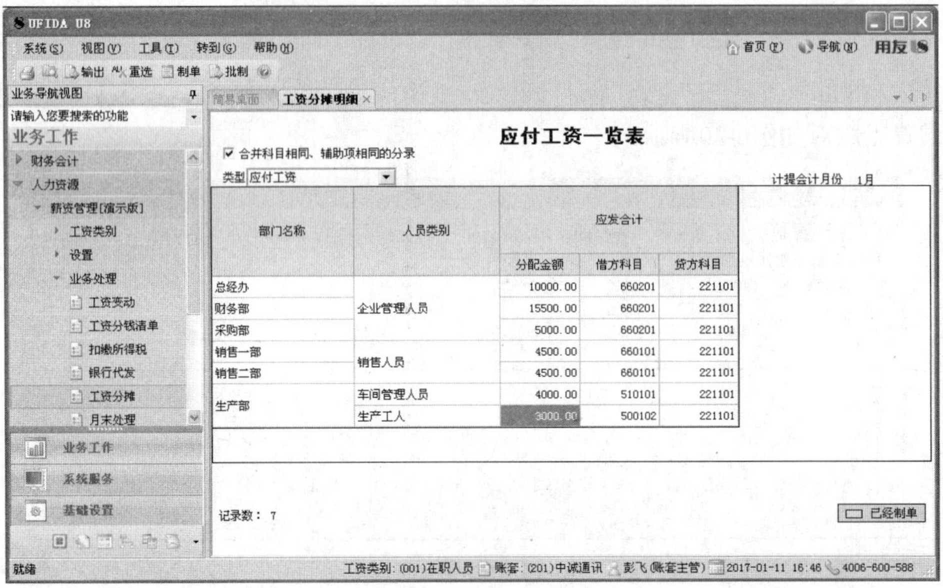

图6-32　应付工资一览表

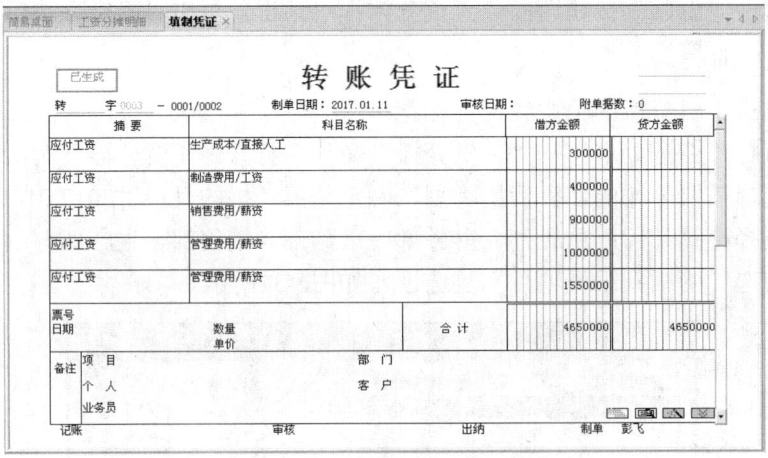

图6-33　工资分摊生成凭证

提示：薪资系统生成的凭证在薪资系统中可以进行查询、删除、冲销等操作。传递到总账后需要在总账中进行审核、记账。

10．输出账套

将操作结果输出至“考生文件夹\X6_01”文件夹中。

6.5　拓展训练

1．利用函数输入计算公式

【示例】：企业管理人员的绩效工资为1000，车间管理人员的绩效工资为800，销售人员和生产工人的绩效工资为500。iff（人员类别=“企业管理人员”,1000,iff（人员类别=“车间管理人员”,800,500））。

（1）在“工资项目设置”对话框的“公式设置”选项卡中，单击“增加”按钮，在“工资项目”列表中增加一空行，从下拉列表中选择“绩效工资”。

（2）单击右侧的公式定义文本框，再单击“函数公式向导输入”按钮，打开“函数向导——步骤之1”对话框。

（3）从“函数名”列表中选择“iff”，如图6-34所示。单击“下一步”按钮，打开“函数向导——步骤之2”对话框。

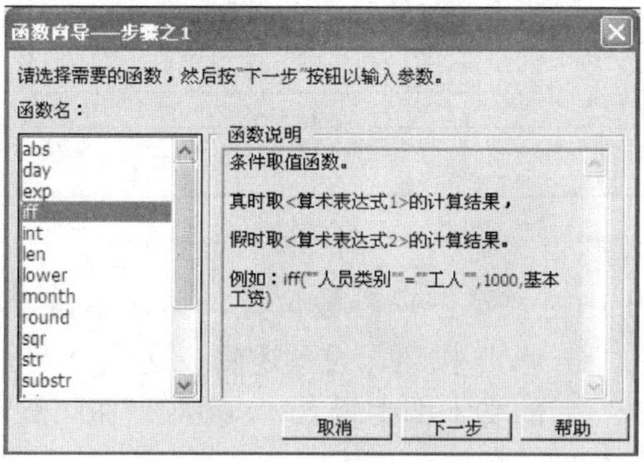

图6-34　选择iff函数

（4）单击“逻辑表达式”后的“参照”按钮，打开“参照”对话框，从“参照”下拉列表中选择“人员类别”，从下面的列表中选择“企业管理人员”，如图6-35所示，单击“确定”按钮返回。

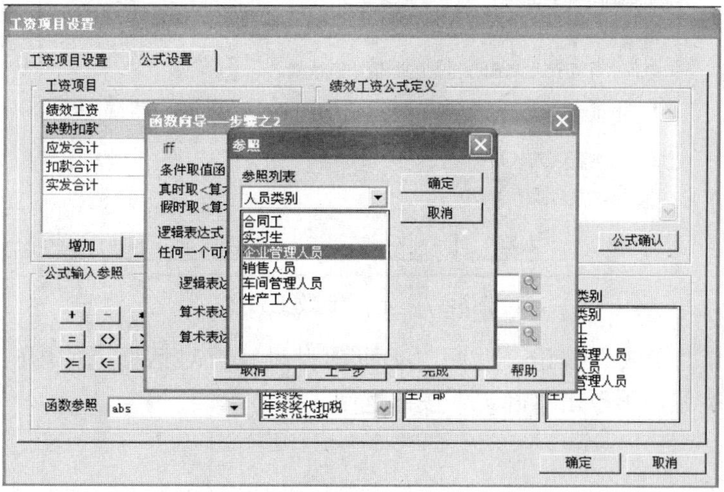

图6-35　选择人员类别

（5）在“算术表达式1”文本框中输入“1000”，单击“完成”按钮返回，如图6-36所示。

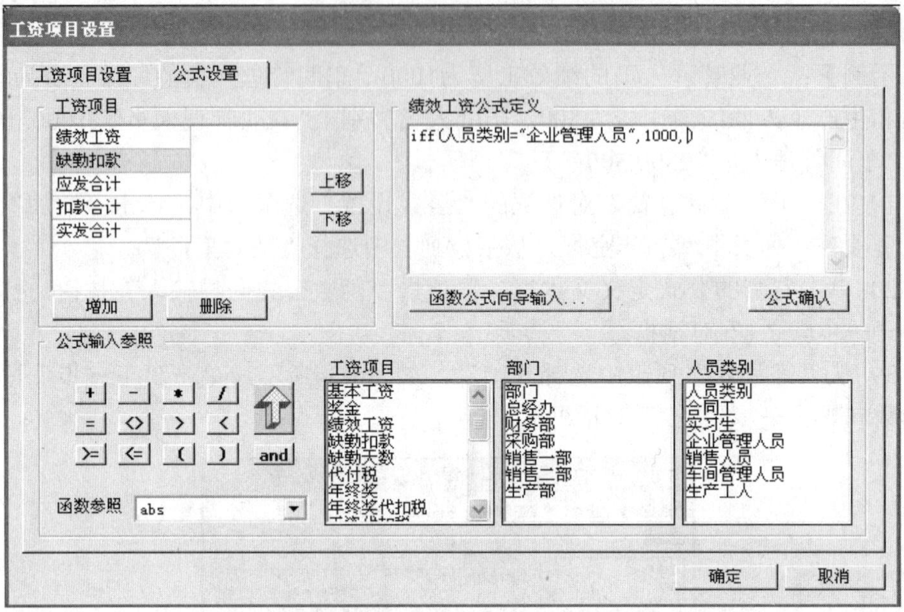

图6-36　定义绩效工资-1

（6）将光标放置于iff函数第三项参数位置，再次单击“函数公式向导输入”按钮，选择iff函数，单击“下一步”按钮，设置逻辑表达式“人员类别”为“车间管理人员”，在“算术表达式1”后的文本框中输入“800”，在“算术表达式2”后的文本框中输入“500”，如图6-37所示。

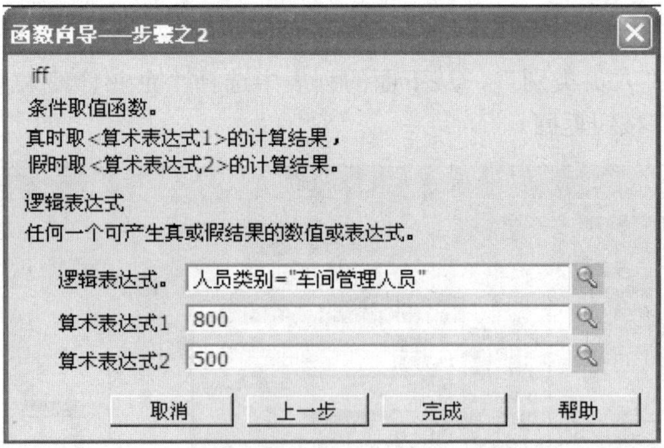

图6-37　定义绩效工资-2

（7）单击“完成”按钮，返回“工资项目设置”对话框，如图6-38所示，单击“公式确认”按钮，再单击“确定”按钮返回。

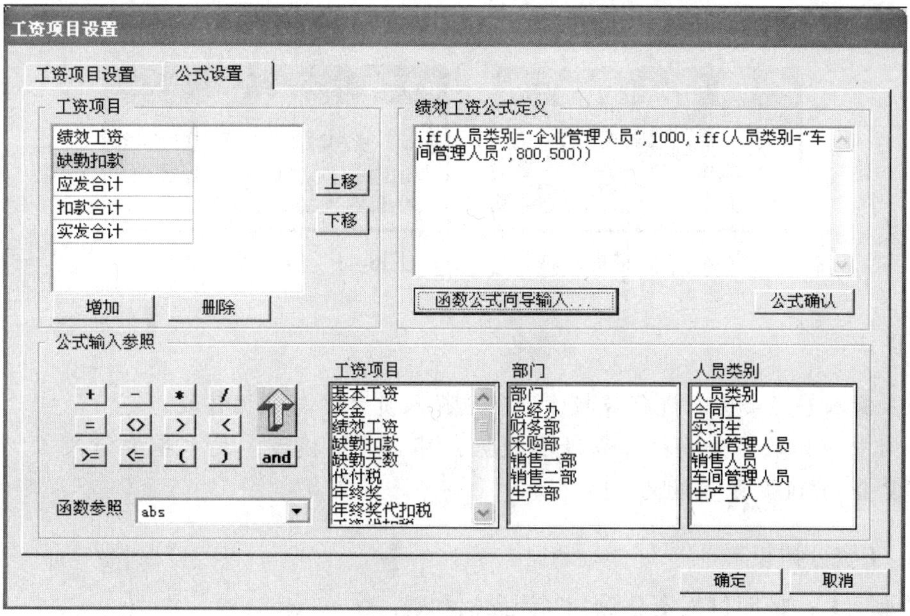

图6-38　定义绩效工资-3

2．利用数据替换功能进行工资数据录入

【示例】：本月销售业绩突出，给所有销售部员工发放1000元奖金，用数据替换实现。

（1）在“工资变动”界面中，单击“全选”按钮，人员前面的“选择”栏出现选中标记“Y”。

（2）单击“替换”按钮，在“将工资项目”下拉列表中选择“奖金”，在“替换成”文本框中输入“奖金+1000”。在替换条件处分别选择“部门”“=”和“销售部”，如图6-39所示。

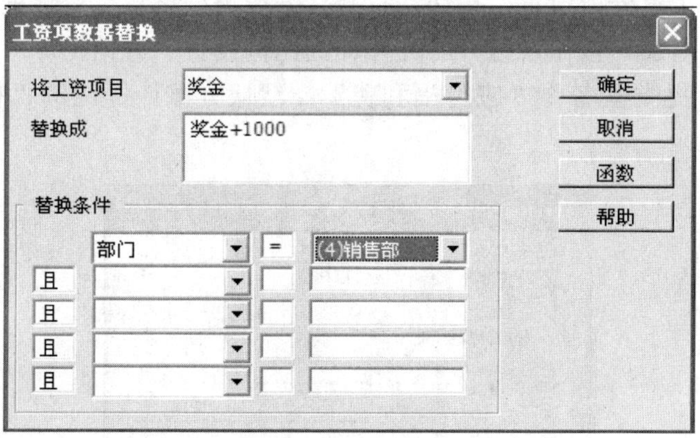

图6-39　数据替换

（3）单击“确定”按钮，系统弹出“数据替换后将不可恢复。是否继续？”信息提示框，如图6-40所示。

（4）单击“是”按钮，系统弹出提示“2条记录被替换，是否重新计算？”，如图

6-41所示，单击“是”按钮，系统自动完成工资计算。

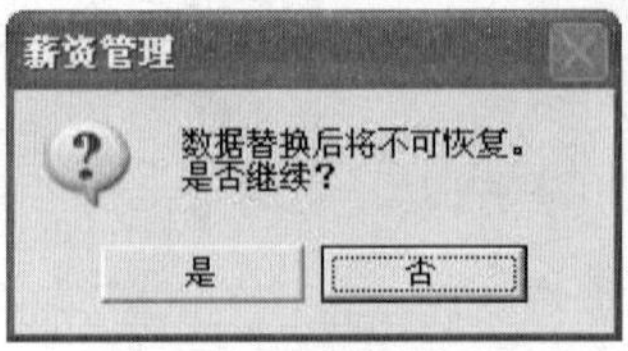

图6-40　信息提示框1

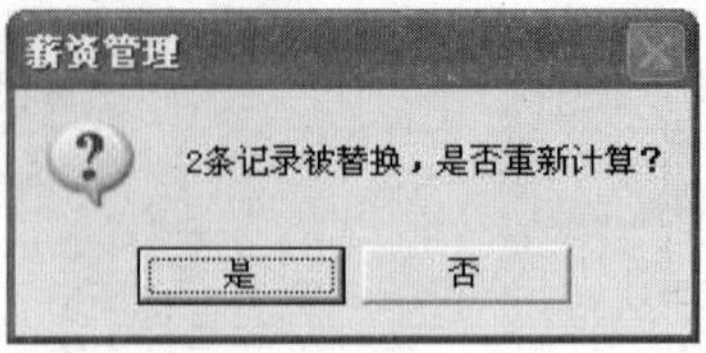

图6-41　信息提示框2

提示：

- 如未输入替换条件而进行替换，则所选择人员都参与数据替换。
- 本例中，如果奖金一栏原来没有数据，那么“替换成”文本框中输入“1000”和“奖金+1000”是等效的。

3．工资分摊设置

【示例】：按应付工资总额14%计提福利费。

部门 \ 工资分摊		应付福利费（14%）	
		借方	贷方
总经办、财务部、采购部	企业管理人员	660202	221102
销售一部、销售二部	销售人员	660102	221102
生产部	车间管理人员	510101	221102
	生产工人	500102	221102

（1）执行“业务处理”→“工资分摊”命令，打开“工资分摊”对话框。

（2）单击“工资分摊设置”按钮，打开“分摊类型设置”对话框。

（3）单击“增加”按钮，打开“分摊计提比例设置”对话框。

（4）输入计提类型名称“应付福利费”；默认分摊计提比例“14%”，如图6-42所示。

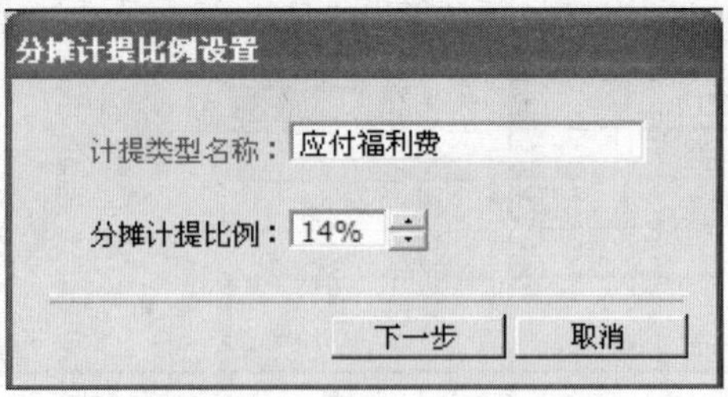

图6-42　分摊计提比例设置

（5）单击“下一步”按钮，打开“分摊构成设置”对话框。按题目要求进行设置，设置完成后如图6-43所示。

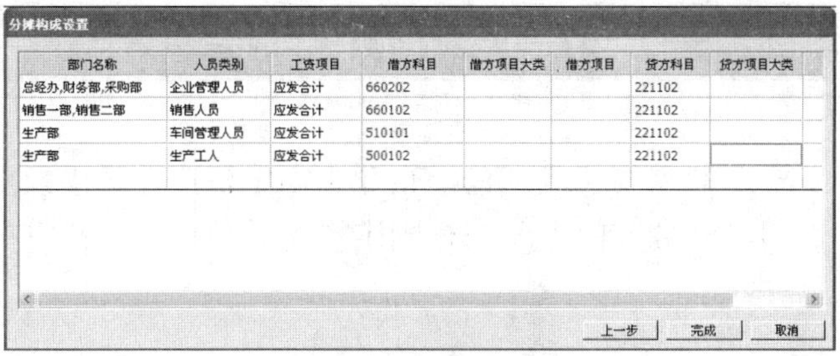

图6-43　分摊构成设置

（6）单击“完成”按钮返回“分摊类型设置”对话框。

（7）单击“返回”按钮返回“工资分摊”对话框。单击“确定”按钮。

第7章　固定资产

固定资产是企业资产的重要组成部分，企业中固定资产管理涉及资产管理部门、财务部门和资产使用部门。财务部门主要进行固定资产总值、累计折旧的动态管理，为企业成本核算提供依据。

本章主要内容

- 理解固定资产管理系统的功能
- 建立固定资产账套
- 固定资产初始设置
- 原始卡片录入
- 固定资产增减
- 固定资产变动
- 计提折旧

评分细则

本章分值为12分，设9个评分点，评分点、分值、得分条件及判分要求如下。

序号	评分点	分值	得分条件	判分要求
1	建立账套参数	1	正确设置所有账套参数	账套参数设置正确
2	设置选项	1	按要求设置选项	选项设置正确
3	设置资产类别	1	正确设置资产类别	资产类别设置正确
4	设置部门对应折旧科目	1	正确设置部门及对应折旧科目	折旧科目设置正确
5	设置增减方式对应科目	1	正确设置增减方式对应科目	增减方式对应科目设置正确
6	录入原始卡片	2	正确输入原始卡片	输入期初卡片正确
7	期初对账	1	对账结果平衡	对账结果正确
8	资产增减、变动处理并生成凭证	2	正确增加、减少资产卡片，正确进行资产变动处理并生成凭证	相关凭证内容正确
9	折旧处理并生成凭证	2	正确计提折旧并生成凭证	折旧计提凭证内容正确

本章导读

综上所述，我们明确了本章所要求掌握的技能考核点以及对应《试题汇编》单元的评分点、分值、得分条件和判分要求等。本章结构及逻辑框架为：

- 样题示范：展示《试题汇编》中的一道真题。
- 基本认知：概括介绍本章考核内容对应的U8子系统的主要功能。
- 技能解析：详细讲解本章中涉及到技能考核点和相关知识点。
- 样题解答：给出真题的详细操作指导。
- 拓展训练：对样题示范中未涵盖的技能考核点进行拓展。

7.1 样题示范

【练习目的】

从《试题汇编》中选取样题，了解本章题目类型，掌握本章重点技能点。

【样题来源】

《试题汇编》第7单元7.1题（随书光盘中提供了本样题的操作视频）。

【操作要求】

以系统管理员admin的身份登录用友U8系统管理，引入C:\2016U8softGJ\Unit7文件夹下的账套文件Y7_01。

以2011账套主管的身份（密码为空）登录201账套，登录日期为“2017-01-11”。

1．建立账套参数

建账向导	参数设置
约定与说明	我同意
启用月份	2017.01
折旧信息	本账套计提折旧 折旧方法：年数总和法 折旧汇总分配周期：1个月 当（月初已计提月份=可使用月份-1）时，将剩余折旧全部提足
编码方式	资产类别编码方式：2 1 1 2 固定资产编码方式： 按“类别编码+部门编码+序号”自动编码 卡片序号长度为3
财务接口	与账务系统进行对账 对账科目： 固定资产对账科目：1601固定资产 累计折旧对账科目：1602累计折旧 在对账不平情况下允许固定资产月末结账

2．设置选项

业务发生后立即制单。

固定资产缺省入账科目：1601；累计折旧缺省入账科目：1602；增值税进项税额缺省入账科目：22210101。

3．设置资产类别

编码	类别名称	净残值率	单位	计提属性	卡片样式
01	通用设备			正常计提	含税卡片样式
011	运输设备	5%	辆	正常计提	含税卡片样式
02	专用设备			正常计提	含税卡片样式
021	仪器仪表	3%	台	正常计提	含税卡片样式

4．设置部门及对应折旧科目

部门	对应折旧科目
总经办、财务部、采购部	660206管理费用/折旧费
销售部	660106销售费用/折旧费
生产部	510102制造费用/折旧费

5．设置增减方式对应科目

增减方式目录	对应入账科目
增加方式	
直接购入	10020101，中行存款/人民币户
减少方式	
毁损	1606，固定资产清理

6．录入原始卡片

固定资产名称	类别编号	所在部门	增加方式	使用年限（月）	使用状态	开始使用日期	原值	累计折旧
长城货车	011	销售一部	直接购入	72	在用	2016-08-01	31 500	3 985
检测仪器	021	生产部	直接购入	60	在用	2016-08-01	80 00	1 205
合计							39 500	5 190

7．期初对账

执行“处理”→“对账”命令，与账务对账，验证期初余额录入的正确性。

8．资产增减、变动处理并生成凭证

长城货车添置新配件，费用为6 000元，用中行转账支票支付，票号17105。变动原因：增加配件，录入变动单并生成凭证。

9．折旧处理并生成凭证

计提本月固定资产折旧并生成凭证。

10．输出账套

将操作结果输出至“考生文件夹\X7_01”文件夹中。

7.2 基本认知

7.2.1 固定资产系统基本功能

固定资产系统主要提供资产管理、折旧计算、统计分析等功能。其中资产管理主要包括原始设备的管理、新增资产的管理、资产减少的处理、资产变动的管理等，并提供资产评估及计提固定资产减值准备功能，支持折旧方法的变更。可以按月自动计算折旧，生成折旧分配凭证，同时输出有关的报表和账簿。固定资产核算系统可以用于固定资产总值、累计折旧数据的动态管理，协助设备管理部门做好固定资产实体的各项指标的管理、分析工作。具体包括以下内容：

1．初始设置

根据用户的具体情况，建立一个合适的固定资产子账套的过程。初始设置包括系统初始化、部门设置、类别设置、使用状况定义、增减方式定义、折旧方法定义、卡片项目定义、卡片样式定义等，如图7-1所示。

2．卡片管理

固定资产管理在企业中分为两部分，一是固定资产卡片台账管理，二是固定资产的会计处理。系统提供了卡片管理的功能，主要从卡片、变动单及资产评估三方面来实现卡片管理。主要包括卡片录入、卡片修改、卡片删除、资产增加及资产减少等功能，如图7-2所示，不仅实现了固定资产文字资料的管理，而且还实现了固定资产的图片管理。

3．折旧管理

自动计提折旧形成折旧清单和折旧分配表，按分配表自动制作记账凭证，并传递到总账系统，如图7-3所示。在对折旧进行分配时可以在单位和部门之间进行分配。

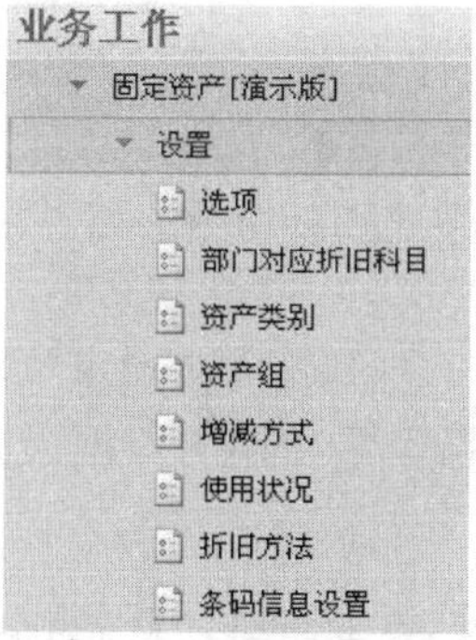

图7-1　初始设置

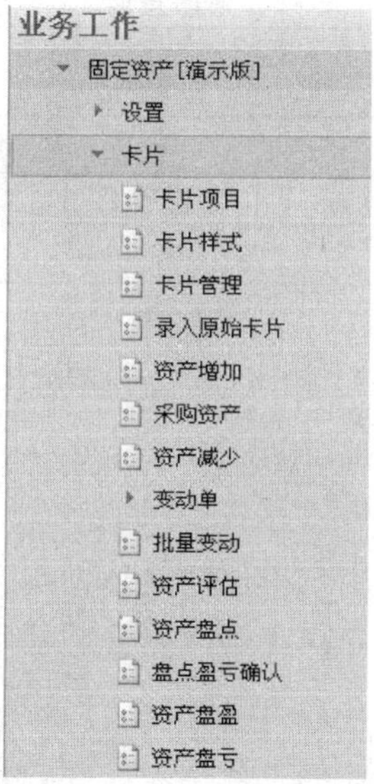

图7-2　卡片管理

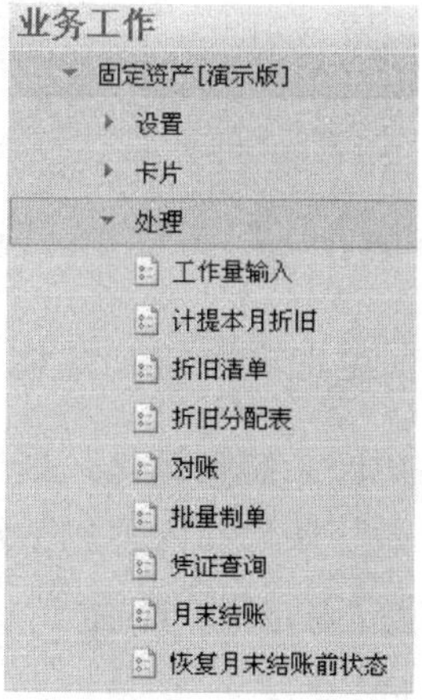

图7-3　折旧管理

4．月末对账结账

月末按照系统初始设置的账务系统接口，自动与账务系统进行对账，并根据对账结果和初始设置决定是否结账。

5．账表查询

通过“我的账表”对系统所能提供的全部账表进行管理，资产管理部门可随时查询分析表、统计表、账簿和折旧表，提高资产管理效率。另外，还提供固定资产的多种自定义功能。

7.2.2 固定资产系统的应用流程

固定资产系统的应用流程如图7-4所示。

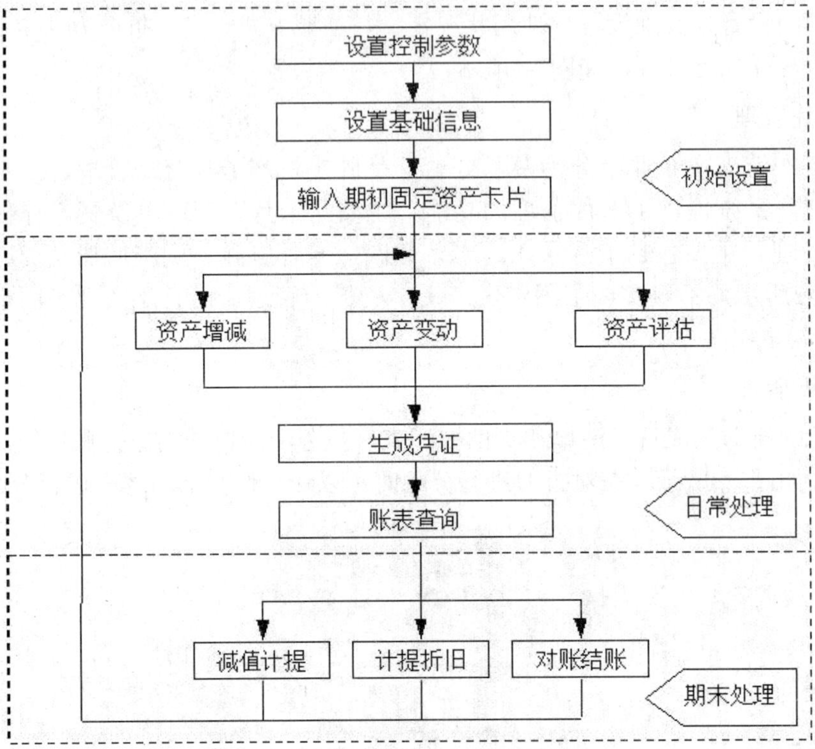

图7-4 固定资产系统的应用流程

7.2.3 固定资产系统初始化

固定资产系统初始化是根据用户单位的具体情况，建立一个适合的固定资产管理系统的过程。初始化的内容包括建立固定资产账套、基础信息设置和期初数据录入。

1．建立固定资产账套

建立固定资产账套是根据企业的具体情况，在已经建立的企业会计核算账套的基础上，设置企业进行固定资产核算的必须参数，包括关于固定资产折旧计算的一些约定及说明、启用月份、折旧信息、编码方式、账务接口等。

建账完成后，当需要对账套中的某些参数进行修改或补充时，可以在“设置”中的“选项”中修改；但也会有参数无法通过“选项”修改但又必须改正，那么只能通过“重新初始化”功能实现，重新初始化将清空对该固定资产账套所做的一切操作。

2．基础信息设置

固定资产系统的基础信息设置包括以下各项。

（1）资产类别设置，如图7-5所示

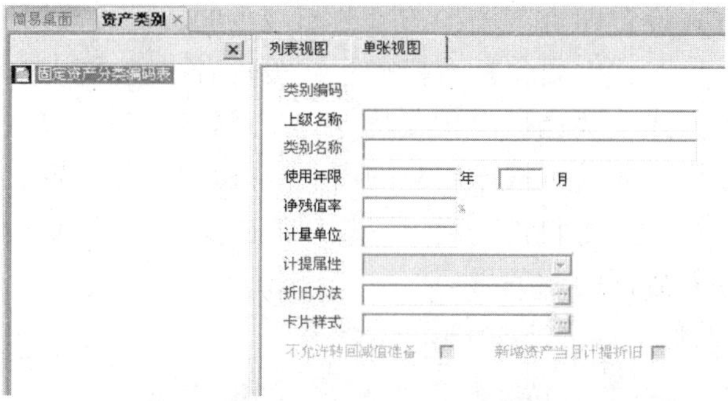

图7-5　资产类别设置

固定资产种类繁多，规格不一，为强化固定资产管理，及时准确地进行固定资产核算，需建立科学的资产分类核算体系，为固定资产的核算和管理提供依据。目前，我国固定资产管理使用的是国家技术监督局1994年1月24日批准发布的《固定资产分类与代码》国家标准（GB/T14885-94），其中规定的类别编码最多可以设置4级，编码总长度是6位即（2112）。参照此标准，企业可以根据自身的特点和要求，设置较为合理的资产分类方法。

（2）部门对应折旧科目设置，如图7-6所示

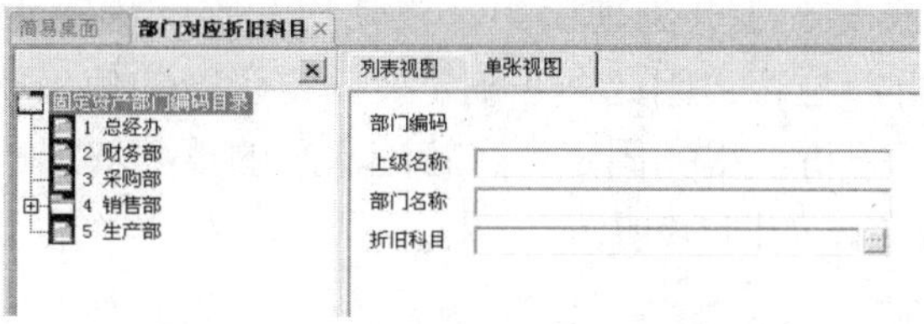

图7-6　部门对应折旧科目设置

对应折旧科目是指折旧费用的入账科目。固定资产计提折旧后，需将折旧费用归入相应的成本或费用中去，根据不同企业的情况可以按照部门归集，也可以按类别归集。固定资产折旧费用的分配去向和其所属部门密切相关，部门对应折旧科目的设置就是给每个部门选择一个折旧科目，这样在输入卡片时，该科目自动添入卡片中，不必一个一个输入。并且属于该部门的固定资产在计提折旧时，折旧费用将对应分配到其所属的部门。如果对某一上级部门设置了对应的折旧科目，下级部门继承上级部门的设置。

（3）增减方式设置，如图7-7所示

图7-7　增减方式设置

固定资产增减方式设置即资产增加的来源和减少的去向。增减方式包括增加方式和减少方式两大类。增加方式主要包括直接购买、投资者投入、捐赠、盘盈、在建工程转入和融资租入。减少方式主要包括出售、盘亏、投资转出、捐赠转出、报废、毁损、融资租出和拆分减少。增减方式可根据用户的需要自行增加。在增减方式的设置中还可以定义不同增减方式的对应入账科目，当发生相应的固定资产增减变动时可以快速生成转账凭证，减少手工输入数据的业务量。

（4）使用状况设置，如图7-8所示

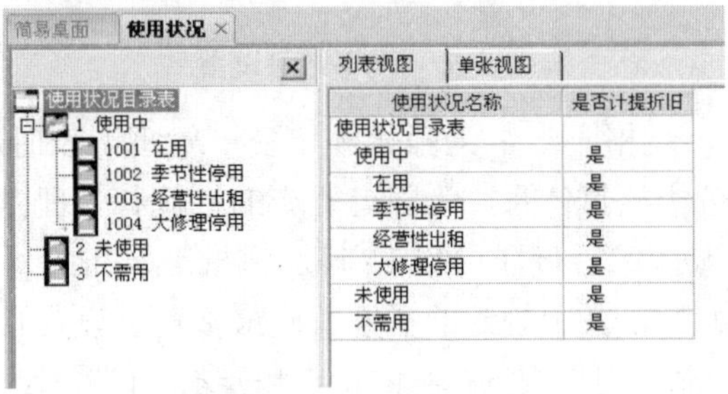

图7-8　使用状况设置

固定资产的使用状况一般分为使用中、未使用和不需用三大类，不同的使用状况决定了固定资产计提折旧与否。因此，正确定义固定资产的使用状况是准确计算累计折旧，进行资产数据统计分析，提高固定资产管理水平的重要依据。

（5）折旧方法设置，如图7-9所示

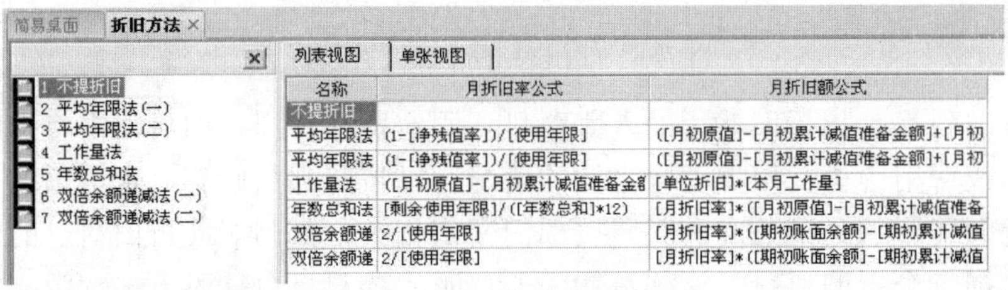

图7-9　折旧方法设置

固定资产折旧的计算是固定资产管理系统的重要功能，固定资产折旧的计提由系统根据用户选择的折旧方法自动计算得出，因此折旧方法的定义是计算资产折旧的重要基础。根据财务制度的规定，企业固定资产的折旧方法为：平均年限法、工作量法、双倍余额递减法、年数总和法。企业可根据国家规定和自身条件选择采用其中的一种，如果系统中预置的折旧方法不能满足企业管理与核算的需要，用户也可以定义新的折旧方法与相应的计算公式。

由于计算机系统基本不必考虑处理能力的问题，因此在向计算机系统过渡时只需根据企业细化会计核算的需要在会计制度允许的范围内选择折旧计算方法即可。

（6）卡片项目和卡片样式设置

固定资产卡片是固定资产管理系统中重要的管理工具，固定资产卡片文件是重要的数据文件。固定资产文件中包含的数据项目形成一个卡片项目，卡片项目也是固定资产卡片上用来记录固定资产资料的栏目，如，原值、资产名称、所属部门、使用年限、折旧方法等是卡片上最基本的项目，如图7-10所示。固定资产系统提供的卡片上常用的项目称为系统项目，但这些项目不一定能满足所有单位的需求。为了增加固定资产系统的通用性，一般系统将为用户留下足够的增减卡片项目的余地，在初始设置中由用户定义的项目称为自定义项目。系统项目和自定义项目一起构成固定资产卡片的全部内容。

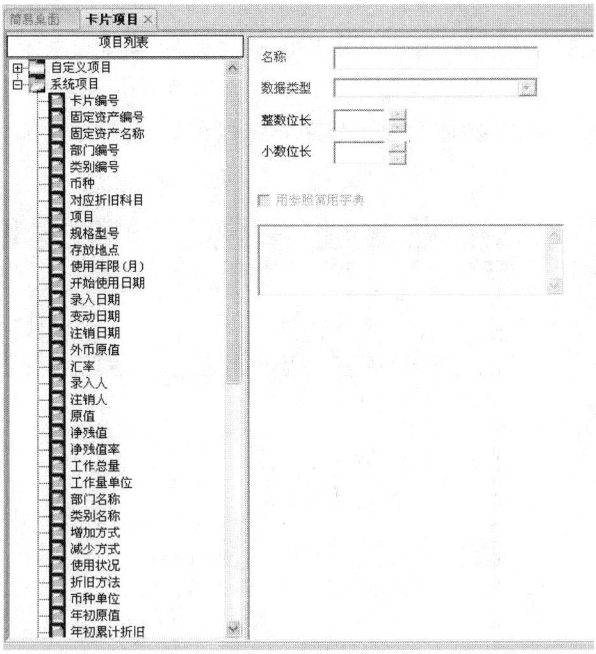

图7-10　卡片项目设置

固定资产卡片样式指卡片的外观，即卡片的格式和卡片上包含的项目及项目的位置，如图7-11所示。不同资产核算管理的内容与重点各不相同，因此，卡片样式也可能不同。系统提供缺省的卡片样式一般能够满足企业日常管理的要求，用户可以在此基础上略做调整，生成新卡片模板，也可以自由定义新卡片式样。

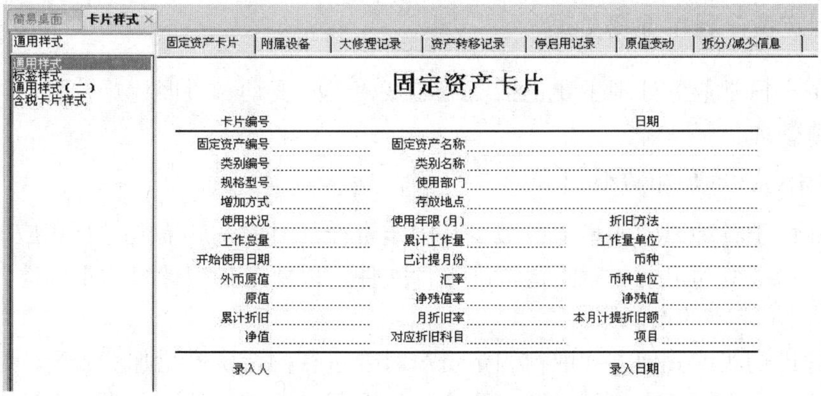

图7-11　卡片样式设置

3．初始数据录入

固定资产系统的初始数据是指系统投入使用前企业现存固定资产的全部有关数据，

主要是固定资产原始卡片的有关数据。固定资产原始卡片是固定资产管理系统处理的起点。因此，准确录入原始卡片内容是保证历史资料的连续性、正确进行固定资产核算的基本要求。为了保证所输入原始卡片数据的准确无误，应该在开始输入前对固定资产进行全面的清查盘点，做到账实相符。

传统方式下，固定资产是按卡片进行管理的。固定资产卡片的原值合计应与总账系统固定资产科目余额数据相符，卡片已提折旧的合计应与总账系统累计折旧账户的余额相符。

原始卡片的输入不限制必须在第一个期间结账前，任何时候都可以输入原始卡片，如图7-12所示。

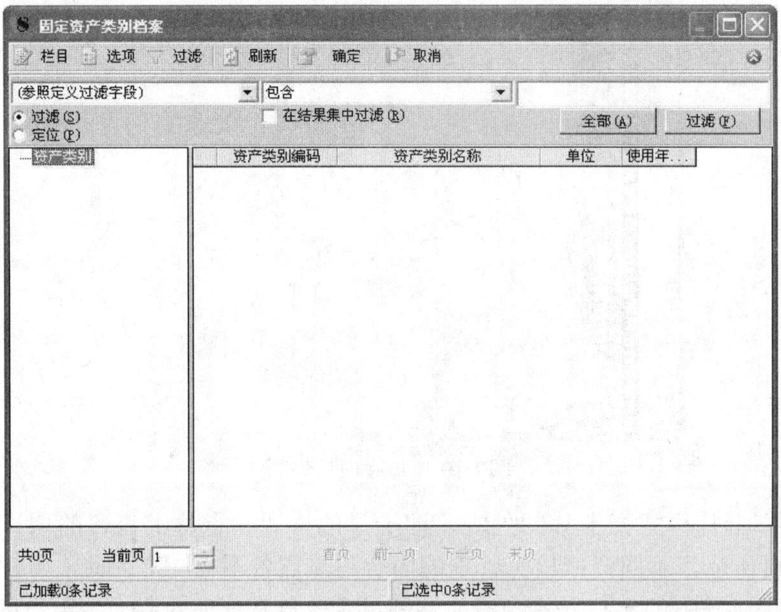

图7-12　初始数据录入

7.2.4 固定资产日常业务处理

固定资产日常业务处理主要包括资产增减、资产变动、折旧计算、资产评估、生成凭证和账簿管理。

1．固定资产增加和减少

当企业由于各种原因而增加或减少其固定资产的时候，就需要进行相应的处理，根据固定资产增减变动记录更新固定资产卡片文件，以保证折旧计算的正确性。

（1）固定资产的增加

企业通过购买或其他方式取得固定资产时要进行固定资产增加的处理，填制新的固定资产卡片。一方面要求对新增固定资产按经济用途或其他标准分类，并确定其原始价值。另一方面，要求办理交接手续，填制和审核有关凭证，作为固定资产核算的依据。

（2）固定资产的减少

固定资产的减少是指资产在使用过程中，由于毁损、出售、盘亏等各种原因而被淘汰。此时需进行固定资产减少的处理。

只有当账套开始计提折旧后，才可以使用资产减少功能，否则，资产减少只能通过删除卡片来完成。

对于误减少的资产，可以使用系统提供的纠错功能来恢复。只有当月减少的资产才可以恢复。如果资产减少操作已制作凭证，必须删除凭证后才能恢复。

只要卡片未被删除，就可以通过卡片管理中“已减少资产”来查看减少的资产。

2．固定资产变动

资产的变动包括原值变动、部门转移、使用状况变动、使用年限调整、折旧方法调整、净残值（率）调整、工作总量调整、累计折旧调整、资产类别调整等情况，需通过变动单进行管理。其他项目的修改，例如，名称、编号、自定义项目等的变动可直接在卡片上进行。

（1）原值变动

原值变动包括原值增加和原值减少两类。资产在使用过程中，其原值增减有5种情况：根据国家规定对固定资产重新估价；增加补充设备或改良设备；将固定资产的一部分拆除；根据实际价值调整原来的暂估价值；发现原记录固定资产价值有误的。

（2）部门转移

资产在使用过程中，因内部调配而发生的部门变动应及时处理，否则将影响部门的折旧计算。

（3）资产使用状况的调整

资产使用状况分为在用、未使用、不需用、停用、封存5种。资产在使用过程中，可能会因为某种原因，使得资产的使用状况发生变化，这种变化会影响到设备折旧的计算，因此应及时调整。

（4）资产使用年限的调整

资产在使用过程中，可能会由于资产的重估、大修等原因调整资产的使用年限。进行使用年限调整的资产在调整的当月就按调整后的使用年限计提折旧。

（5）资产折旧方法的调整

一般来说，资产折旧方法一年之内很少改变，但如有特殊情况需调整改变的可以调整。如，所属类别是“总提折旧”的资产调整后的折旧方法不能是“不提折旧”；相应地，所属类别是“总不提折旧”的资产折旧方法不能调整。一般来说，进行折旧方法调整的资产调整的当月就按调整后的折旧方法计提折旧。

本月录入的卡片和本月增加的资产，不允许进行变动处理。

3．资产评估

随着市场经济的发展，企业在经营活动中，根据业务需要或国家要求需要对部分资产或全部资产进行评估和重估，而其中固定资产评估是资产评估很重要的部分。固定资产管理子系统中固定资产评估处理主要功能有将评估机构的评估数据手工录入或定义公式录入到系统、根据国家要求手工录入评估结果或根据定义的评估公式生成评估结果，以及评估单的管理，如图7-13所示。

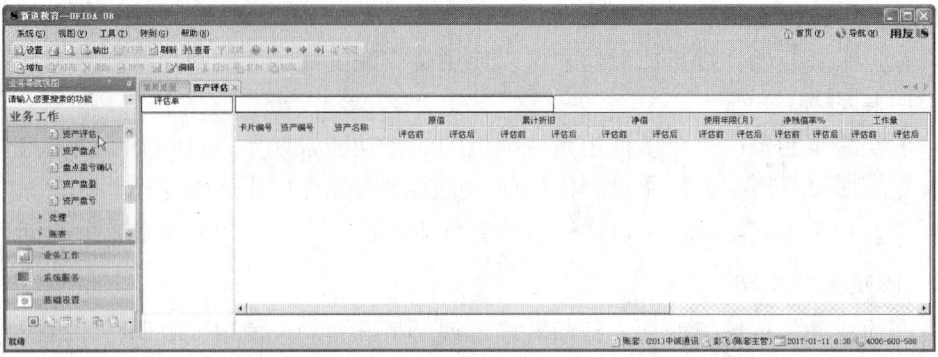

图7-13 资产评估

进行资产评估处理的主要步骤包括：

（1）对需要评估的项目进行选择。可以进行评估的内容包括固定资产的原值、累计折旧、使用年限等，每一次进行评估时可以根据评估的要求进行选择。

（2）对需要进行评估的资产进行选择。资产评估的目的各有不同，因此每次评估涉及到的资产也不尽相同，可根据需要进行选择。

（3）制作评估单。选择评估项目和评估资产后，录入评估结果，系统生成评估单，给出被评估资产评估前与评估后的数据。

（4）制作转账凭证。当评估后资产原值和累计折旧与评估前数据不相等时，需通过转账凭证将变动数据传递到总账系统。

4．资产盘点

企业要定期对固定资产进行清查，至少每年清查一次，清查通过盘点实现。

U8固定资产系统中的资产盘点，是在对固定资产进行实地清查后，将清查的实物数据录入固定资产系统与账面数据进行比对，由系统自动生成盘点结果清单，如图7-14所示。

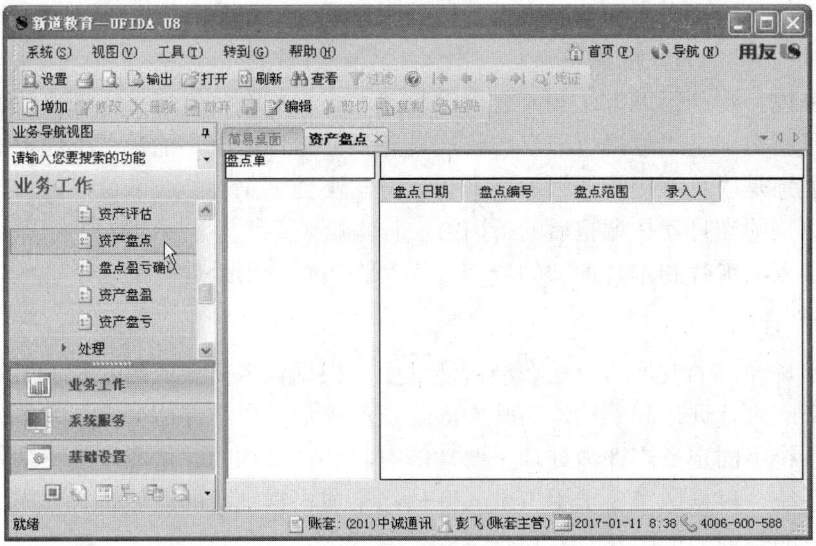

图7-14 资产盘点

进行固定资产盘点时包括以下三个步骤：

（1）选择要盘点的范围

可以选择按资产类别盘点、按使用部门盘点、按使用状态盘点。

（2）进行项目设置

每次盘点的侧重点不同，要录入的盘点数据与要核对的数据也不尽相同，系统提供相关卡片项目供选。

（3）录入盘点数据并生成盘点结果清单

根据所选盘点范围以及项目设置，录入盘点数据，生成盘点结果清单供企业对比分析。

5．计提折旧

自动计提折旧是固定资产管理系统的主要功能之一。可以根据录入系统的资料，利用系统提供的“折旧计提”功能，对各项资产每期计提一次折旧，并自动生成折旧分配表，然后制作记账凭证，将本期的折旧费用自动登账。

6．计提减值准备

企业应当在期末或至少在每年年度结束时，对固定资产逐项进行检查，如果由于价格持续下跌，或技术陈旧等原因导致其可回收金额低于账面价值的，应当将可回收金额低于账面价值的差额作为固定资产减值准备，固定资产减值准备必须按单项资产计提。

如已计提的固定资产价值又得以恢复，应在原计提的减值准备范围内转回。

7．对账

当初次启动固定资产的参数设置，或选项中的参数设置选择了“与账务系统对账”参数，才可使用本系统的对账功能。

为保证固定资产管理系统的资产价值与总账管理系统中固定资产科目的数值相等，可随时使用“对账”功能对两个系统进行审查。系统在执行月末结账时自动对账一次，并给出对账结果。

8．凭证处理

固定资产管理系统的凭证处理功能主要是根据固定资产各项业务数据自动生成转账凭证并传递到总账系统进行后续处理。一般当固定资产发生资产增加、资产减少、原值变动、累计折旧调整、资产评估（涉及到原值和累计折旧时）、计提折旧等业务时就要编制转账凭证。

编制凭证可以采用“立即制单”和“批量制单”两种方法。编制转账凭证的过程中系统会根据固定资产和累计折旧入账科目设置、增减方式设置、部门对应折旧科目设置以及业务数据来自动生成转账凭证，凭证中不完整的部分可由用户进行补充。

9．月末结账

当固定资产管理系统完成了本月全部制单业务后，可以进行月末结账，月末结账每月进行一次，结账后当期数据不能修改。如有错必须修改，可通过系统提供的“恢复月末结账前状态”功能反结账，再进行相应修改。

本期不结账，将不能处理下期的数据。结账前一定要进行数据备份，否则数据一旦丢失，将造成无法挽回的后果。

10．账簿管理

可以通过系统提供的账表管理功能，及时掌握资产的统计、汇总和其他各方面的信息。账表包括账簿、折旧表、统计表、分析表4类。另外，如果所提供的报表种类不能满足需要，系统还提供了自定义报表功能，可以根据实际要求进行设置。

固定资产系统提供的报表可以分为账薄、折旧表、汇总表和分析表四大类。

7.3 技能解析

7.3.1 建立固定资产账套

建立固定资产账套时，要确定以下几项关键信息。

1．折旧信息，如图7-15所示

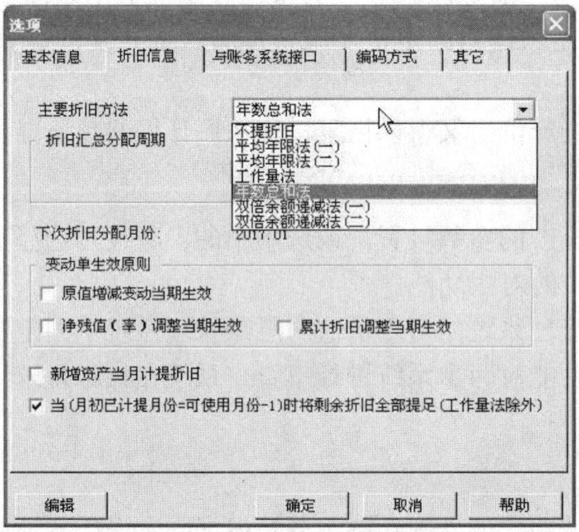

图7-15　“折旧信息”选项卡

确定本单位是否计提折旧：如果是行政事业单位，取消“本账套计提折旧”选中标记。

选择折旧方法：系统提供了平均年限法、年数总和法、双倍余额递减法、工作量法、不提折旧供企业选择。用户根据自身情况选择主要折旧方法。

选择折旧汇总分配周期：企业可以根据需要确定资产的折旧分配周期，系统缺省的折旧分配周期为1个月。

2．编码方式，如图7-16所示

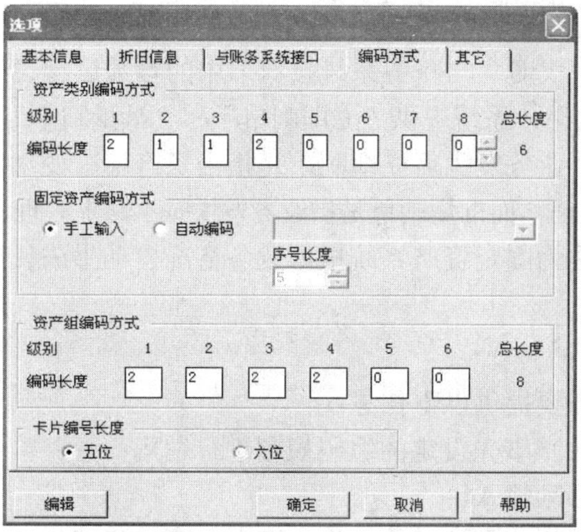

图7-16 “编码方式”选项卡

确定资产类别编码方式：系统默认资产类别设置四级编码，编码长度为2-1-1-2。

确定固定资产编码方式：固定资产编码可以采用人工编码或系统自动编码。如果设置了系统自动编码，还可以选择编码方式是“类别编码+序号”“部门编码+序号”“部门编码+类别编码+序号”“类别编码+部门编码+序号”中的某一种，且可以自行设定序号的位数。

3．账务接口，如图7－17所示

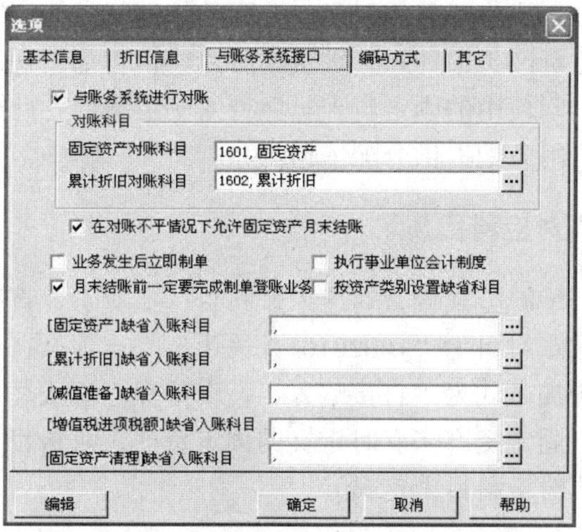

图7-17 “与财务系统接口”选项卡

账务系统即总账，总账管理固定资产、累计折旧的总括数据，固定资产系统管理每一项资产的明细数据。选择向账务系统传输数据后，固定资产系统日常业务生成的凭证可自动传递到总账系统。为达到上述目的，需要指定固定资产对账科目和累计折旧对账科目。

7.3.2 设置选项

选项中包括了在固定资产账套初始化中设置的参数和其他一些在账套运行中使用的

参数或判断。分为“基本信息”“折旧信息”“与账务系统接口”“编码方式”和“其它”几个选项卡。以下仅对“与账务系统接口”中的参数进行说明。

业务发生后立即制单：系统提供“立即制单”和“批量制单”两种方式，两种方式在于制单的时间点不同。业务发生后立即制单是指当资产增减变动、计提折旧等业务发生时同时生成财务核算凭证，而批量制单是指业务发生时不马上处理，而是定期生成凭证。

缺省入账科目：是为固定资产系统根据业务情况自动生成凭证而预先设置的科目。

7.3.3 设置资产类别

设置资产类别时需要提供以下信息：

- 类别编码：按照事先设定的编码规则进行编码。
- 类别名称：必须输入。
- 计量属性：包括正常计提、总提折旧和总不提折旧三个选项。计提属性一经选择，不允许修改，请慎重选择。
- 折旧方法：建立固定资产账套时已经选择了本账套固定资产折旧方法，可以再此处对本类别固定资产所使用的折旧方法重新设定。
- 卡片样式：默认为“通用样式”。选择了含税卡片样式，卡片中增加“增值税”和“价税合计”两个项目以供录入。

7.3.4 设置部门及对应折旧科目

固定资产折旧要计入成本或费用科目，分配的依据就是按照固定资产的使用部门，如管理部门使用的固定资产折旧计入管理费用科目、销售部门使用的固定资产折旧计入销售费用科目、生产车间使用的固定资产折旧计入制造费用。此处为每个部门指定折旧科目就是为将来折旧费用分配提供分配依据。

7.3.5 设置增减方式对应科目

对于常用固定资产增减方式设置对应入账科目，如对于“直接购入”方式增加的固定资产设置了其对应入账科目为“10020101人民币户”，那么在新增资产填制固定资产卡片时需要指明资产增加方式为“直接购入”，卡片保存生成凭证时，系统会借记“固定资产”科目（在建立固定资产账套时定义的固定资产入账科目），贷记“10020101人民币户”（在增减方式对应科目中定义）。

7.3.6 录入原始卡片

固定资产卡片是固定资产管理的基础数据。原始卡片是指在正式启用U8固定资产管理系统之前企业购入的固定资产的档案资料。固定资产卡片中包括固定资产核算和管理的一些关键信息，重点说明如下：

- 使用部门：与折旧费用分摊相关，选择使用部门后，对应折旧科目自动带出。
- 增加方式：与自动凭证相关，决定了贷方科目。
- 使用年限：与折旧计算相关，用月份数表示。

● 开始使用日期、原值和累计折旧：与折旧计算相关。

7.3.7 对账

系统在运行过程中，应保证本系统管理的固定资产的价值和账务系统中固定资产科目的数值相等。而两个系统的资产价值是否相等，可通过执行本系统提供的对账功能查看。

对账操作不限制执行的时间，任何时候均可进行对账。系统在执行月末结账时自动对账一次，给出对账结果，并根据初始化或选项中的判断确定不平情况下是否允许结账。

7.3.8 资产增减、变动处理并生成凭证

1．固定资产增加

企业增加固定资产时，需要填制固定资产卡片。新增固定资产与原始卡片录入界面一致，区别在于新增资产的开始使用日期为当月，而原始卡片的开始使用日期在U8固定资产系统启用日期之前。

因为设置了“业务发生后立即制单”选项，因此卡片保存时生成财务核算凭证。借记固定资产科目，贷记与增减方式对应的指定科目。

2．固定资产减少

固定资产减少时，需要选择对应的固定资产卡片，说明减少方式、减少原因等。

因为设置了“业务发生后立即制单”选项，因此保存时生成财务核算凭证。

3．固定资产变动

资产变动要求输入相应的“变动单”来记录资产调整结果。变动单是指资产使用过程中由于固定资产卡片上某些项目调整而编制的原始凭证。

根据变动原因不同设置了不同的变动单。变动单一般要记录：变动哪项资产、调整金额变动原因等。

如果涉及到价值变动，如原值增加，那么还要生成相应的财务核算凭证。

7.3.9 折旧处理并生成凭证

计提折旧时，系统将自动计提所有资产当期折旧额，并将当期的折旧额自动累加到累计折旧项目中。计提工作完成后，需要进行折旧分配，形成折旧费用，系统除了自动生成折旧清单外，同时还生成折旧分配表，从而完成本期折旧费用登账工作。

系统提供的折旧清单显示了所有应计提折旧资产所计提的折旧数据额。

折旧分配表是制作记账凭证，把计提折旧额分配到有关成本和费用的依据，折旧分配表有两种类型：类别折旧分配表和部门折旧分配表。生成折旧分配表由“折旧汇总分配周期”决定，因此，制作记账凭证要在生成折旧分配表后进行。

计提折旧遵循以下原则。

● 在一个期间内可以多次计提折旧，每次计提折旧后，只是将计提的折旧累加到月初的累计折旧上，不会重复累计。

● 若上次计提折旧已制单并传递到总账管理系统，则必须删除该凭证才能重新计提折旧。

● 计提折旧后，又对账套进行了影响折旧计算或分配的操作，必须重新计提折旧，否则系统不允许结账。

● 若自定义的折旧方法月折旧率或月折旧额出现负数，系统自动中止计提。

● 资产的使用部门和资产折旧要汇总的部门可能不同，为了加强资产管理，使用部门必须是明细部门，而折旧分配部门不一定要分配到明细部门。不同的单位处理可能不同，因此要在计提折旧后、分配折旧费用时做出选择。

7.4 样题解答

已经以系统管理员身份引入账套Y7_01，并以2011账套主管的身份（密码为空）登录201账套，登录日期为“2017-01-11”。

1．建立固定资产账套

（1）在企业应用平台“业务工作”选项卡中，执行“财务会计”→“固定资产”命令，系统弹出提示“这是第一次打开此账套，还未进行过初始化，是否进行初始化？”，如图7-18所示，单击“是”按钮，打开“固定资产初始化向导”对话框。

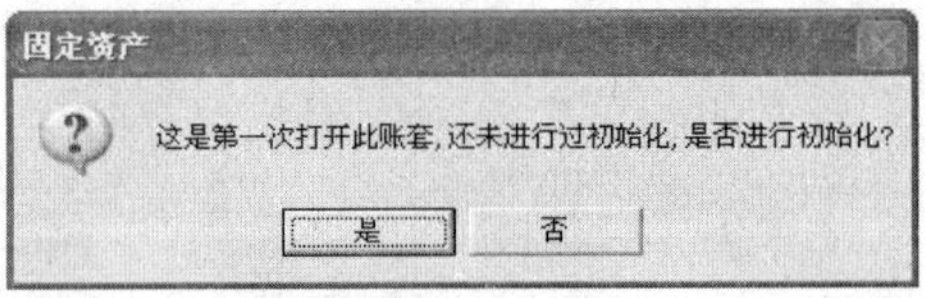

图7-18　信息提示框

（2）在“固定资产初始化向导 - 约定与说明”对话框中，仔细阅读U8固定资产管理的相关原则，选中“我同意”单选按钮，如图7-19所示。

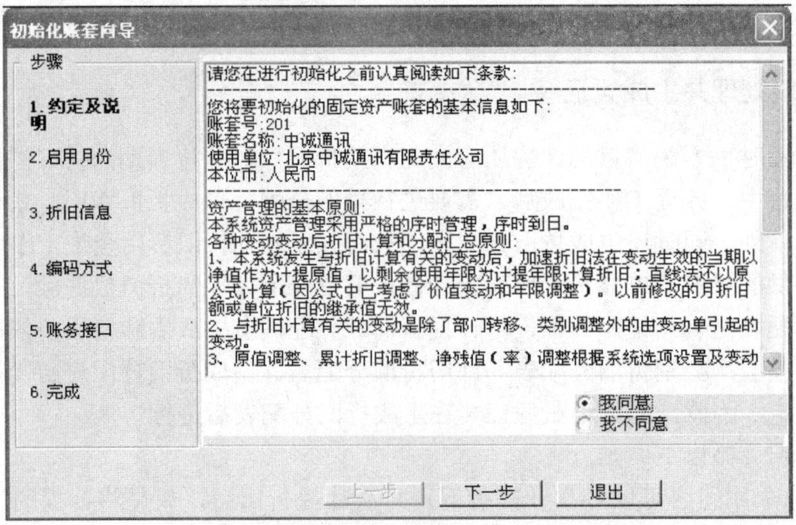

图7-19　初始化账套向导 - 约定与说明

（3）单击“下一步”按钮，打开“固定资产初始化向导 - 启用月份”对话框，确认账套启用月份“2017.01”，如图7-20所示。

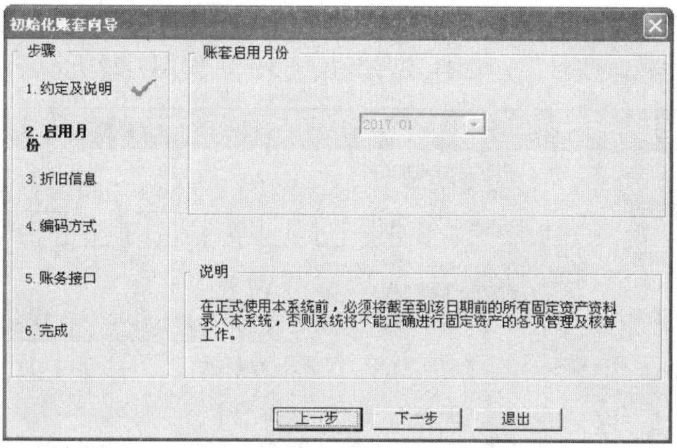

图7-20　初始化账套向导 - 启用月份

（4）单击“下一步”按钮，打开“固定资产初始化向导 - 折旧信息”对话框。勾选“本账套计提折旧”复选框；选择主要折旧方法“年数总和法”，折旧汇总分配周期“1个月”；勾选“当（月初已计提月份=可使用月份-1）时，将剩余折旧全部提足（工作量法除外）”复选框，如图7-21所示。

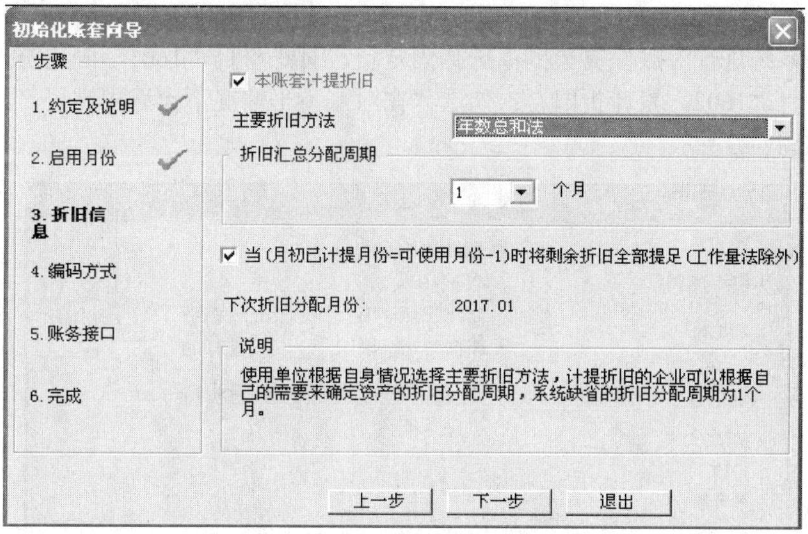

图7-21　固定资产初始化 - 折旧信息

提示：

- 如果是行政事业单位，不勾选“本账套计提折旧”复选框，则账套内所有与折旧有关的功能都会被屏蔽，该选项在初始化设置完成后不能修改。
- 虽然这里选择了某种折旧方法，但在设置资产类别或定义具体固定资产时可以更改该设置。

（5）单击“下一步”按钮，打开“固定资产初始化向导 - 编码方式”对话框。确定资产类别编码长度“2112”；选中“自动编号”单选按钮，选择固定资产编码方式“类别编号+部门编号+序号”，选择序号长度“3”，如图7-22所示。

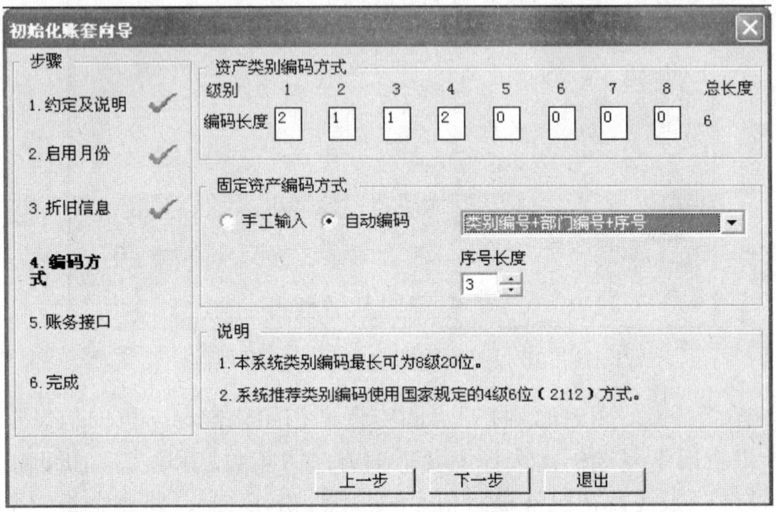

图7-22　固定资产初始化 - 编码方式

（6）单击“下一步”按钮，打开“固定资产初始化向导 - 财务接口”对话框。勾选“与账务系统进行对账”复选框；选择固定资产对账科目“1601，固定资产”，累计折旧对账科目“1602，累计折旧”；勾选“在对账不平情况下允许固定资产月末结账”复选框，如图7-23所示。

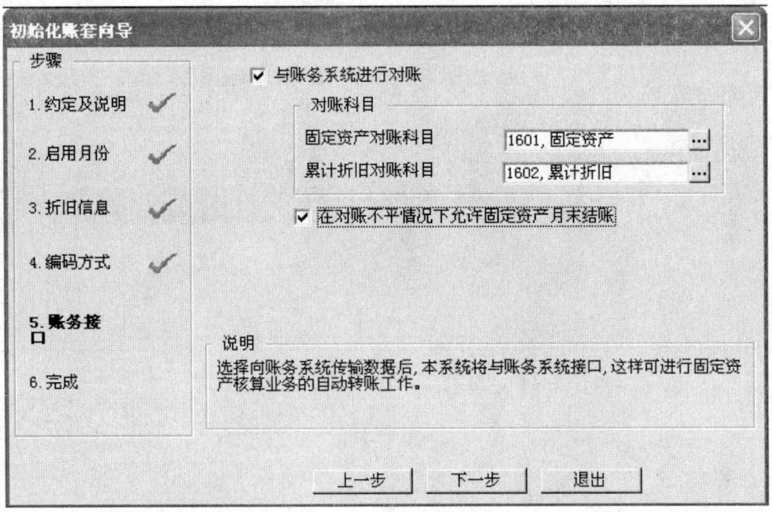

图7-23　固定资产初始化 - 账务接口

（7）单击“下一步”按钮，打开“固定资产初始化向导 - 完成”对话框，如图7-24所示。

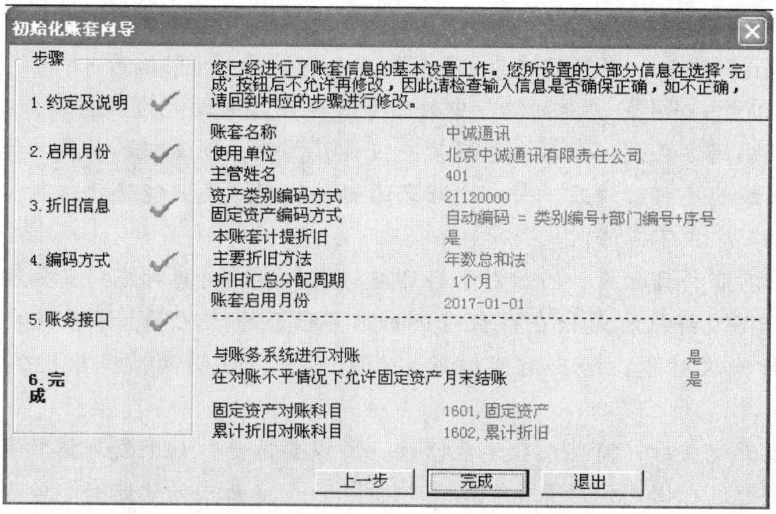

图7-24　固定资产初始化 - 完成

（8）单击“完成”按钮，完成本账套的初始化，系统弹出提示“是否确定所设置的信息完全正确并保存对新账套的所有设置？”，如图7-25所示，单击“是”按钮。

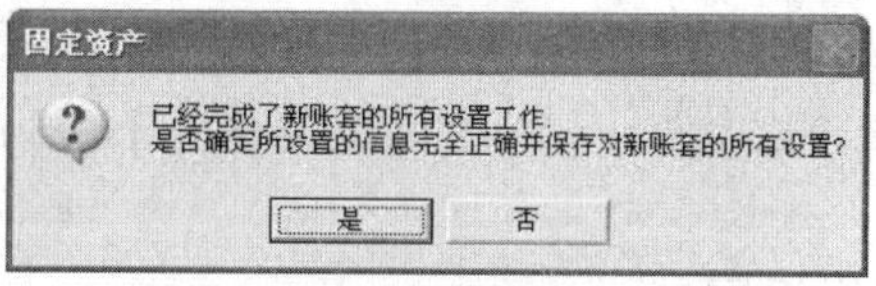

图7-25　信息提示框1

（9）系统弹出提示“已成功初始化本固定资产账套！”，如图7-26所示，单击“确定”按钮。

图7-26　信息提示框2

提示：

- 在固定资产“初始化账套向导 - 启用月份”对话框中所列示的启用月份只能查看，不能修改。启用日期确定后，在该日期前的所有固定资产都将作为期初数据，在启用月份开始计提折旧。
- 在固定资产“初始化账套向导 - 折旧信息”中，当（月初已计提月份=可使用月份-1）时，将剩余折旧全部提足（工作量法除外）是指除工作量法外，只要上述条件满足，则该月折旧额=净值-净残值，并且不能手工修改；如果不选该项，则该月不提足折旧，并且可手工修改。但如以后各月按照公式计算的月折旧率或折旧额是负数时，认为公式无效，则月折旧率=0，月折旧额=净值-净残值。

- 固定资产编码方式包括“手工输入”和“自动编码”两种方式。自动编码方式包括“类别编号+序号”“部门编号+序号”“类别编号+部门编号+序号”和“部门编号+类别编号+序号”。类别编号中的序号长度可自由设定为1~5位。
- 资产类别编码方式设定以后，一旦某一级设置类别，则该级的长度不能修改，未使用过的各级长度可以修改。每一个账套的自动编码方式只能选择一种，一经设定，该自动编码方式不得修改。
- 固定资产对账科目和累计折旧对账科目应与账务系统内的对应科目一致。
- 对账不平不允许结账是指在存在对应的账务账套的情况下，本系统在月末结账前自动执行一次对账，给出对账结果。如果不平，说明两系统出现偏差，应予以调整。
- 初始化设置完成后，有些参数不能修改，所以要慎重。如果发现参数有错，必须改正。只能通过在固定资产系统执行“维护”→“重新初始化账套”命令实现，该操作将清空对该子账套所做的一切工作。

2．设置选项

（1）执行“设置”→“选项”命令，打开“选项”对话框。

（2）单击“编辑”按钮，单击切换到“与账务系统接口”选项卡，设置固定资产缺省入账科目为1601、累计折旧缺省入账科目为1602、增值税进项税额科目为22210101，如图7-27所示。

（3）单击“确定”按钮返回。

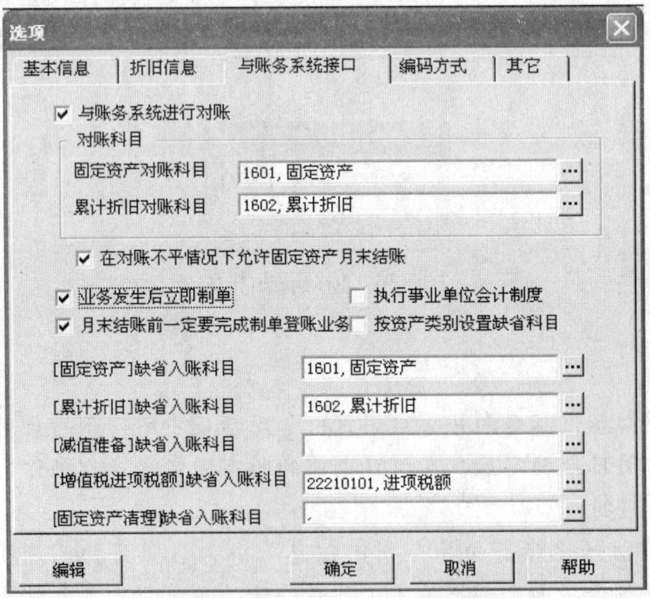

图7-27　选项设置 - 与账务系统接口

3．设置资产类别

（1）执行“设置”→“资产类别”命令，进入“资产类别”界面，如图7-28所示。

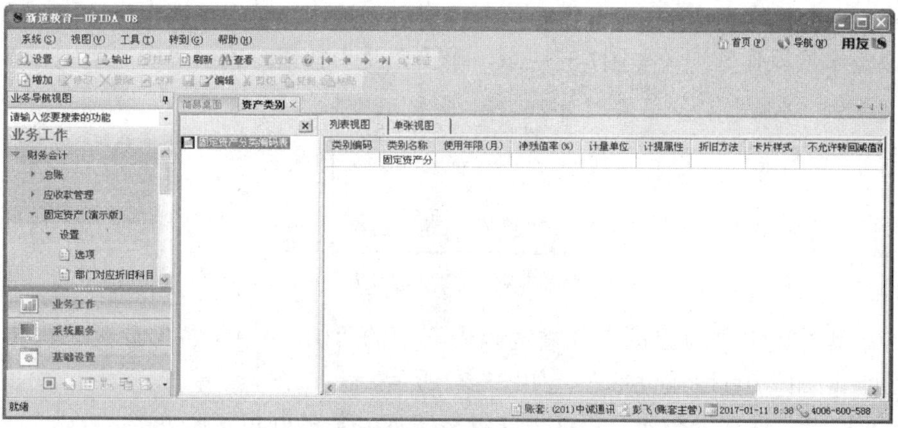

图7-28 资产类别 - 列表视图

（2）单击“增加”按钮，在打开的界面（如图7-29所示）中输入类别名称“通用设备”，单击“卡片样式”参照按钮，打开“卡片样式参照”对话框，选择“含税卡片样式”，如图7-30所示。

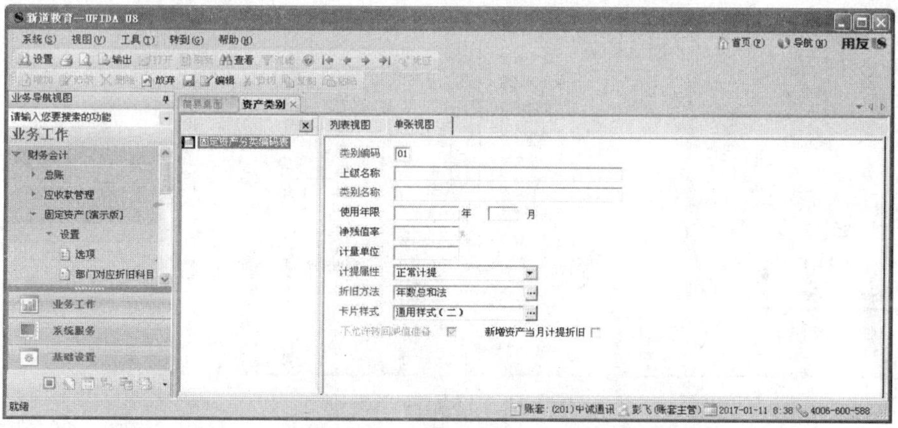

图7-29 资产类别 - 单张视图

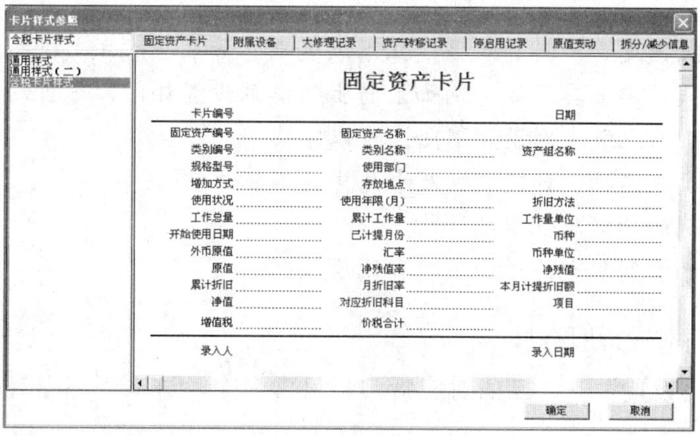

图7-30 选择含税卡片样式

（3）单击“确定”按钮返回，单击“保存”按钮。

（4）继续增加“02专用设备”，单击“保存”按钮。单击“放弃”按钮，系统提示“是否取消本次操作？”，如图7-31所示，单击“是”按钮，返回“资产类别”界面。

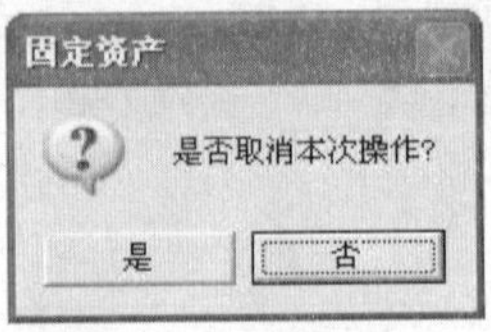

图7-31　信息提示框

（5）单击选中“固定资产分类编码表”中的“01 通用设备”分类，再单击“增加”按钮，增加“011运输设备”，如图7-32所示。

（6）单击“保存”按钮。以此方法继续录入其他的固定资产分类。

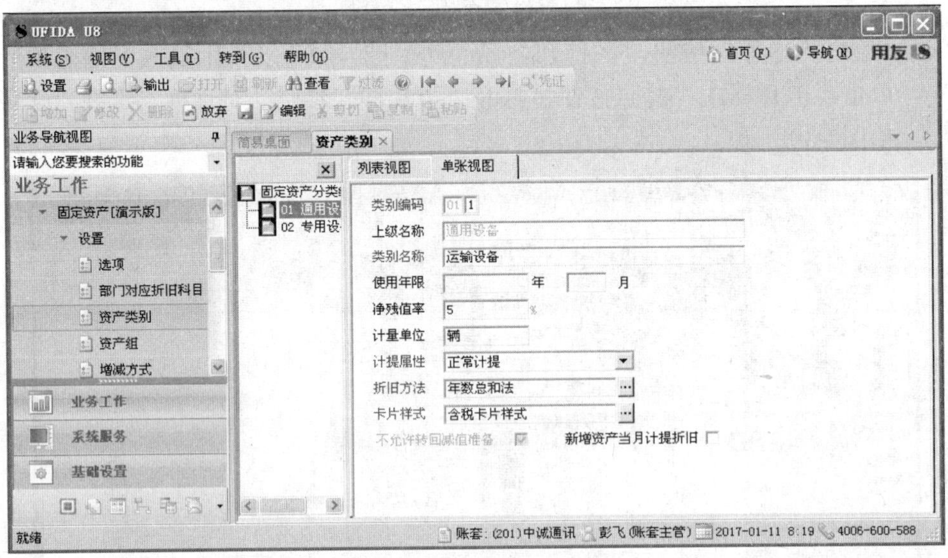

图7-32　增加资产类别

提示：

- 应先建立上级固定资产类别后再建立下级类别。如果在建立上级类别时就设置了使用年限、净残值率，其下级类别如果与上级类别设置相同，可自动继承不用修改；如果下级类别与上级类别设置不同，可以修改。
- 类别编码、类别名称、计提属性及卡片样式不能为空。
- 使用过的类别的计提属性不能修改。
- 系统已使用的类别不允许增加下级和删除。

4．设置部门对应折旧科目

（1）执行“设置”→“部门对应折旧科目”命令，进入“部门对应折旧科目”界面，如图7-33所示。

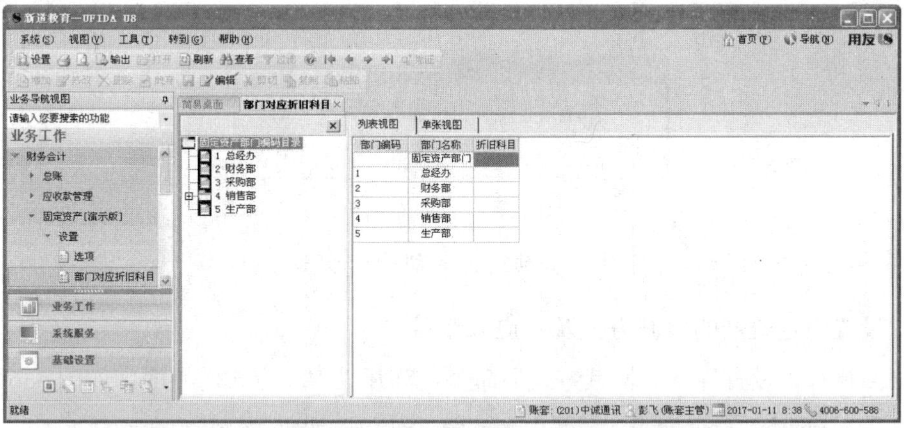

图7-33 “部门对应折扣科目”界面

（2）从左侧的固定资产部门编码目录中选择“总经办”，单击“修改”按钮，自动切换到“单张视图”选项卡。

（3）在“折旧科目”栏录入或选择“660206”，如图7-34所示。

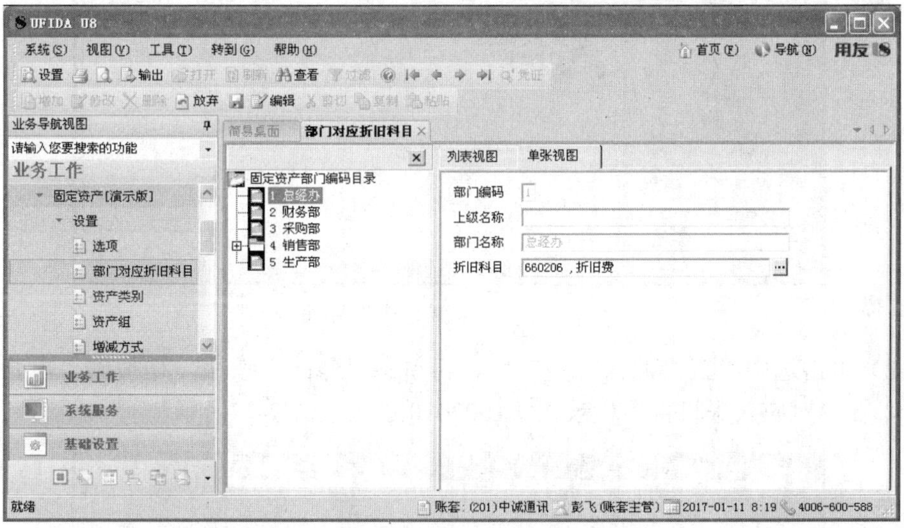

图7-34 部门对应折旧科目-单张视图

（4）单击“保存”按钮。以此方法继续录入其他部门对应的折旧科目。

提示：

- 因本系统录入卡片时，只能选择明细级部门，所以设置折旧科目也只有给明细级部门设置才有意义。如果某一上级部门设置了对应的折旧科目，则下级部门自动继承上级部门的设置，也可以选择不同的科目，即上下级部门的折旧科目可以相同，也可以不同。
- 当为销售部设置对应的折旧科目为“660106，折旧费”时，系统会提示“是否将销售部的所有下级部门的折旧科目替换为‘销售费用’？如果选择是，请在成功保存后单击‘刷新’按钮查看”，如图7-35所示。单击“是”按钮，即将销售部的两个下级部门的折旧科目一并设置完成。

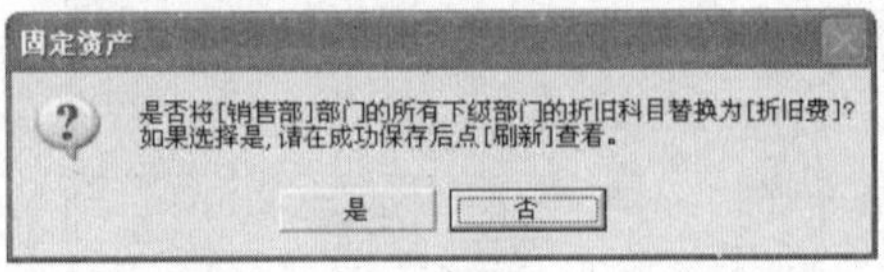

图7-35　信息提示框

- 设置部门对应的折旧科目时，必须选择末级会计科目。

5．设置固定资产的增减方式及对应入账科目

（1）执行“设置”→“增减方式”命令，打开“增减方式”界面，如图7-36所示。

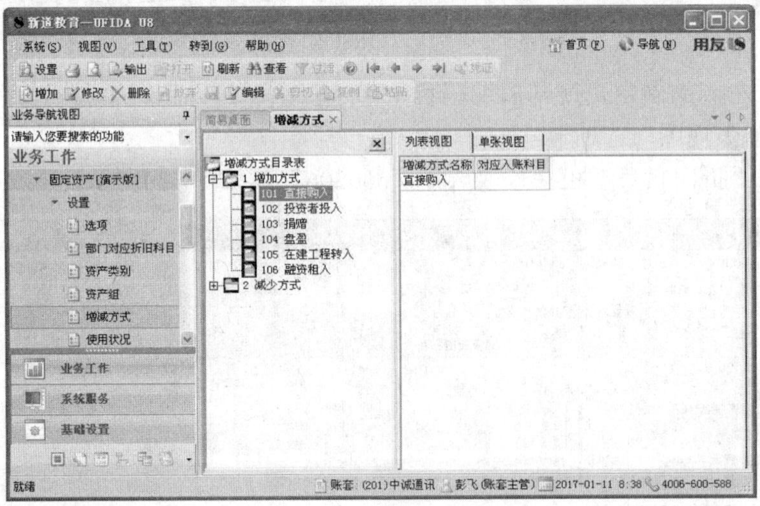

图7-36　“增减方式”界面

（2）单击选中“直接购入”所在行，再单击“修改”按钮，切换到“单张视图”选项卡，在“对应入账科目”栏录入“10020101”，如图7-37所示。

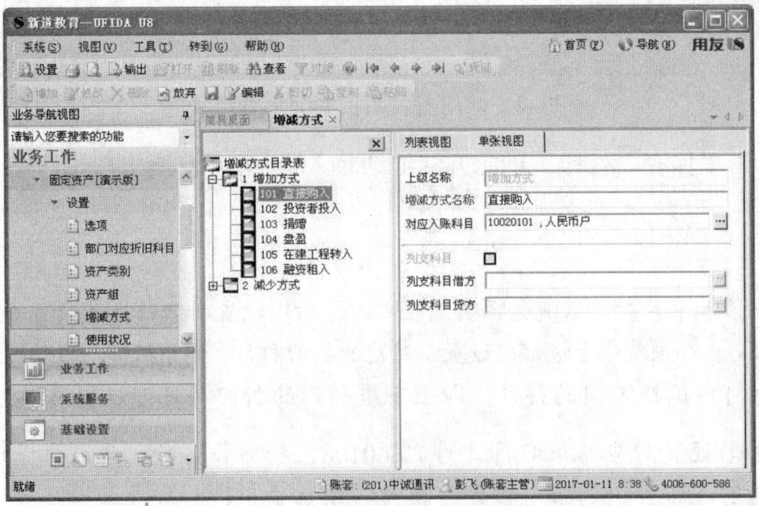

图7-37　“单张视图”选项卡

（3）单击“保存”按钮。以此方法继续设置其他增减方式对应的入账科目。

提示：

- 在资产增减方式中所设置的对应入账科目在生成凭证时将作为默认项。
- 因为本系统提供的报表中有固定资产盘盈盘亏报表，所以增减方式中“盘盈、盘亏、毁损”不能修改和删除。
- 非明细增减方式不能删除，已使用的增减方式不能删除。
- 生成凭证时，如果入账科目发生了变化，可以及时修改。

6．录入原始卡片

固定资产名称	类别编号	所在部门	增加方式	使用年限（月）	使用状态	开始使用日期	原值（元）	累计折旧（元）
长城货车	011	销售一部	直接购入	72	在用	2016-08-01	31 500	3 985
检测仪器	021	生产部	直接购入	60	在用	2016-08-01	8 000	1 205
合计							39 500	5 190

（1）执行“卡片”→“录入原始卡片”命令，打开“固定资产类别档案”对话框，如图7-38所示。

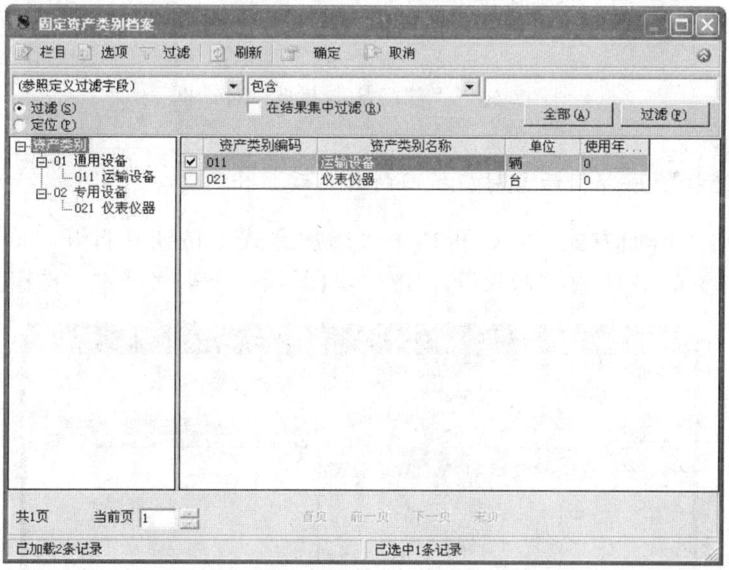

图7-38　“固定资产类别档案”对话框

（2）选择“011运输设备”前的复选框，按回车键后进入“固定资产卡片[录入原始卡片：00001号卡片]”窗口。

（3）在“固定资产名称”栏录入“长城货车”，单击“使用部门”栏，再单击“使用部门”按钮，打开“固定资产”对话框，如图7-39所示。默认“单部门使用”，单击“确定”按钮，进入“部门基本参照”对话框，如图7-40所示。选择“销售一部”，单击“确定”按钮。

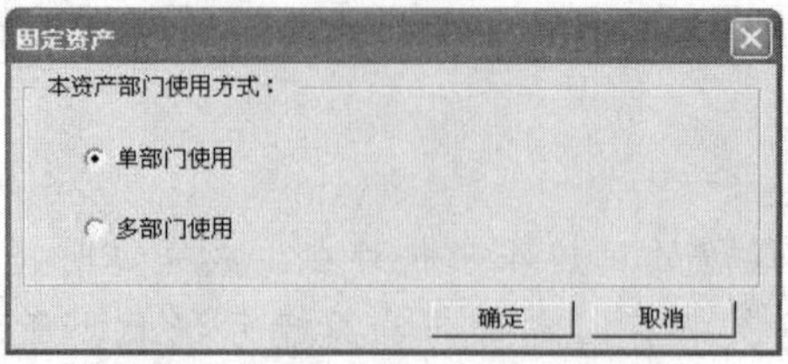

图7-39 “固定资产”对话框

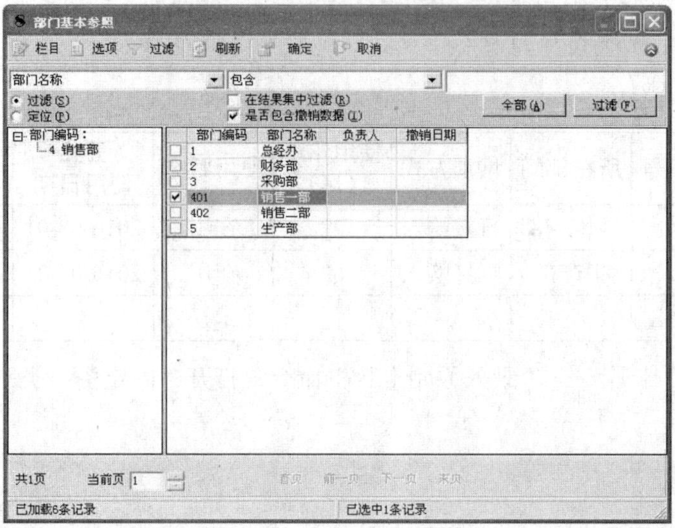

图7-40 “部门基本参照”对话框

提示：选择使用部门后，对应折旧科目自动带出。

（4）单击“增加方式”栏，再单击“增加方式”按钮，打开“固定资产增加方式”对话框，选择“101 直接购入”，如图7-41所示，单击“确定”按钮。

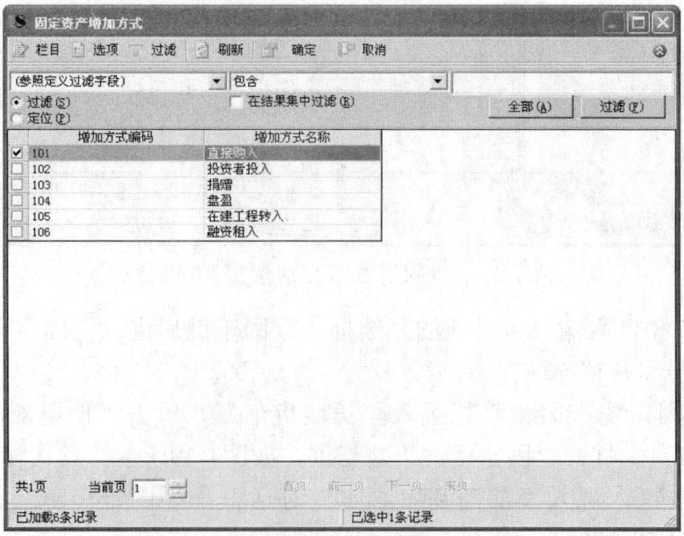

图7-41 “固定资产增加方式”对话框

（5）单击“使用状况”栏，再单击“使用状况”按钮，打开“使用状况参照”对话框，如图7-42所示。选择“在用”，单击“确定”按钮。

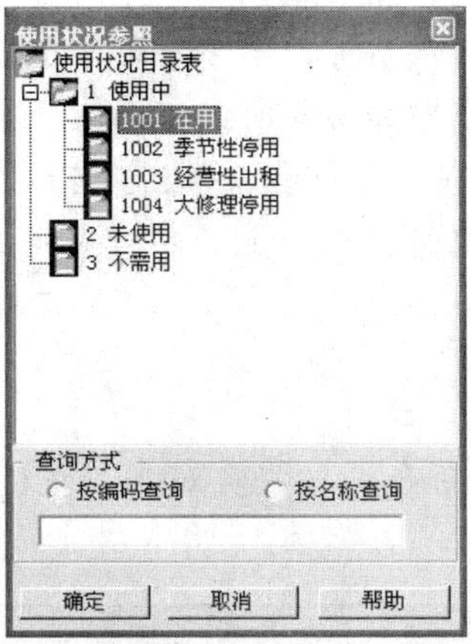

图7-42　“使用状况参照”对话框

（6）单击“使用年限（月）”栏，录入“72”。在“开始使用日期”栏录入“2016-08-01”，在“原值”栏录入“31 500”，在“累计折旧”栏录入“3 985”，其他相关信息系统自动计算，如图7-43所示。

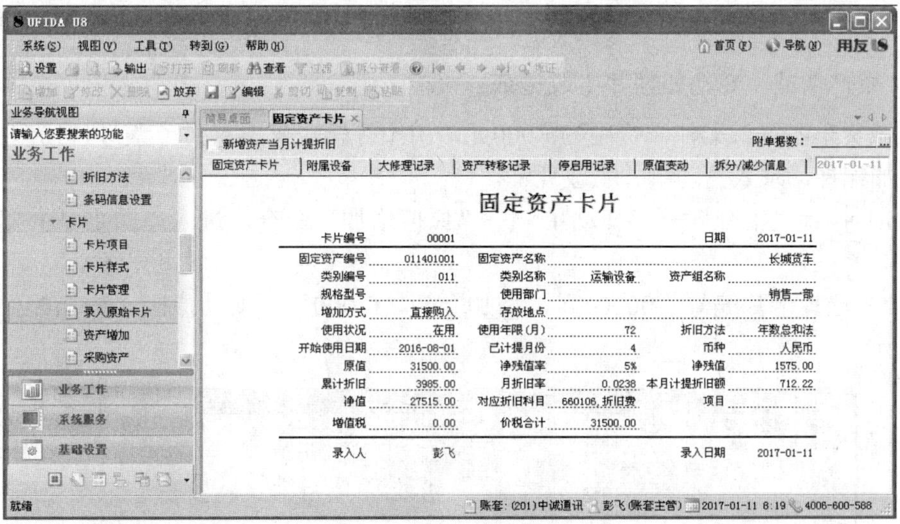

图7-43　录入原始卡片

（7）单击“保存”按钮，系统提示“数据成功保存！”，如图7-44所示。

图7-44　信息提示框

（8）单击“确定”按钮。以此方法继续录入其他的固定资产卡片。

提示：

- 在“固定资产卡片”界面中，除“固定资产卡片”选项卡外，还有若干的附属选项卡，附属选项卡上的信息只供参考，不参与计算也不回溯。
- 在执行原始卡片录入或资产增加功能时，可以为一个资产选择多个使用部门。
- 当资产为多部门使用时，原值、累计折旧等数据可以在多部门间按设置的比例分摊。
- 单个资产对应多个使用部门时，卡片上的“对应折旧科目”处不能输入，默认为选择使用部门时设置的折旧科目。

7．期初对账

执行“处理”→“对账”命令，与账务对账，验证期初余额录入的正确性，如图7-45所示。

图7-45　对账

8．资产增减、变动处理并生成凭证

长城货车添置新配件，费用为6 000元，用中行转账支票支付，票号17105。变动原因：增加配件，录入变动单并生成凭证。

（1）执行“卡片”→“变动单”→“原值增加”命令，进入“固定资产变动单”界面。

（2）选择卡片编号“00001”，增加金额“6 000”，变动原因“增加配件”，如图7-46所示。

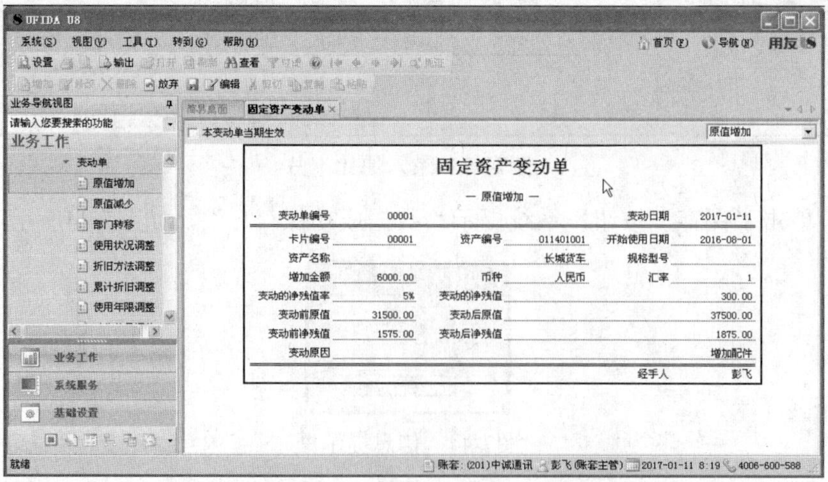

图7-46　固定资产变动单 - 原值增加

（3）单击“保存”按钮，进入“填制凭证”窗口。系统弹出“数据保存成功”信息提示框，如图7-47所示，单击“确定”按钮返回。

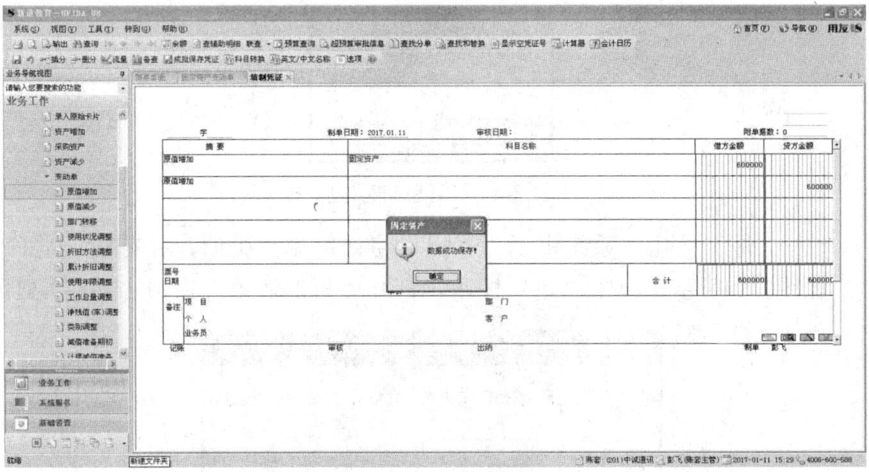

图7-47　数据保存成功

（4）选择凭证类别“付款凭证”，输入贷方科目“10020101”，系统弹出辅助项对话框，输入相关信息，如图7-48所示。

（5）单击“确定”按钮。单击“保存”按钮保存凭证。

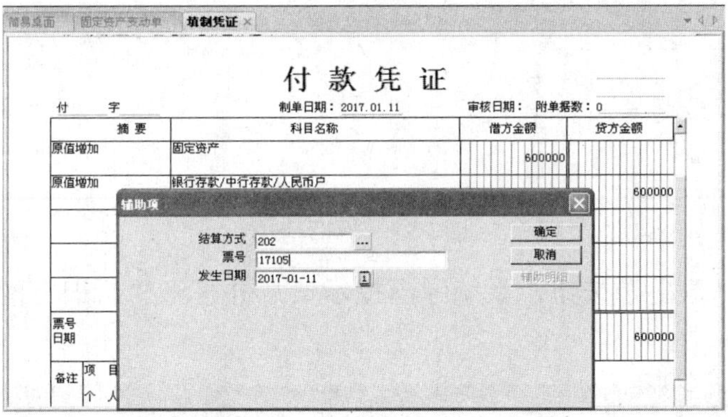

图7-48　原值增加生成凭证

提示：

- 资产变动主要包括原值变动、部门转移、使用状况变动、使用年限调整、折旧方法调整、净残值（率）调整、工作总量调整、累计折旧调整、资产类别调整等。系统对已做出变动的资产，要求输入相应的变动单来记录资产调整结果。
- 变动单不能修改，只有当月可删除重做，所以请仔细检查后再保存。
- 必须保证变动后的净值大于变动后的净残值。

9．折旧处理并生成凭证

计提本月固定资产折旧并生成凭证。

（1）执行“处理”→“计提本月折旧”命令，系统弹出“是否要查看折旧清单？”信息提示框，如图7-49所示。

图7-49　信息提示框1

（2）单击“是”按钮，系统提示“本操作将计提本月折旧，并花费一定时间，是否继续？”，如图7-50所示。单击“是”按钮，打开“折旧清单”窗口，如图7-51所示。

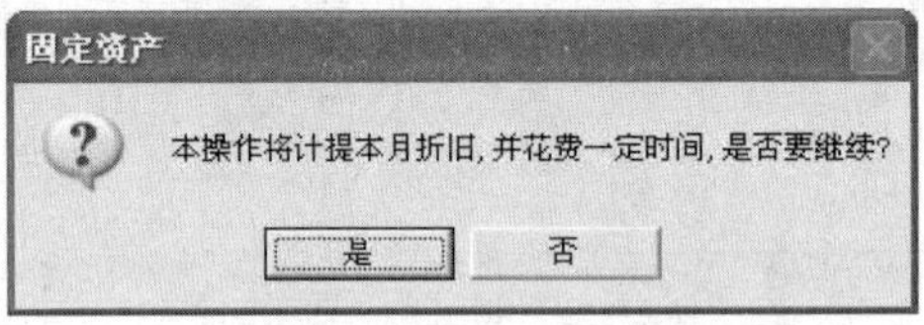

图7-50　信息提示框2

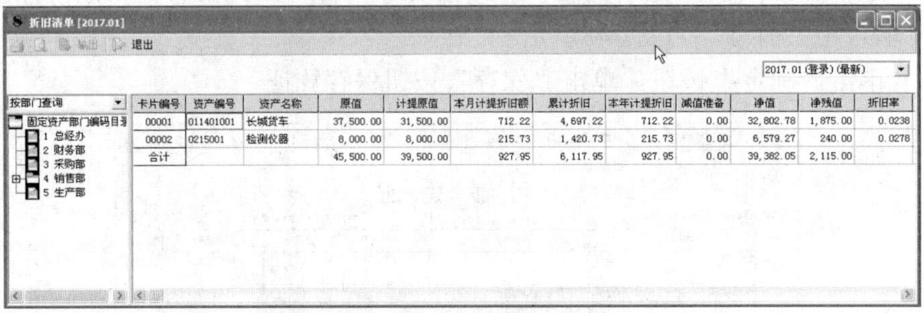

图7-51　折旧清单

（3）单击“退出”按钮，系统弹出提示信息并打开“折旧分配表”界面，如图7-52所示。

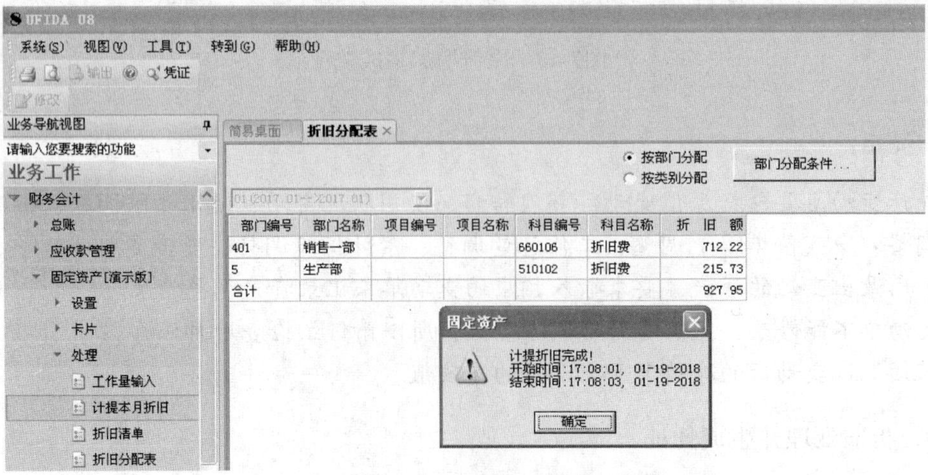

图7-52　折旧分配表

（4）单击“确定”按钮。单击“凭证”按钮，生成一张记账凭证。修改凭证类别为“转账凭证”。单击“保存”按钮，凭证左上角出现“已生成”字样，表示凭证已传递到总账，如图7-53所示。

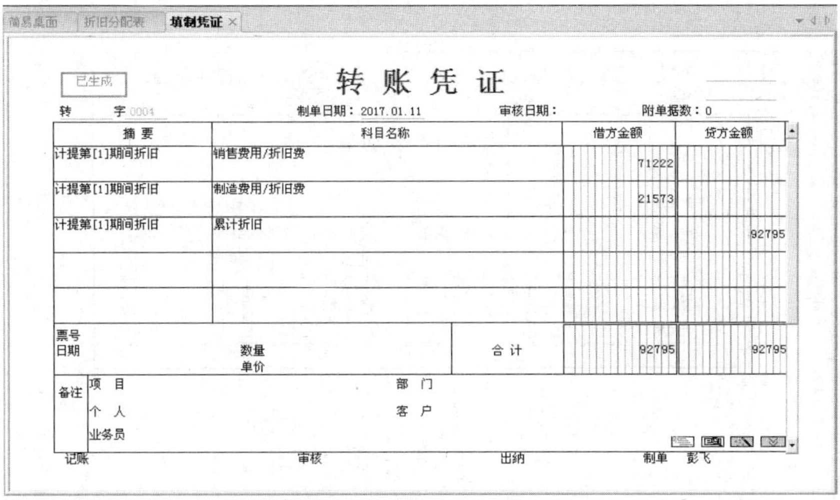

图7-53 计提折旧转账凭证生成

提示：

- 计提折旧功能对各项资产每期计提一次折旧，并自动生成折旧分配表，然后制作记账凭证，将本期的折旧费用自动登账。
- 部门转移和类别调整的资产当月计提的折旧将分配到变动后的部门和类别。
- 在一个期间内可以多次计提折旧，每次计提折旧后，只是将计提的折旧累加到月初的累计折旧上，不会重复累计。
- 若上次计提折旧已制单并已传递到总账系统，则必须删除该凭证才能重新计提折旧。
- 如果计提折旧后又对账套进行了影响折旧计算或分配的操作，必须重新计提折旧，否则系统不允许结账。
- 资产的使用部门和资产折旧要汇总的部门可能不同，为了加强资产管理，使用部门必须是明细部门，而折旧分配部门不一定分配到明细部门。不同的单位处理可能不同，因此要在计提折旧后、分配折旧费用时作出选择。

10．输出账套

将操作结果输出至“考生文件夹\X7_01”文件夹中。

7.5 拓展训练

1．资产转移

【示例】：业务需要丰田轿车从销售二部转移到总经办，变动原因：业务需要。

（1）执行“变动单”→“部门转移”命令，进入“固定资产变动单”界面。

（2）选择卡片编号“00001丰田轿车”，系统自动带出“变动前部门”为“销售二部”，选择“变动后部门”为“总经办”，输入变动原因“业务需要”，如图7-54所示。

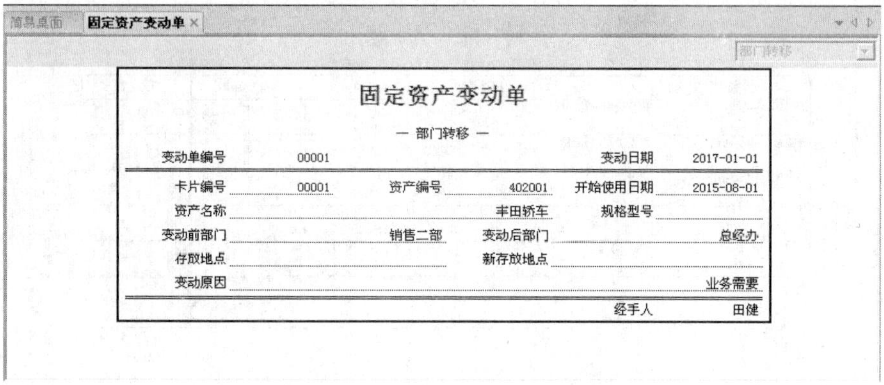

图7-54　变动单 - 部门转移

（3）单击“保存”按钮。

2．资产减少

【示例】：因操作不当，生产部的抗击测试仪损毁，进行固定资产减少处理。

（1）执行“卡片”→“资产减少”命令，打开“资产减少”界面。

（2）在“卡片编号”栏录入“00001”，或单击“卡片编号”栏对照按钮，选择“00001”。

（3）单击“增加”按钮，双击“减少方式”栏，再单击“减少方式”栏参照按钮，选择“毁损”，单击“确定”按钮，完成后如图7-55所示。

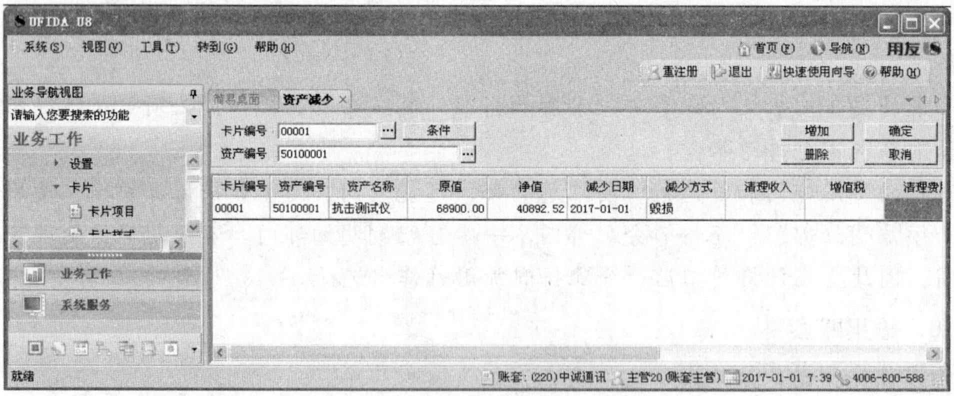

图7-55　固定资产减少处理

（4）单击“确定”按钮，系统提示“所选卡片已经减少成功”信息提示框，如图7-56所示。单击“确定”按钮，进入“填制凭证”窗口。

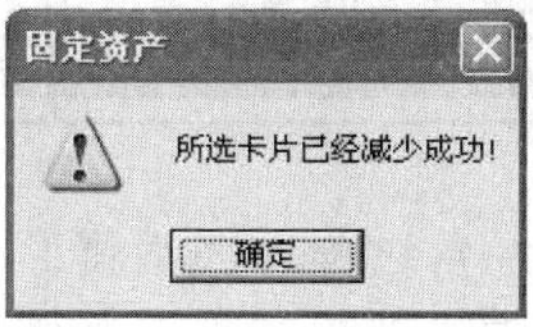

图7-56 信息提示框

（5）选择“转账凭证”，修改其他项目，单击“保存”按钮。

提示：

- 本账套需要进行计提折旧后，才能减少资产。
- 如果要减少的资产较多并且有共同点，则通过单击“条件”按钮，输入一些查询条件，将符合该条件的资产挑选出来进行批量减少操作。

第8章　应收款管理

应收账款是指企业在正常的经营过程中因销售商品、产品、提供劳务等业务，向购买单位应收取的款项。企业通常借助赊销来促进销售，增加销售收入，增强企业竞争力，同时又要规避由于应收账款的存在而给企业带来的资金周转困难、坏账损失等弊端。因此加强应收账款管理，是关系到企业能否持续经营发展的关键。

本章主要内容

- 理解应收款管理系统的功能
- 应收款管理初始设置
- 期初数据录入
- 收款单据处理
- 核销处理
- 转账处理

评分细则

本章分值为12分，设7个评分点，评分点、分值、得分条件及判分要求如下。

序号	评分点	分值	得分条件	判分要求
1	设置基本科目	1	正确设置基本科目	基本科目设置正确
2	结算方式科目设置	1	正确设置结算方式科目	结算方式科目设置正确
3	录入应收/应付期初余额	2	正确录入应收/应付期初余额	应收/应付单录入正确1分 销售/采购发票录入正确1分
4	与总账对账	1	对账正确	对账结果正确
5	收款/付款单据录入、审核制单	3	正确输入收款/付款单、审核并生成凭证	收款/付款单录入正确1分 审核生成凭证正确2分
6	核销处理	2	正确核销	核销正确
7	转账处理并生成凭证	2	正确进行转账处理并生成凭证	预收/预付冲应收/应付或应收/应付冲应收/应付正确1分 生成凭证正确1分

本章导读

综上所述，我们明确了本章所要求掌握的技能考核点以及对应《试题汇编》单元的评分点、分值、得分条件和判分要求等。本章结构及逻辑框架为：

- 样题示范：展示《试题汇编》中的一道真题。
- 基本认知：概括介绍本章考核内容对应的U8子系统的主要功能。
- 技能解析：详细讲解本章中涉及到技能考核点和相关知识点。
- 样题解答：给出真题的详细操作指导。
- 拓展训练：对样题示范中未涵盖的技能考核点进行拓展。

8.1　样题示范

【练习目的】

从《试题汇编》中选取样题，了解本章题目类型，掌握本章重点技能点。

【样题来源】

《试题汇编》第8单元8.1题（随书光盘中提供了本样题的操作视频）。

【操作要求】

以系统管理员admin的身份登录用友U8系统管理，引入C:\2016U8softGJ\Unit8文件夹下的账套文件Y8_01。

以2011账套主管的身份（密码为空）登录201账套，登录日期为“2017-01-11”。

1．设置基本科目

应收科目（本币）：1122应收账款。

预收科目（本币）：2203预收账款。

销售收入科目：6001主营业务收入。

税金科目：22210105 销项税额。

2．结算方式科目设置

转账支票；币种：人民币；科目：10020101。

3．录入应收期初余额

单据名称	方向	开票日期	客户名称	销售部门	科目编码	货物名称	数量	无税单价（元）	价税合计（元）
其他应收单	正	2016.10.27	慧童	销售一部	1122				32 760
销售专用发票	正	2016.11.11	苏华	销售二部	1122	云米手机	30	1 800	63 180

4．与总账对账

应收款期初余额与总账应收款科目余额对账。

5．收款单据录入、审核制单

收到苏华转账支票一张，金额80 000元，用于支付前欠货款63 180元，余款作为预收款。

（1）录入收款单据。

（2）审核收款单并生成凭证。

6．核销处理

将客户苏华收款与期初应收进行核销。

7．转账处理并生成凭证

经三方协商，将慧童养老院应收款20 000元转给苏华电商。

（1）应收冲应收。

（2）生成凭证。

8．输出账套

将操作结果输出至“考生文件夹\X8_01”文件夹中。

8.2 基本认知

8.2.1 应收款管理系统基本功能

应收款管理系统主要实现企业与客户之间业务往来账款的核算与管理。在应收款管理系统中，以销售发票、费用单、其他应收单等原始单据为依据，记录销售业务及其他业务所形成的往来款项，处理应收款项的收回、坏账及转账等情况，提供票据处理的功能，实现对应收款的管理。

1．初始化设置

系统初始化包括系统参数设置、基础信息设置和期初数据录入。

2．日常处理

日常处理是对应收款项业务的处理工作，主要包括应收单据处理、收款单处理、票据管理、转账处理和坏账处理等内容。

（1）应收单据处理：应收单据包括销售发票和其他应收单，是确认应收账款的主要依据。应收单据处理主要包括应收单据录入和应收单据审核。

（2）收款单据处理：收款单据主要指收款单。收款单据处理包括收款单据录入、收款单据审核。

（3）核销处理。单据核销的主要作用是解决收回客户款项核销该客户应收款的处理，建立收款与应收款的核销记录，监督应收款及时核销，加强往来款项的管理。

（4）票据管理：主要是对银行承兑汇票和商业承兑汇票进行管理。票据管理可以提供票据登记簿，记录票据的利息、贴现、背书、结算和转出等信息。

（5）转账处理：是在日常业务处理中经常发生的应收冲应付、应收冲应收、预收冲应收以及红票对冲的业务处理。

（6）坏账处理：是指计提应收坏账准备的处理、坏账发生后的处理、坏账收回后的处理等。其主要作用是自动计提应收款的坏账准备，当坏账发生时即可进行坏账核销，当被核销坏账又收回时，即可进行相应处理。

3．信息查询

用户在进行各种查询结果的基础上所进行的各项分析。一般查询包括：单据查询、凭证查询以及账款查询等。统计分析包括：欠款分析、账龄分析、综合分析以及收款预测分析等，便于用户及时发现问题，加强对往来款项动态的监督管理。

4．期末处理

期末处理指用户在月末进行的结算汇兑损益以及月末结账工作。如果企业有外币往来，在月末需要计算外币单据的汇兑损益并对其进行相应的处理。如果当月业务已全部处理完毕，就需要执行月末结账处理，只有月末结账后，才可以开始下月工作。月末处理主要包括进行汇兑损益结算和月末结账。

8.2.2 应收款管理系统的应用流程

应收款管理系统的业务处理流程如图8-1所示。

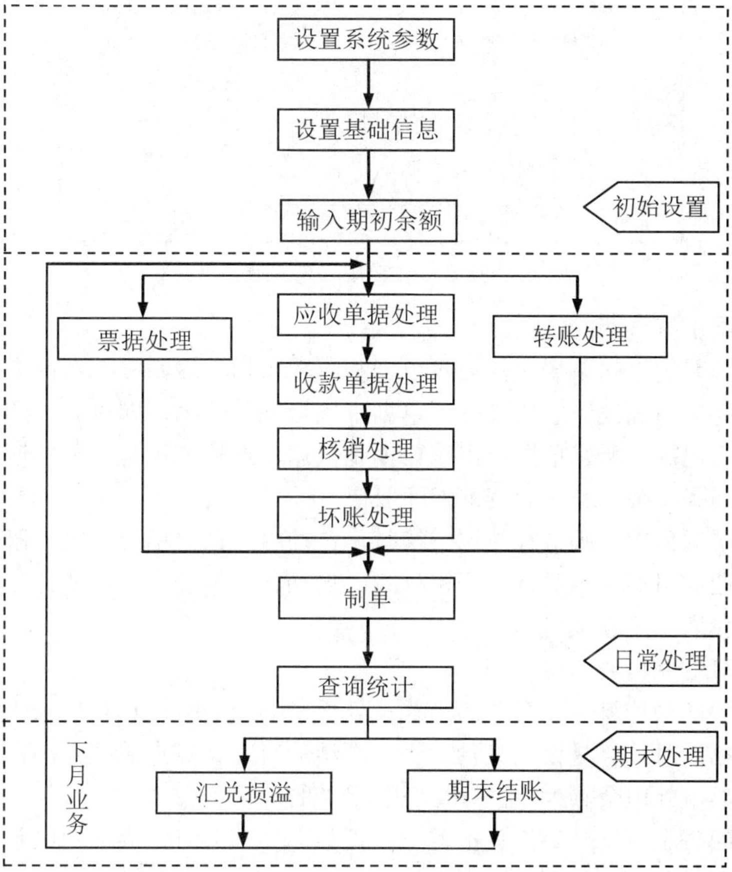

图8-1　应收款管理系统的业务处理流程

8.2.3 应收款管理系统初始化

应收款管理系统初始化的主要内容包括选项设置、基础信息设置和期初数据录入。

1．选项设置

通过对应收款管理系统提供的选项进行设置，以满足企业自身的核算和管控要求。需要企业做出选择的选项主要包括四类：常规、凭证、权限与预警、核销设置。下面介绍一部分常用选项。

（1）常规选项，如图8-2所示

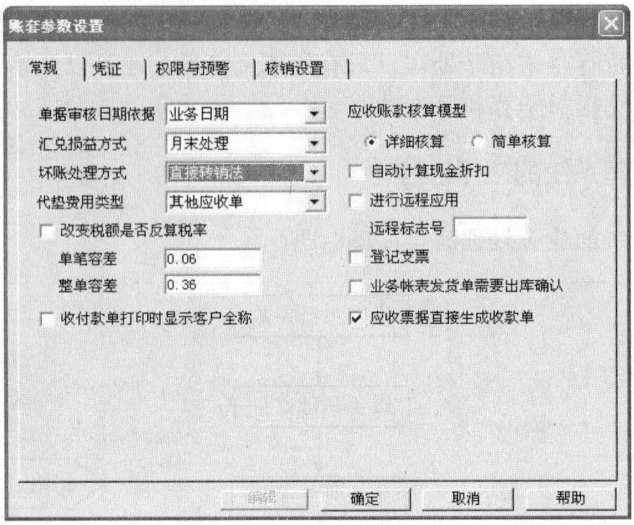

图8-2　“常规”选项卡

①选择单据审核日期的依据

应收款管理系统中的单据包括应收单据和收款单据，这两种单据都需要经过审核才能生成业务凭证。系统提供了两种确认单据审核日期的依据，即单据日期和业务日期。因为单据审核后记账，所以单据的审核日期是依据单据日期还是业务日期，将决定业务总账、业务明细账、余额表等的查询期间取值。

如果选择单据日期，则进行单据审核时，自动将单据日期记为该单据的审核日期。

如果选择业务日期，则进行单据审核时，自动将单据的审核日期记为当前业务日期（业务日期一般为系统登录日期）。

②选择计算汇兑损益的方式

系统提供了两种计算汇兑损益的方式：外币余额结清时计算和月末计算。

外币余额结清时计算是仅当某种外币余额结清时才计算汇兑损益，在计算汇兑损益时，界面中仅显示外币余额为0且本币余额不为0的外币单据。

月末计算即每个月末计算汇兑损益，在计算汇兑损益时，界面中显示所有外币余额不为0或者本币余额不为0 的外币单据。

③选择坏账处理方式

系统提供两种坏账处理的方式：备抵法和直接转销法。

备抵法又分为应收余额百分比法、销售收入百分比法和账龄分析法三种。选择了备抵法，还需要在初始设置中录入坏账准备期初和计提比例。

如果选择了直接转销法，当坏账发生时，直接在坏账发生处将应收账款转为费用即可。

④选择核算代垫费用的单据类型

如果企业同时启用了销售管理系统，那么从销售管理系统传递过来的代垫费用单在应收系统中体现为其他应收单。用户也可以在单据类型设置中自行定义单据类型，然后在此选择用何种单据类型接收代垫费用单。

⑤选择是否自动计算现金折扣

企业为了鼓励客户在信用期间内提前付款通常采用现金折扣政策。选择自动计算现金折扣，需要在发票或应收单中输入付款条件，在进行核销处理时系统根据付款条件自动计算该发票或应收单可享受折扣，原币余额=原币金额-本次结算金额-本次折扣。

（2）凭证选项，如图8-3所示

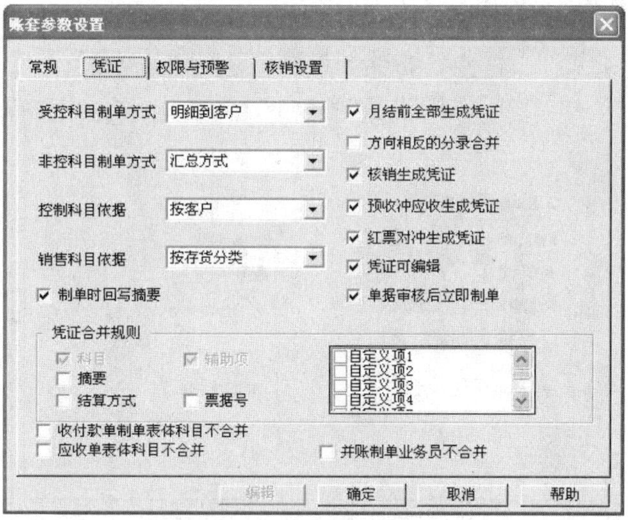

图8-3　“凭证”选项卡

①选择受控科目的制单方式

在设置会计科目时，如果指定了“应收账款”“预收账款”和“应收票据”为“客户往来”辅助核算，那么系统自动将这些科目设置为受控“应收系统”。这些科目即为应收系统的受控科目，只能在应收款系统中使用。

受控科目的制单方式有两种选择：明细到客户或明细到单据。

● 明细到客户：如果同一客户多笔业务的控制科目相同，系统将自动将其合并成一条分录。在总账中按照客户来查询其详细信息。

● 明细到单据：将一个客户的多笔业务合并生成一张凭证时，系统会将每一笔业务形成一条分录。这种方式的目的是在总账系统中能够查看到每个客户的每笔业务的详细情况。

②选择非控科目的制单方式

非控科目有三种制单方式：明细到客户、明细到单据和汇总方式。

明细到客户、明细到单据意义同上。如果选择汇总方式，就是将多个客户的多笔业务合并生成一张凭证时，如果核算该多笔业务的非控制科目相同、且其所带辅助核算项目也相同，则系统将自动将其合并成一条分录。这种方式的目的是精简总账中的数据，在总账系统中只能查看到该科目的一个总的发生额。

③选择控制科目依据

设置控制科目依据是指根据什么来确定应收账款和预收账款入账时的明细科目。

系统提供了6种设置控制科目的依据。即按客户分类、按客户、按地区、按销售类型、按存货分类和按存货。

④选择销售科目依据

设置销售科目依据是指根据什么来确定销售收入入账时的明细科目。

系统提供了5种设置存货销售科目的依据，即按存货分类、按存货、按客户、按客户分类和按销售类型设置存货销售科目。

（3）权限与预警，图8-4所示

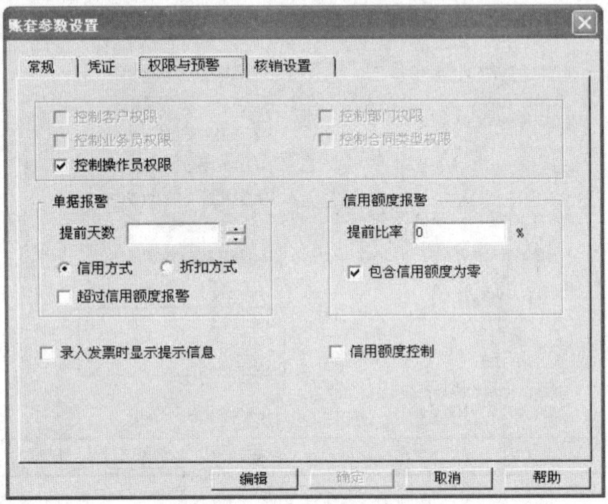

图8-4　“权限与预警”选项卡

①启用客户权限

选择启用客户权限，则在所有的处理、查询中均需要根据登录用户的客户数据权限进行限制。

②选择录入发票显示提示信息

如果选择了显示提示信息，则在录入发票时，系统会显示该客户的信用额度余额，以及最后的交易情况。这样可能会降低录入的速度，反之可选择不提示任何信息。

③选择单据报警

可以选择按信用方式报警还是按折扣方式报警。

如果选择了按信用方式报警，那么还需要设置报警的提前天数。系统会将单据到期日-提前天数≤当前登录日期的已审核单据显示出来，以提醒哪些款项应该回款了。

如果选择了按折扣方式报警，那么也需要设置报警的提前天数。系统会将单据最大折扣日期-提前天数≤当前登录日期的已审核单据显示出来，以提醒及时通知客户哪些业务再不付款就不能享受现金折扣待遇。

如果选择了超过信用额度报警，则满足上述设置的单据报警条件的同时，还需满足该客户已超过其设置的信用额度这个条件才可报警。

④选择信用额度控制

选择信用控制，则在应收款管理系统中保存录入的发票和应收单时，当票面金额+应收借方余额-应收贷方余额>信用额度时，系统会提示本张单据不予保存处理。

（4）核销设置，如图8-5所示

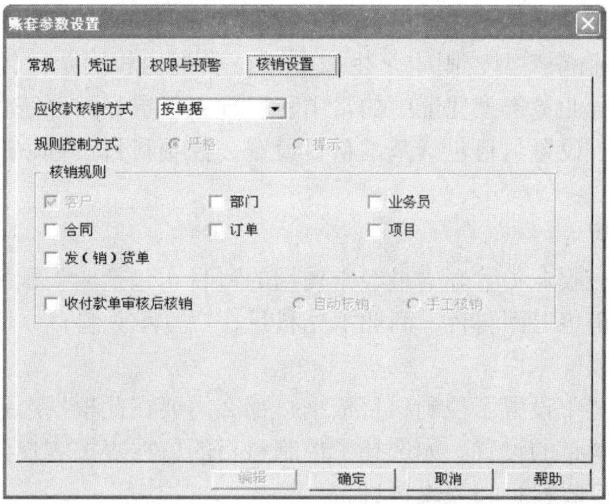

图8-5　“核销设置”选项卡

①选择应收款的核销方式

收到客户货款后，可以选择与客户应收款进行核销。

系统提供了2种应收款的核销方式：按单据和按产品。

- 按单据核销：系统将满足条件的未结算单据全部列出，系统根据用户选择的单据进行核销。
- 按产品核销：系统将满足条件的未结算单据按存货列出，系统根据用户所选择的存货进行核销。

②收付款单审核后核销

该选项默认为不选择，表示收付款单审核后不进行立即核销操作。选中该选项，系统默认收付款单审核后自动核销。

2．基础信息设置

启用应收款管理系统后，增加了对业务环节的控制和管理，需要增补业务中需要使用的基础信息，如付款条件、本单位开户银行等。另外根据企业实际管理需要，还可以对业务单据的格式进行设计。

3．初始设置

初始设置的作用是建立应收款管理的业务处理规则，如应收款系统自动凭证科目的设置、单据类型的设置、账龄区间的设置等，如图8-6所示。

图8-6　“初始设置”界面

（1）设置科目

如果企业应收业务类型较固定，生成的凭证类型也较固定，为了简化凭证生成操作，可以在此处将各业务类型凭证中的常用科目预先设置好。系统将依据制单规则在生成凭证时自动带入。设置科目包括基本科目设置、控制科目设置、产品科目设置和结算方式科目设置。

①基本科目设置

基本科目是在应收业务管理中最经常使用的科目。包括应收账款、预收账款、销售收入、税金科目、销售退回科目、商业承兑科目、银行承兑科目、坏账入账科目等。

②控制科目设置

如果在选项设置中设置了控制科目依据，那么需要在此根据选择的控制科目依据进行应收科目和预收科目的设置。如选择了控制科目的依据“按客户分类”，则需要按客户分类设置不同的应收科目和预收科目。

如果不做设置，则系统默认控制科目即为基本科目中设置的应收科目和预收科目。

③产品科目设置

如果在选项设置中设置了销售科目依据，那么需要在此根据选择的销售科目依据进行销售收入科目、应交增值税科目、销售退回科目和税率的设置。如选择了控制科目的依据“按客户分类”，则需要按客户分类设置不同的销售收入科目、应交增值税科目、销售退回科目。

如果不做设置，则系统默认产品科目即为基本科目中设置的销售收入科目、应交增值税科目和销售退回科目。

④结算方式科目设置

可以为前期定义的每一种结算方式设置一个科目，以便在进行收款结算时，通过收款单据上选择的结算方式生成对应的入账科目。

（2）坏账准备设置

企业应于期末针对不包含应收票据的应收款项计提坏账准备，其基本方法是销售收入百分比法、应收余额百分比法、账龄分析法等。可以在此设置计提坏账准备的方法和计提的有关参数。

坏账准备设置是设置坏账准备提取比率、坏账准备期初余额、坏账准备科目以及对方科目。

（3）账龄区间设置

为了对应收账款进行账龄分析，评估客户信誉，并按一定的比例估计坏账损失，应首先在此设置账龄区间。

U8应收款账龄设置分为两部分：账期内账龄区间设置、逾期账龄区间设置。

（4）报警级别设置

通过对报警级别的设置，将客户按照客户欠款余额与其授信额度的比例分为不同的类型，以便于掌握每个客户的信用情况。

（5）单据类型设置

单据类型设置是将企业的往来业务与单据类型建立对应关系，达到快速处理业务以及进行分类汇总、查询、分析的效果。

系统提供了发票和应收单两大类型的单据。

如果同时使用销售管理系统，则发票的类型包括增值税专用发票、普通发票、销售调拨单和销售日报。如果单独使用应收款管理系统，则发票的类型不包括后两种。发票的类型不能修改和删除。

应收单记录销售业务之外的应收款情况。在本功能中，只能增加应收单，应收单可划分为不同的类型，以区分应收货款之外的其他应收款。例如，应收代垫费用款、应收利息款、应收罚款、其他应收款等。应收单的对应科目由用户自己定义。

4．期初数据录入

初次使用应收款管理系统时，需要将未处理完的单据录入系统，以保证数据的连续性和完整性。需要输入的期初数据包括未结算完的发票和应收单、预收款单据、未结算完的应收票据以及未结算完毕的合同金额。

8.2.4 应收款管理系统日常业务处理

初始化工作虽然工作量比较大，但属于一次性任务。而日常业务处理是每个月需要重复使用的功能。

1．应收单据处理

应收单据处理是应收款子系统处理的起点，在应收单据处理中可以输入销售业务中的各类发票以及销售业务之外的应收单据。应收单据处理的基本操作流程是：单据输入→单据审核→单据制单。

（1）单据输入

单据输入是对未收款项的单据进行输入，输入时先用代码输入客户名称，与客户相关的内容将由系统自动显示。然后进行货物名称、数量和金额等内容的输入。

在进行单据输入之前，首先应确定单据名称、单据类型以及方向，然后根据业务内容输入有关信息。

（2）单据审核

单据审核是在单据保存后对单据正确性进一步审核确认。单据输入后必须经过审核才能参与结算。审核人和制单人可以是同一个人。单据被审核后，在单据处理功能中将不再显示，但可以通过单据查询功能查看此单据的详细资料。

（3）单据制单

单据制单可在单据审核后由系统自动编制凭证，也可以集中处理。在应收款子系统中生成的凭证将由系统自动传送到总账子系统中，并由有关人员进行审核和记账等账务处理工作。

2．收款单据处理

收款单处理是对已收到款项的单据进行输入，并进一步核销的过程。在单据结算功能中，输入收款单、付款单，并对发票及应收单进行核销，形成预收款并核销预收款，处理代付款。

应收款子系统的收款单是指用来记录企业所收到的客户款项，款项性质包括应收款、预收款、其他费用等。其中应收款、预收款性质的收款单将与发票、应收单、付款单进行核销处理。

应收款子系统的付款单是指用来记录发生销售退货时，企业开具的退付给客户的款项。该付款单可与应收、预收性质的收款单、红字应收单、红字发票进行核销处理。

（1）输入结算单据

输入结算单据是对已交来应收款项的单据进行输入，由系统自动进行结算。在根据已收到应收款项的单据进行输入时，首先必须先输入客户的名称。在进行相应操作时，系统会自动显示相关客户的信息。其次必须输入结算科目、金额和相关部门、业务员名称等内容。

单据输入完毕后，由系统自动生成相关内容。如果输入是新的结算方式，则应先在“结算方式”中增加新的结算方式。如果要输入另一客户的收款单，则需重新选择客户的名称。

（2）单据核销

单据核销是对往来已达账做删除处理的过程，表示本笔业务已经结清，即确定收款单与原始发票之间的对应关系后，进行机内自动冲销的过程。单据核销的作用是解决收回客商款项核销该客商应收款的处理，建立收款与应收款的核销记录，监督应收款及时核销，加强往来款项的管理。明确核销关系后，可以进行精确的账龄分析，更好地管理应收账款。

如果结算金额与上期余额相等，则销账后余额为零，如果结算金额比上期余额小，则其余额为销账后的余额。单据核销可以由计算机自动进行核销，也可以由手工进行核销。

由于计算机处理采用建立往来辅助账进行往来业务的管理，为了避免辅助账过于庞大而影响计算机运行速度，对于已核销的业务应进行删除。删除工作通常在年底结账时进行。

当会计人员准备核销往来账时，应在确认往来账已达账后，才能进行核销处理，删除已达账。为了防止操作不当误删记录，会计信息系统软件中一般都会设计有放弃核销或核销前做两清标记功能。如有的财务软件中设置有往来账两清功能，即在已达账项上打上已结清标记，待核实后才执行核销功能，经删除后的数据不能恢复；有的财务软件则设置了放弃核销功能，一旦发现操作失误，可通过此功能把被删除掉的数据恢复。

3．票据管理

可以在票据管理中对银行承兑汇票和商业承兑汇票进行管理，包括：记录票据详细信息，记录票据处理情况。如果要进行票据登记簿管理，必须将应收票据科目设置成为带有客户往来辅助核算的科目。

当用户收到银行承兑汇票或商业承兑汇票时，应将该汇票在应收款子系统的票据管理中录入。系统会自动根据票据生成一张收款单，用户可以对收款单进行查询，并可以与应收单据进行核销勾对，冲减客户应收账款。在票据管理中，用户还可以对该票据进行计息、贴现、转出、结算、背书等处理。

4．转账处理

转账处理，是在日常业务处理中经常发生的应收冲应付、应收冲应收、预收冲应收以及红票对冲的业务处理。

（1）应收冲应付

应收冲应付是指用某客户的应收账款冲抵某供应商的应付款项。系统通过应收冲应付功能将应收款业务在客户和供应商之间进行转账，实现应收业务的调整，解决应收债权与应付债务的冲抵。

（2）应收冲应收

应收冲应收是指将一家客户的应收款转到另一家客户中。通过应收冲应收功能可将应收款业务在客商之间进行转入、转出，实现应收业务的调整，解决应收款业务在不同客商之间入错户或合并户问题。

（3）预收冲应收

预收冲应收是指处理客户的预收款和该客户应收欠款的转账核销业务，即某一个客户有预收款时，可用该客户的一笔预收款冲其一笔应收款。

（4）红票对冲

红票对冲可实现某客户的红字应收单与其蓝字应收单、收款单与付款单中间进行冲抵。例如：当发生退票时，用红字发票对冲蓝字发票。红票对冲通常可以分为系统自动冲销和手工冲销两种处理方式。自动冲销可同时对多个客户依据红票对冲规则进行红票对冲，提高红票对冲的效率。手工冲销对一个客户进行红票对冲，可自行选择红票对冲的单据，提高红票对冲的灵活性。

5．坏账处理

所谓“坏账”是指购货方因某种原因不能付款，造成货款不能收回的信用风险。坏账处理就是对“坏账”采取的措施，主要包括：计提坏账准备、坏账发生、坏账收回生成输出催款单等。

（1）计提坏账准备

计提坏账准备的方法主要有销售收入百分比法、应收账款余额百分比法和账龄分析法。

①销售收入百分比法

由系统自动算出当年销售收入总额，并根据计提比率计算出本次计提金额。

初次计提时，如果没有预先的设置，则应先进行初始设置。设置的内容包括：提取比率、坏账准备期初余额。销售总额的默认值为本会计年度发票总额，企业可以根据实际情况进行修改，但计提比率不能在此修改，只能在初始设置中修改。

②应收账款余额百分比法

由系统自动算出当年应收账款余额，并根据计提比率计算出本次计提金额。

初次计提时，如果没有预先的设置，应先进行初始设置。设置的内容包括：提取比率及坏账准备期初余额。应收账款的余额默认值为本会计年度最后一天的所有未结算完的发票和应收单据余额之和减去预收款数额的差值。有外币账户时，用其本位币余额。企业可以根据实际情况对默认值进行修改。计提比率在此不能修改，只能在初始设置中修改计提比率。

③账龄分析法

账龄分析法是根据应收账款入账时间的长短来估计坏账损失的方法。它是企业加强应收账款回收与管理的重要方法之一。一般说来，账款拖欠的时间越长，发生坏账的可能性就越大。

系统自动算出各区间应收账款余额，并根据计提比率计算出本次计提金额。

初次计提时，如果没有预先的设置，应先进行初始设置。各区间余额由系统自动生成（由本会计年度最后一天的所有未结算完的发票和应收单据余额之和减去预收款数额的差值），企业也可以根据实际情况对其进行修改。但计提比率在此不能修改，只能在初始设置中修改计提比率。

（2）坏账发生

发生坏账损失业务时，一般需输入以下内容：客户名称、日期（指发生坏账日期，该日期应大于已经记账的日期，小于当前业务日期）、业务员（指业务员编号或业务员名称）以及部门（指部门编号或部门名称，如果不输入部门，表示选择所有的部门）等。

（3）坏账收回

处理坏账收回业务时，一般需输入以下内容：客户名称、收回坏账日期（如果不输入日期，系统默认为当前业务日期。输入的日期应大于已经记账日期，小于当前业务日期）、收回的金额、业务员编号或名称、部门编号或名称、选择所需要的币种、结算单号（系统将调出该客户所有未经过处理的并且金额等于收回金额的收款单，可选择该次收回业务所形成的收款单）。

（4）生成输出催款单

催款单是对客户或对本单位职工的欠款催还的管理方式。催款单用于设置有辅助核算的应收账款和其他应收款的科目中。

根据不同的行业催款单预制的格式不同，其内容主要包括两个部分：系统预置的文字性的叙述和由系统自动取数生成的应收账款或其他应收款对账单。通常可以对其内容进行修改编辑，在修改完毕退出时，系统会自动保存本月所做的最后一次修改。

催款单打印输出时，可以打印所有客户的应收账款或所有职员的其他应收款（备用金）情况，也可以有选择地打印某一个客户或某一位职员的催款单。催款单中还可以按条件显示所有的账款和未核销的账款金额。

6．制单处理

使用制单功能进行批处理制单，可以快速、成批地生成凭证。制单类型包括应收单据制单、结算单制单、坏账制单、转账制单、汇兑损益制单等。企业可根据实际情况选取需要制单的类型。

7．信息查询

应收款系统的一般查询主要包括：单据查询、凭证查询以及账款查询等。用户在进行各种查询结果的基础上可以进行各项统计分析。统计分析包括：欠款分析、账龄分析、综合分析以及收款预测分析等。通过统计分析，可以按用户定义的账龄区间，进行一定期间内应收账款账龄分析、收款账龄分析、往来账龄分析、了解各个客户应收款的周转天数和周转率，了解各个账龄区间内应收款、收款及往来情况，及时发现问题，加强对往来款项的动态管理。

（1）单据查询

单据的查询包括发票、应收单、结算单和凭证的查询。可以查询已经审核的各类型应收单据的收款、结余情况；也可以查询结算单的使用情况；还可以查询本系统所生成的凭证，并且对其修改、删除、冲销等。

（2）业务账表查询

业务账表查询可以进行业务总账、业务明细账、业务余额表和对账单的查询，并可以实现总账、明细账、单据之间的联查。

通过业务账表查询可以查看客户、客户分类、地区分类、部门、业务员、客户总公司、主管业务员、主管部门在一定期间所发生的应收、收款以及余额情况。

（3）业务账表分析

业务账表分析是应收款管理的一项重要功能，对于资金往来比较频繁、业务量大、金额也比较大的企业，业务账表分析功能更能满足企业的需要。业务账表分析功能主要包括：应收账款的账龄分析、收款账龄分析、欠款分析、收款预测等。

8．期末处理

企业在期末主要应完成计算汇兑损益和月末结账两项业务处理工作。

（1）汇兑损益

如果客户往来有外币核算，且在应收款子系统中核算客户往来款项，则在月末需要计算外币单据的汇兑损益并进行相应的处理。在计算汇兑损益之前，应首先在系统初始设置中选择汇兑损益的处理方法。通常系统会提供两种汇兑损益的处理方法：月末计算汇兑损益和单据结清时计算汇兑损益。

（2）月末结账

如果确认本月的各项业务处理已经结束，可以选择执行月末结账功能。结账后本月不能再进行单据、票据、转账等任何业务的增加、删除、修改等处理。另外，如果上个月没有结账，则本月不能结账，同时一次只能选择一个月进行结账。

如果用户觉得某月的月末结账有错误，可以取消月末结账。但取消结账操作只有在该月账务子系统未结账时才能进行。如果启用了销售子系统，销售子系统结账后，应收款子系统才能结账。

结账时还应注意本月的单据（发票和应收单）在结账前应该全部审核；若本月的结算单还有未核销的，不能结账。如果结账期间是本年度最后一个期间，则本年度进行的所有核销、坏账、转账等处理必须制单，否则不能向下一个年度结转，而且对于本年度外币余额为零的单据必须将本币余额结转为零，即必须执行汇兑损益。

8.3 技能解析

8.3.1 设置基本科目

设置基本科目时，需要提供基础科目种类、科目及币种三项信息。

- 基础科目种类：从下拉列表中选择。下拉列表中提供了核算应收款项经常用到的科目。
- 科目：设置的科目必须是最明细科目。
- 币种：本位币为人民币。

8.3.2 结算方式科目设置

设置结算方式科目时，需要提供结算方式、币种、本单位账号及科目信息。

- 结算方式：可以输入结算方式编号，也可以输入结算方式名称，还可以通过参照输入。
- 币种：可以输入币种名称，也可以通过下拉框选择输入。
- 本单位账号：可以输入本单位账号，也可以通过参照输入。
- 科目：可以输入科目编号，也可以输入科目名称，还可以通过参照输入。

8.3.3 录入应收期初余额

在应收款管理系统中，期初余额按单据形式录入。应收货款通过发票录入、预收账款通过收款单录入、其他应收通过其他应收单录入，以便在日常业务中对这些单据进行后续的核销、转账处理。

8.3.4 与总账对账

期初余额录入后，可以与总账中客户往来账进行核对，检查明细与科目账是否相等。

对账时，是根据受控科目进行一一对账。

8.3.5 收款单据录入、审核制单

1．录入收款单据

收款单据录入，是将已收到的客户款项（包括客户支付的销售定金）或退回客户的款项，录入到应收款管理系统。录入包括收款单与付款单（即红字收款单）的录入。

应收系统的收款单用来记录企业收到的款项，当收到一笔款项时，应该知道该款项是客户结算的货款、或是支付的销售定金、或是提前支付的货款、或是支付其他费用，还是手续费、利息。系统用款项类型来区别不同的用途，在录入收款单时，需要指定其款项用途。如果对于同一张收款单，如果包含不同用途的款项，应该在表体记录中分行显示。

在一张收款单中，款项类型分为应收款、预收款、其他费用、手续费、利息、现款结算、销售定金。若选择表体记录的款项类型为应收款，则该款项性质为冲销应收款；若选择表体记录的款项类型为预收款，则该款项用途为形成预收款；若选择表体记录的款项类型为其他费用，则该款项用途为其他费用；若选择表体记录的款项类型为手续费、利息，则该款项用途为手续费、利息；若选择表体记录的款项类型为现款结算，则该款项用途为现款结算的收款；若选择表体记录的款项类型为销售定金，则该款项用途为收取客户的销售定金。

2．审核制单

如果选择了“业务发生后立即制单”选项，那么审核收款单据时，系统会提示是否立即制单，如果选择“是”，系统将自动生成一张收款凭证。借记银行存款等相关科目，按照收款单表体中的款项类型贷记应收账款、预收账款等相关科目。有时，可能您收到一个单位的一笔款项，但该款项包括为另外一个单位付的款。这时您有两种处理方式：

- 将付款单位直接记录为另外一个单位。金额为代付金额，即是正常的收款单。
- 将付款单位仍然记录为该单位，但通过在表体输入代付客户的功能处理代付款业务。这种方式的好处是既可以保留该笔付款业务的原始信息，又可以处理同时代多个单位付款的情况。具体的操作步骤如下所述。

①首先进入收款单据录入界面，输入此张收款单，表头客户输入付款单位信息，表头金额为总金额。

②在表体中，输入此张收款单中张代付客户的名称及代付金额。

③单击“核销”按钮，输入过滤条件，即可对付款单位进行核销，也可过滤代付单位，进行核销。

8.3.6 核销处理

对于不同用途的款项，系统提供的后续业务处理不同。对于冲销应收账款，以及形成预收款的款项，需要进行核销，即将收款单与其对应的销售发票或应收单进行核销勾对，进行冲销客户债务的处理。及时核销有助于精确管理应收账龄，进行账龄分析。

核销时，存在三种情况：

- 收款单的数额等于应收单据的核销数额，收款单与应收单据完全核销。
- 收款单的数额大于应收单据的数额，全部核销完应收单据后，余额部分可再次核销。
- 收款单的数额小于应收单据的数额，应收单据仅得到部分核销。

8.3.7 转账处理并生成凭证

转账处理包括应收冲应付、应收冲应收、预收冲应收以及红票对冲四种类型。

转账处理时注意正确输入转出方和转入方及转账金额。

8.4 样题示范

已经以系统管理员身份引入账套Y8_01，并以2011账套主管的身份（密码为空）登录201账套，登录日期为“2017-01-11”。

1．设置基本科目

（1）执行“设置”→“初始设置”命令，进入“初始设置”窗口。

（2）选择“基本科目设置”，单击“增加”按钮，双击“基本科目种类”出现下拉列表，选择“应收科目”，科目一览选择“1122”。按题目要求设置其他基本科目，如图8-7所示。

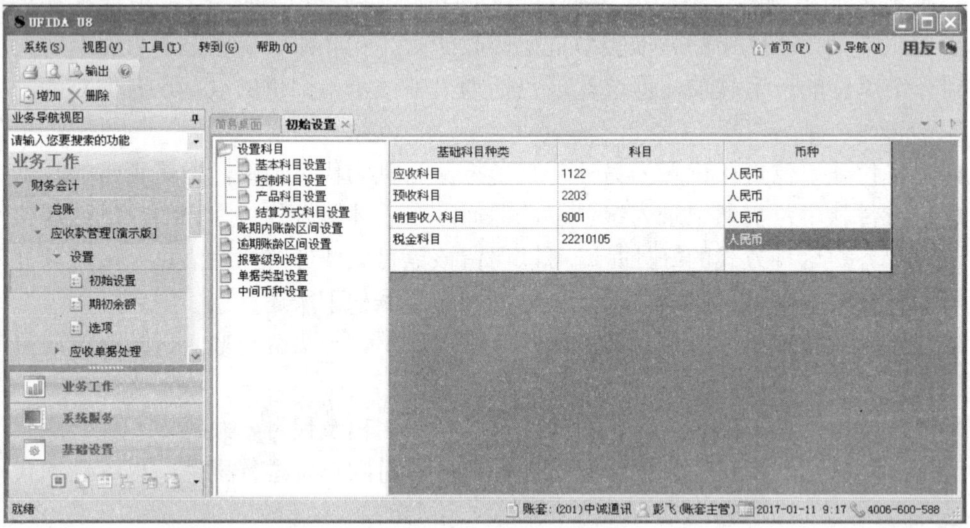

图8-7　基本科目设置

提示：

- 在基本科目设置中设置的应收科目“1122应收账款”、预收科目“2203 预收账款”应在总账系统中设置其辅助核算内容为“客户往来”，并且其受控系统为“应收系统”，否则在此不能被选中。
- 只有在此设置了基本科目，在生成凭证时才能直接生成凭证中的会计科目，否则凭证中将没有会计科目，相应的会计科目只能手工再录入。
- 如果应收科目、预收科目按不同的客户或客户分类分别进行设置，则可在“控制科目设置”中进行设置，在此可以不设置。
- 如果针对不同的存货分别设置销售收入核算科目，则在此不用设置，可以在“产品科目设置”中进行设置。

2．结算方式科目设置

选择“结算方式科目设置”，在右边的界面中选择结算方式“202转账支票”、币种“人民币”、科目“10020101”，如图8-8所示。

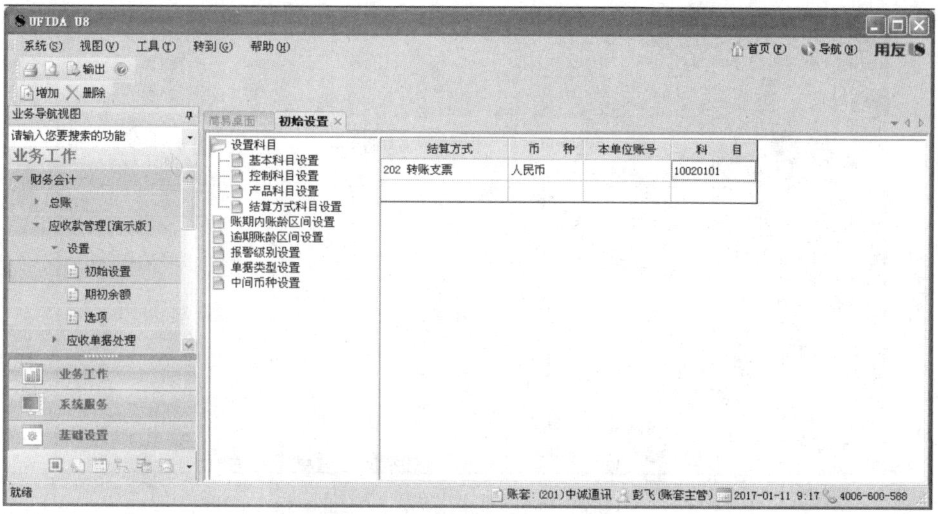

图8-8　结算方式科目设置

提示：结算方式科目设置是针对已经设置的结算方式来设置相应的结算科目，即在收款或付款时只要告诉系统结算时使用的结算方式，就可以由系统自动生成该种结算方式所使用的会计科目。

3．录入应收期初余额

单据名称	方向	开票日期	客户名称	销售部门	科目编码	货物名称	数量	无税单价（元）	价税合计（元）
其他应收单	正	2016.10.27	慧童	销售一部	1122				32 760
销售专用发票	正	2016.11.11	苏华	销售二部	1122	云米手机	30	1 800	63 180

（1）录入其他应收单

①在应收款管理系统中，执行“设置”→“期初余额”命令，打开“期初余额--查询”对话框，如图8-9所示。单击“确定”按钮，进入“期初余额”界面，如图8-10所示。

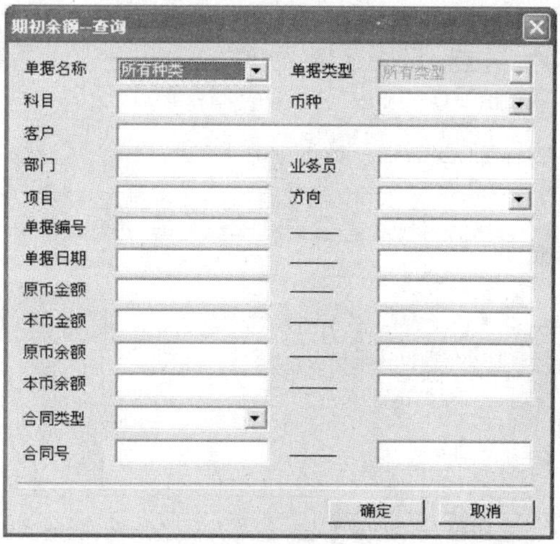

图8-9　“期初余额--查询”对话框

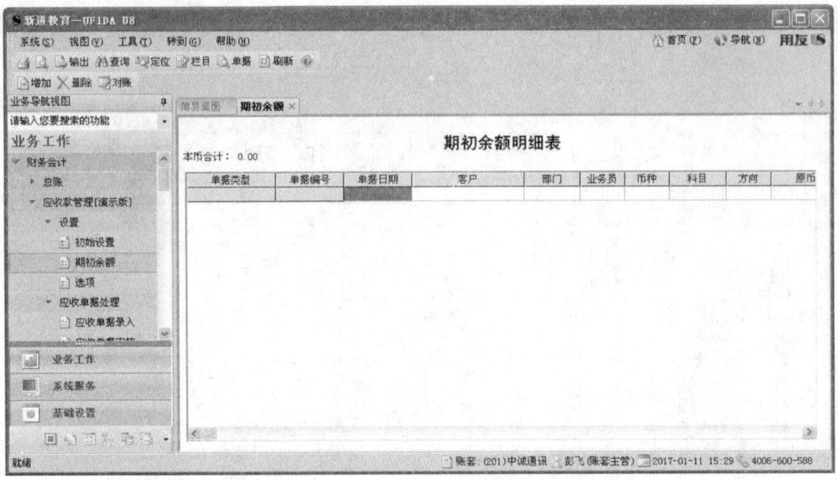

图8-10　“期初余额”界面

②单击“增加”按钮，打开“单据类别”对话框，如图8-11所示。选择单据名称“应收单”、单据类型“其他应收单”，单击“确定”按钮，进入“应收单”界面。

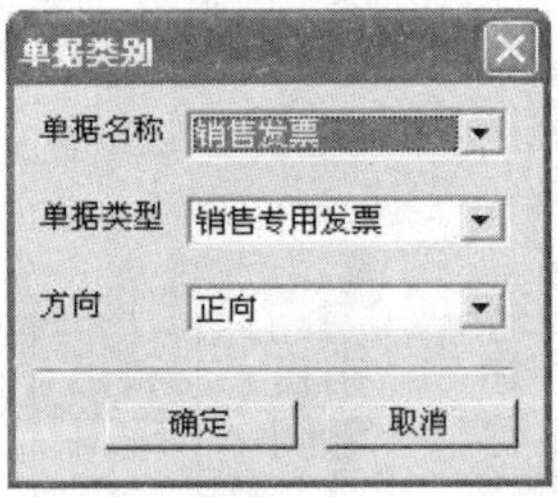

图8-11　“单据类别”对话框

③单击“增加”按钮，输入其他应收单信息，如图8-12所示。

④单击“保存”按钮。

⑤关闭“应收单”界面。

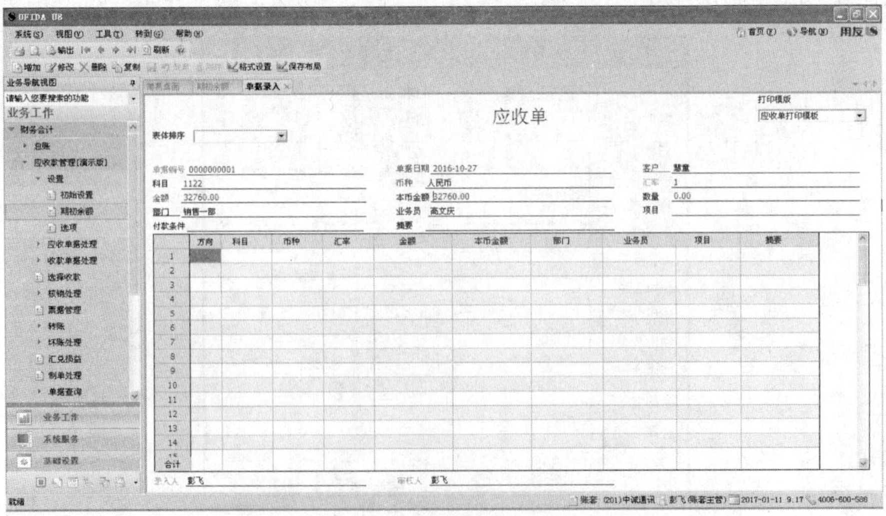

图8-12　录入期初应收单

提示：

- 在录入应收单时只需录入表格上半部分的内容，表格下半部分的内容由系统自动生成。
- 应收单中的会计科目必须录入正确，否则将无法与总账进行对账。

（2）输入销售专用发票

①在“期初余额”界面中，单击“增加”按钮，打开“单据类别”对话框。

②选择单据名称“销售发票”、单据类型“销售专用发票”。单击“确定”按钮，进入“销售专用发票”界面。

③单击“增加”按钮，输入发票开票日期“2016-11-11”、客户名称“苏华”，其他信息自动带出。

④选择货物名称“2001云米手机”，输入数量“30”、无税单价“1 800”，金额自动算出，单击“保存”按钮，如图8-13所示。

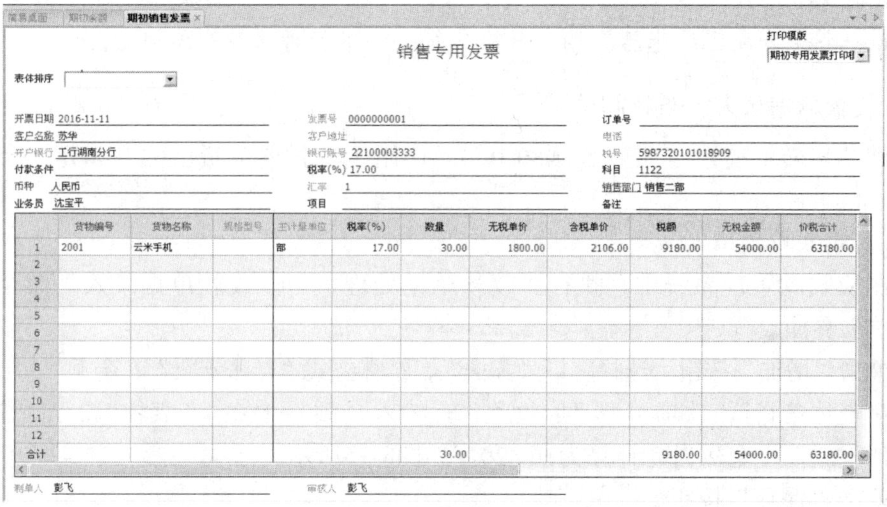

图8-13　录入期初销售发票

提示：

- 在初次使用应收款系统时，应将启用应收款系统时未处理完的所有客户的应收账款、预收账款、应收票据等数据录入到本系统。当进入第二年度时，系统自动将上年度未处理完的单据转为下一年度的期初余额。在下一年度的第一会计期间里，可以进行期初余额的调整。
- 如果退出了录入期初余额的单据，在“期初余额”界面中并没有看到新录入的期初余额，应单击“刷新”按钮，就可以列示出所有的期初余额的内容。

4．与总账对账

（1）在“期初余额”界面中，单击“对账”按钮，进入“期初对账”界面，如图8-14所示。

（2）查看应收系统与总账系统的期初余额是否平衡。

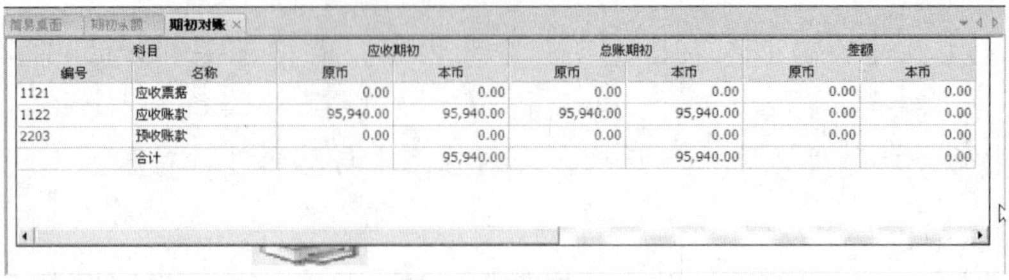

科目		应收期初		总账期初		差额	
编号	名称	原币	本币	原币	本币	原币	本币
1121	应收票据	0.00	0.00	0.00	0.00	0.00	0.00
1122	应收账款	95,940.00	95,940.00	95,940.00	95,940.00	0.00	0.00
2203	预收账款	0.00	0.00	0.00	0.00	0.00	0.00
	合计		95,940.00		95,940.00		0.00

图8-14 期初对账

提示：

- 当完成全部应收款期初余额录入后，应通过“对账”功能将应收系统期初余额与总账系统期初余额进行核对。
- 应收系统与总账系统的期初余额的差额应为零，即两个系统的客户往来科目的期初余额应完全一致。
- 当第一个会计期已结账后，期初余额只能查询不能再修改。

5．收款单据录入、审核制单

收到苏华转账支票一张，金额80 000元，用于支付前欠货款63 180元，余款作为预收款。

（1）录入收款单

①在应收款管理系统中，执行“收款单据处理”→“收款单据录入”命令，进入“收款单”界面。

②单击“增加”按钮。选择客户“苏华”、结算方式“转账支票”、金额“80 000”。

③在表体第1行，款项类型“应收款”，输入金额63 180；在表体第2行，选择款项类型“预收款”，金额自动计算为16 820，如图8-15所示。

④单击“保存”按钮。

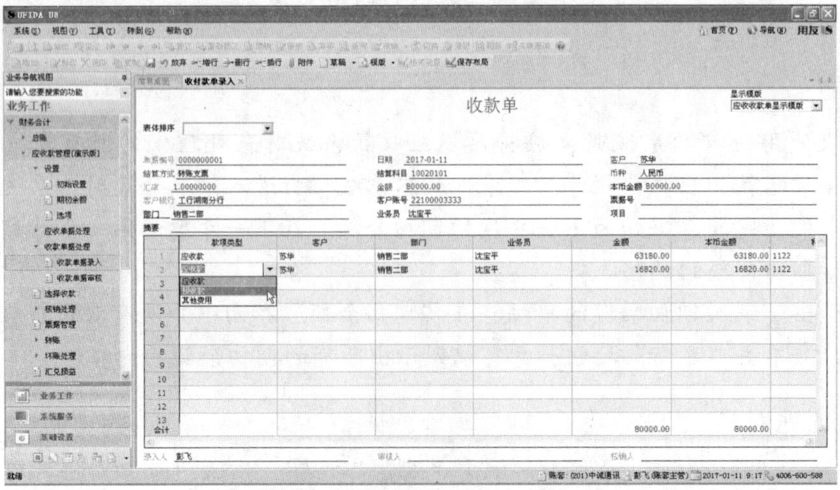

图8-15 收款单

（2）审核制单

①在收款单界面，单击“审核”按钮，系统弹出“是否立即制单”信息提示框，如图8-16所示。

②单击“是”按钮，进入“填制凭证”界面。选择相应的科目名称，然后单击“保存”按钮，如图8-17所示。

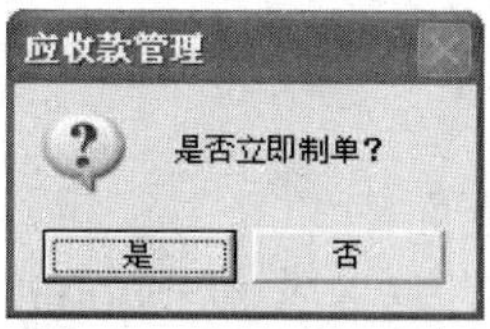

图8-16　信息提示框

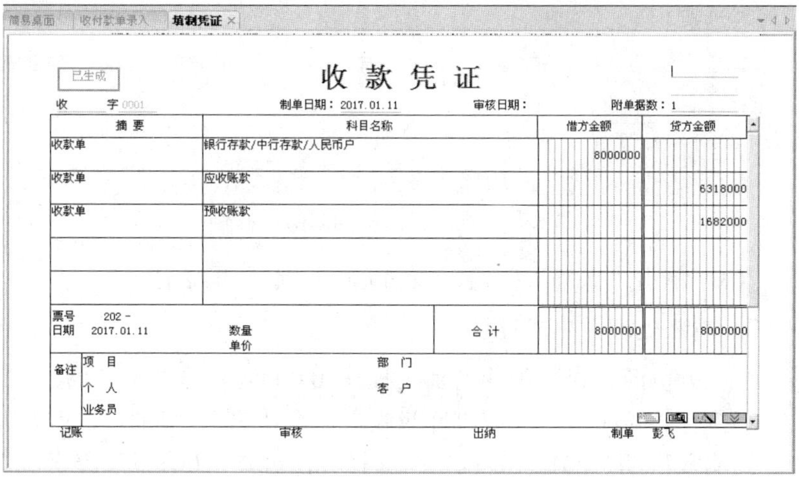

图8-17　收款单审核生成凭证

③关闭“填制凭证”界面。

6．核销处理

将客户苏华收款与期初应收进行核销。

（1）在“收付款单录入”界面中，单击“核销”按钮，打开“核销条件”对话框，如图8-18所示。单击“确定”按钮，进入“单据核销”界面。

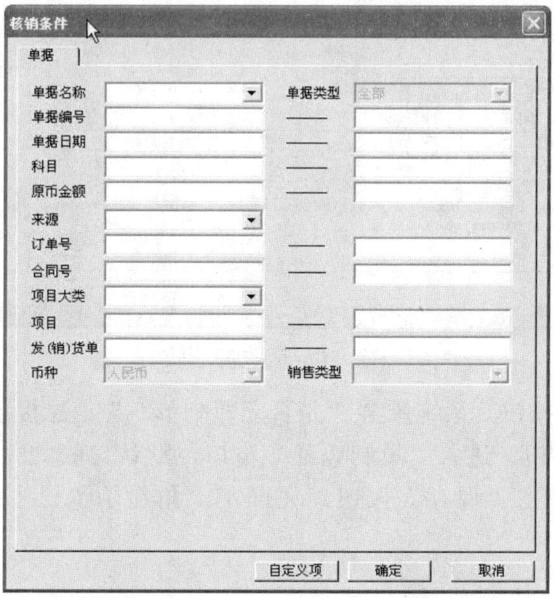

图8-18　“核销条件”对话框

（2）在界面下方记录的本次结算栏输入本次结算金额“63 180”，如图8-19所示。

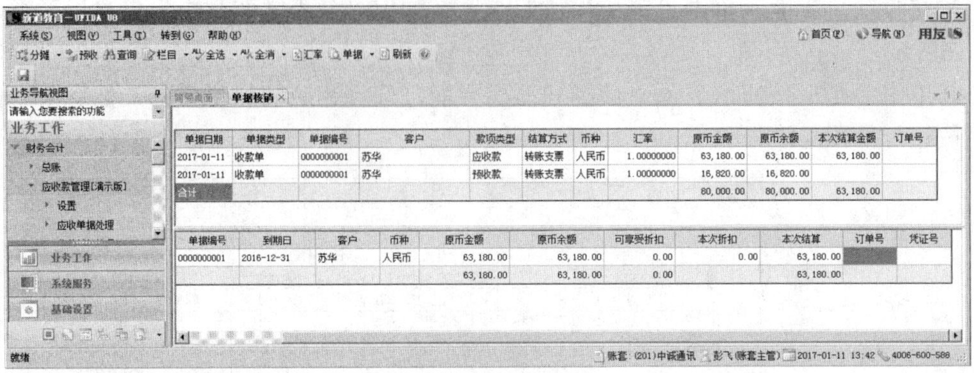

图8-19　核销

（3）单击“保存”按钮，核销完的记录不再显示。

7．转账处理并生成凭证

经三方协商，将慧童养老院应收款20 000元转给苏华电商。

①执行“转账”→“应收冲应收”命令，进入“应收冲应收”界面。

②输入日期“2017-01-11”；选择转出客户“001慧童养老院”，转入客户“002苏华电商股份有限公司”。

③单击“查询”按钮。系统列出转出户“慧童养老院”未核销的应收款。

④在2016-10-27销售专用发票的并账金额处输入“20 000”，如图8-20所示。

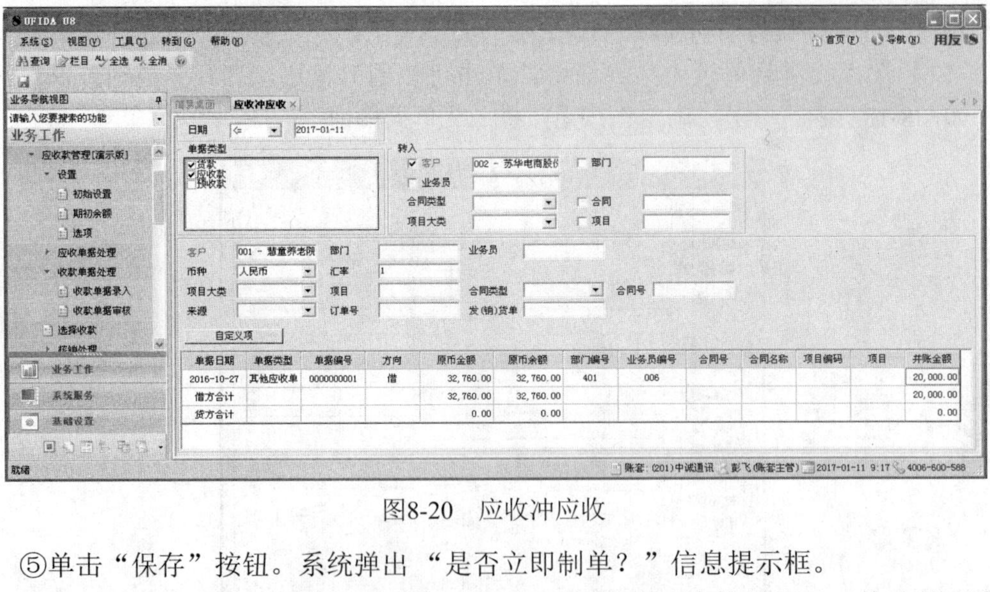

图8-20　应收冲应收

⑤单击“保存”按钮。系统弹出“是否立即制单？”信息提示框。

⑥单击“是”按钮，进入“填制凭证”窗口，默认“收款凭证”。修改凭证类别为“转账凭证”，单击“保存”按钮，凭证左上角显示“已生成”字样，如图8-21所示。

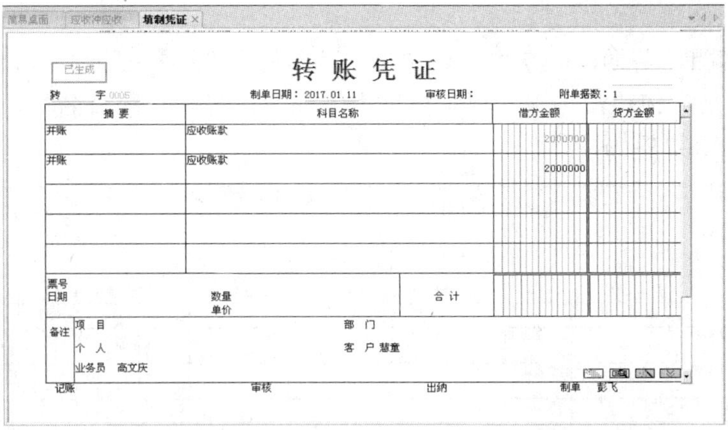

图8-21　应收冲应收生成凭证

8．输出账套

将操作结果输出至“考生文件夹\X8_01”文件夹中。

8.5　拓展训练

1．预收款

【示例】：2017年1月11日，收到慧童养老院转账支票一张，金额10 000元预收货款。

（1）录入收款单

①在应收款管理系统中，执行“收款单据处理”→“收款单据录入”命令，进入“收款单”界面。

②单击“增加”按钮。选择客户“001慧童养老院”、结算方式“转账支票”、金额“10 000”。

③在表体第1行，选择款项类型“预收款”，金额自动显示为10 000。

④单击“保存”按钮，如图8-22所示。

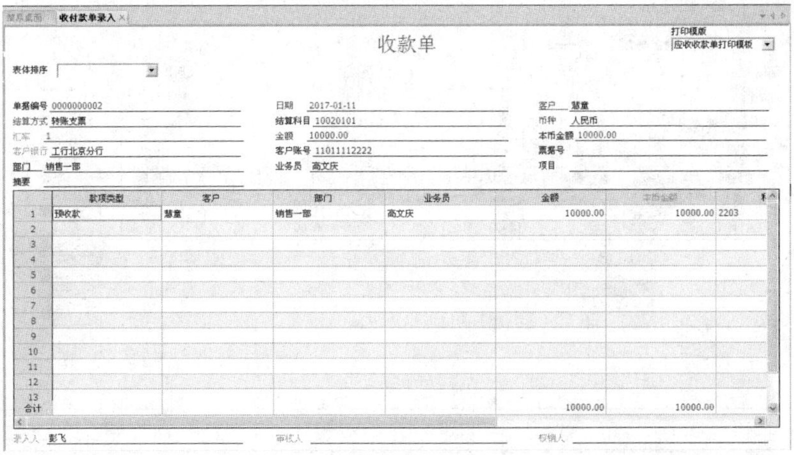

图8-22　预收货款

（2）审核制单

①在“收款单”界面，单击“审核”按钮，系统弹出“是否立即制单？”信息提示框。

②单击“是”按钮，进入“填制凭证”界面。选择相应科目名称，然后单击“保存”按钮，如图8-23所示。

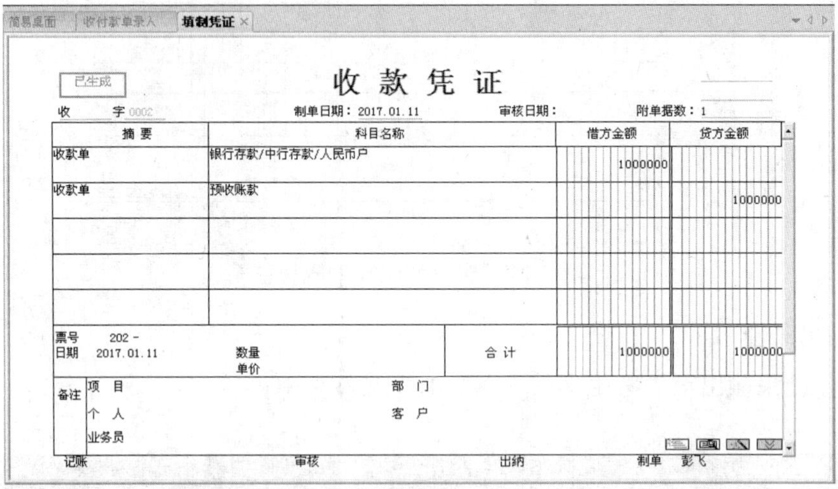

图8-23　预收款生成凭证

2．预收冲应收

【示例】：经双方协商，将慧童养老院期初应收余款用上例中的预收款冲销。

（1）执行“转账”→“预收冲应收”命令，进入“预收冲应收”对话框。对话框中包括两个选项卡“预收款”和“应收款”。

（2）输入日期“2017-01-11”；单击“预收款”选项卡，选择客户“001慧童养老院”。单击“过滤”按钮，系统列出客户预收款记录。

（3）在2017-01-11收款单的并账金额处输入“10 000”，如图8-24所示。

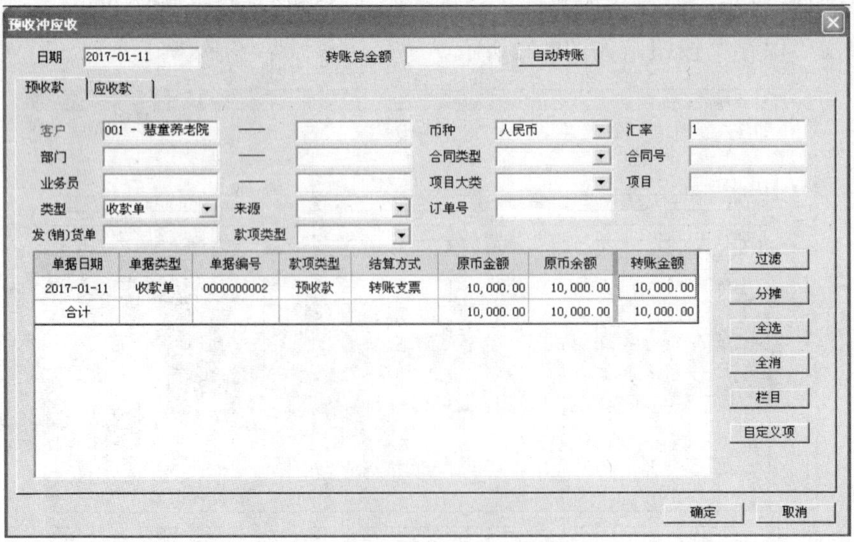

图8-24　预收冲应收 - 选择预收款

（4）单击“应收款”选项卡，在转账金额栏输入“10 000”，如图8-25所示。

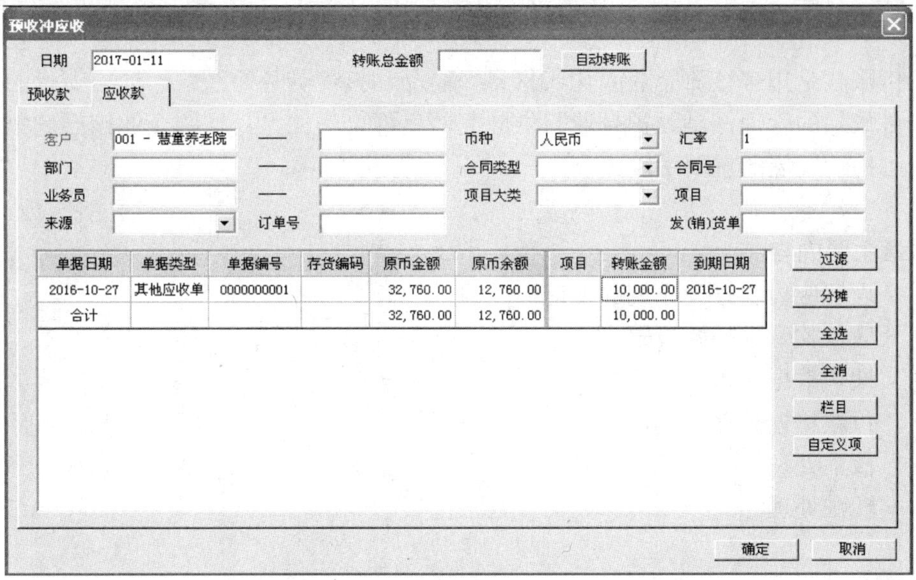

图8-25　预收冲应收 - 选择应收款

提示：“预收款”选项卡中录入的转账金额与“应收款”选项卡中录入的转账金额必须完全一致。

（5）单击“确定”按钮。系统弹出“是否立即制单？”信息提示框。

（6）单击“是”按钮，进入“填制凭证”界面，默认“收款凭证”。修改凭证类别为“转账凭证”，单击“保存”按钮，凭证左上角显示“已生成”字样，如图8-26所示。

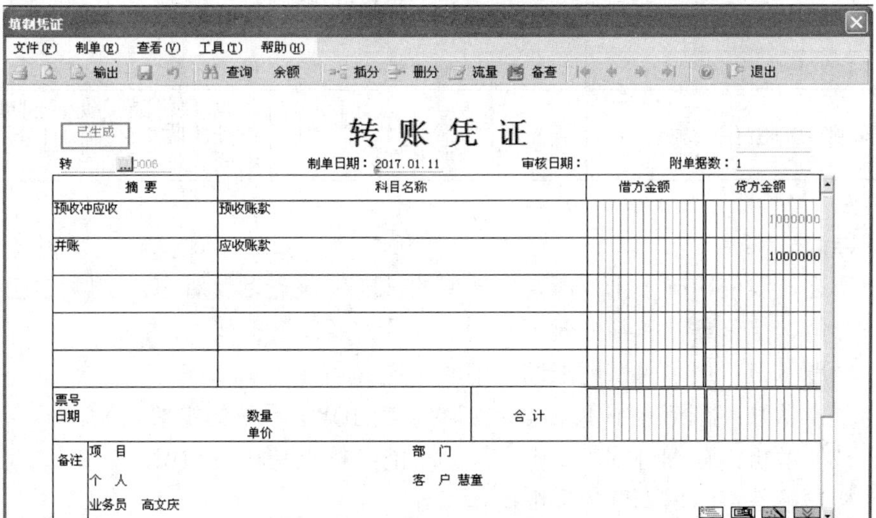

图8-26　预收冲应收生成凭证

第9章　应付款管理

应付账款是用来核算企业因购买材料、商品和接受劳务等经营活动应支付的款项。加强应付账款的管理，是维护企业与供应商的良好合作关系，增强企业核心竞争力、保证企业可持续发展的重要手段。

本章主要内容

- 理解应付款管理系统的功能
- 应付款管理初始设置
- 期初数据录入
- 付款单据处理
- 核销处理
- 转账处理

评分细则

本章分值为12分，设7个评分点，评分点、分值、得分条件及判分要求如下。

序号	评分点	分值	得分条件	判分要求
1	设置基本科目	1	正确设置基本科目	基本科目设置正确
2	结算方式科目设置	1	正确设置结算方式科目	结算方式科目设置正确
3	录入应收/应付期初余额	2	正确录入应收/应付期初余额	应收/应付单录入正确1分 销售/采购发票录入正确1分
4	与总账对账	1	对账正确	对账结果正确
5	收款/付款单据录入、审核制单	3	正确输入收款/付款单、审核并生成凭证	收款/付款单录入正确1分 审核生成凭证正确2分
6	核销处理	2	正确核销	核销正确
7	转账处理并生成凭证	2	正确进行转账处理并生成凭证	预收/预付冲应收/应付或应收/应付冲应收/应付正确1分 生成凭证正确1分

本章导读

综上所述，我们明确了本章所要求掌握的技能考核点以及对应《试题汇编》单元的评分点、分值、得分条件和判分要求等。本章结构及逻辑框架为：

- 样题示范：展示《试题汇编》中的一道真题。
- 基本认知：概括介绍本章考核内容对应的U8子系统的主要功能。
- 技能解析：详细讲解本章中涉及到技能考核点和相关知识点。
- 样题解答：给出真题的详细操作指导。
- 拓展训练：对样题示范中未涵盖的技能考核点进行拓展。

9.1 样题示范

【练习目的】

从《试题汇编》中选取样题，了解本章题目类型，掌握本章重点技能点。

【样题来源】

《试题汇编》第8单元8.2题。

【操作要求】

以系统管理员admin的身份登录用友U8系统管理，引入C:\2016U8softGJ\Unit8文件夹下的账套文件Y8_02。

以2021账套主管的身份（密码为1）登录202账套，登录日期为“2017-01-01”。

1．设置基本科目

应付科目（本币）：2202应付账款。

预付科目（本币）：1123预付账款。

采购科目：1401材料采购。

税金科目：22210101 进项税额。

2．结算方式科目设置

电汇；币种：人民币；科目：10020101。

3．录入应付期初余额

单据名称	方向	开票日期	供应商	部门	科目编码	金额（元）
其他应付单	正	2016.10.10	美安	采购部	2202	16 380

4．与总账对账

应付款期初余额与总账应付款科目余额对账。

5．付款单据录入、审核制单

以电汇方式向美安支付10 000元，用于支付前欠货款16 380元中的部分货款。

（1）录入付款单据。

（2）审核付款并生成公证。

6．核销处理

将供应商美安的付款与部分期初应付款进行核销。

7．转账处理并生成凭证

经三方协商，将美安电子应付款6380元转给新锐科技。

（1）应付冲应付。

（2）生成凭证。

8．输出账套

将操作结果输出至“考生文件夹\X8_02”文件夹中。

9.2 基本认知

9.2.1 应付款管理系统基本功能

应付款管理系统主要实现企业与供应商之间业务往来账款的核算与管理。在应付款管理系统中，以采购发票、其他应付单等原始单据为依据，记录采购业务及其他业务所形成的往来款项，处理应付款项的支付及转账处理等情况，提供票据处理的功能，实现对应付款的管理。

1．初始化设置

系统初始化包括系统参数设置、基础信息设置和期初数据录入。

2．日常处理

日常处理是对应付款项业务的处理工作，主要包括应付单据处理、付款单据处理、票据管理和转账处理等内容。

（1）应付单据处理：应付单据包括采购发票和其他应付单，是确认应付账款的主要依据。应付单据处理主要包括应付单据录入和应付单据审核。

（2）付款单据处理：付款单据主要指付款单。付款单据处理包括付款单据录入和付款单据审核。

（3）核销处理。单据核销的主要作用是解决向供应商支付的款项核销该供应商应付款的处理，建立付款与应付款的核销记录，监督应付款及时核销，加强往来款项的管理。

（4）票据管理：主要是对银行承兑汇票和商业承兑汇票进行管理。票据管理可以提供票据登记簿，记录票据的利息、贴现、背书、结算和转出等信息。

（5）转账处理：是在日常业务处理中经常发生的应付冲应收、应付冲应付、预付冲应付以及红票对冲的业务处理。

3．信息查询

用户在进行各种查询结果的基础上所进行的各项分析。一般查询包括：单据查询、凭证查询以及账款查询等。统计分析包括：欠款分析、账龄分析、综合分析以及付款预测分析等，便于用户及时发现问题，加强对往来款项动态的监督管理。

4．期末处理

期末处理指用户在月末进行的结算汇兑损益以及月末结账工作。如果企业有外币往来，在月末需要计算外币单据的汇兑损益并对其进行相应的处理。如果当月业务已全部处理完毕，就需要执行月末结账处理，只有月末结账后，才可以开始下月工作。月末处理主要包括进行汇兑损益结算和月末结账。

9.2.2 应付款管理系统的应用流程

应付款管理系统的业务处理流程如图9-1所示。

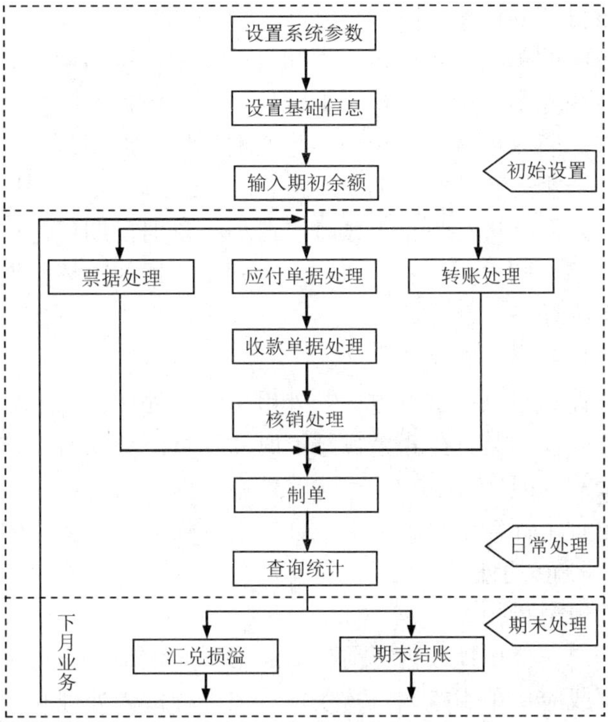

图9-1　应付款管理系统的业务处理流程

9.2.3 应付款管理系统初始化

应付款管理系统初始化的主要内容包括选项设置、基础信息设置和期初数据录入。

1．选项设置

通过对应付款管理系统提供的选项进行设置，以满足企业自身的核算和管控要求。需要企业做出选择的选项主要包括：常规、凭证、权限与预警、核销设置等。下面介绍一部分常用选项。

（1）常规选项，如图9-2所示

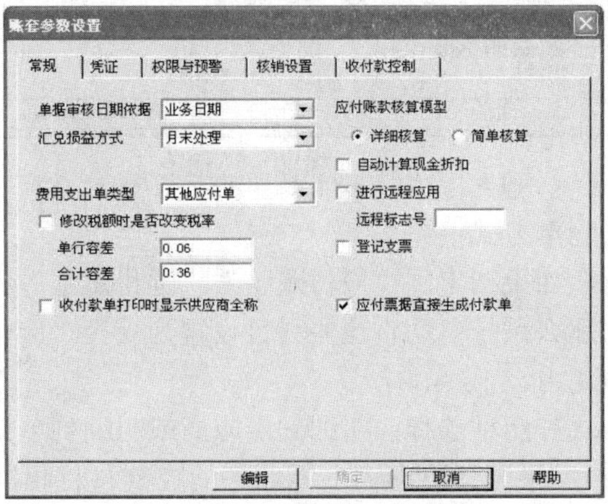

图9-2　“常规”选项卡

①选择单据审核日期的依据

应付款管理系统中的单据包括应付单据和付款单据，这两种单据都需要经过审核才能生成业务凭证。系统提供了两种确认单据审核日期的依据，即单据日期和业务日期。因为单据审核后记账，所以单据的审核日期是依据单据日期还是业务日期，将决定业务总账、业务明细账、余额表等的查询期间取值。

如果选择单据日期，则进行单据审核时，自动将单据日期记为该单据的审核日期。

如果选择业务日期，则进行单据审核时，自动将单据的审核日期记为当前业务日期（业务日期一般为系统登录日期）。

②选择计算汇兑损益的方式

系统提供了两种计算汇兑损益的方式：外币结清时处理和月末处理。

外币结清时处理是仅当某种外币余额结清时才计算汇兑损益，在计算汇兑损益时，界面中仅显示外币余额为0且本币余额不为0的外币单据。

月末处理即每个月末计算汇兑损益，在计算汇兑损益时，界面中显示所有外币余额不为0或者本币余额不为0 的外币单据。

③是否自动计算现金折扣

企业为了鼓励客户在信用期间内提前付款通常采用现金折扣政策。选择自动计算现金折扣，需要在发票或应付单中输入付款条件，在进行核销处理时系统根据付款条件自动计算该发票或应付单可享受折扣，原币余额=原币金额-本次结算金额-本次折扣。

（2）凭证选项，如图9-3所示

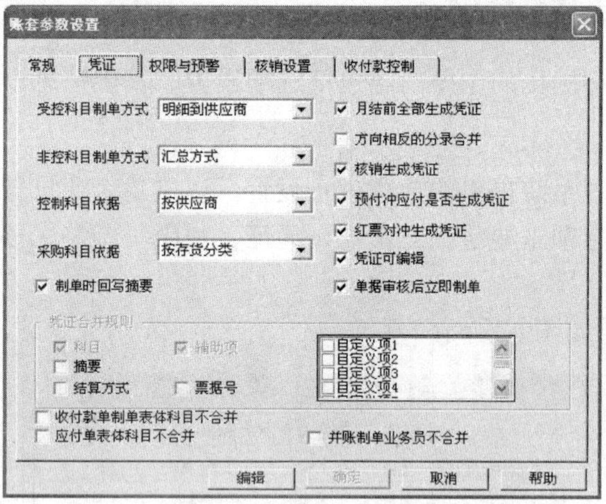

图9-3 “凭证”选项卡

①选择受控科目的制单方式

在设置会计科目时，如果指定了“应付账款”“预付账款”和“应付票据”为“供应商往来”辅助核算，那么系统自动将这些科目设置为受控“应付系统”。这些科目只能在应付款管理系统中使用。

受控科目的制单方式有两种选择：明细到供应商或明细到单据。

● 明细到供应商：如果同一供应商多笔业务的控制科目相同，系统将自动将其合并成一条分录。这种方式的目的是在总账中能够查看到每一个供应商的详细信息。

● 明细到单据：将一个供应商的多笔业务合并生成一张凭证时，系统会将每一笔业务形成一条分录。这种方式的目的是在总账系统中能够查看到每个供应商的每笔业务的详细情况。

②选择非控科目的制单方式

非控科目有3种制单方式：明细到供应商、明细到单据和汇总方式。

明细到供应商、明细到单据意义同上。如果选择汇总公式，就是将多个供应商的多笔业务合并生成一张凭证时，如果核算这多笔业务的非控制科目相同、且其所带辅助核算项目也相同，则系统将自动将其合并成一条分录。这种方式的目的是精简总账中的数据，在总账系统中只能查看到该科目的一个总的发生额。

③选择控制科目依据

设置控制科目依据是指根据什么来确定应付账款和预付账款入账时的明细科目。

系统提供了6种设置控制科目的依据。即按供应商分类、按供应商、按地区、按采购类型、按存货分类和按存货。

④选择采购科目依据

设置采购科目依据是指根据什么来确定采购入账时的明细科目。

系统提供了5种设置存货销售科目的依据，即按存货分类、按存货、按供应商、按供应商分类和按采购类型设置存货销售科目。

（3）权限与预警，如图9-4所示

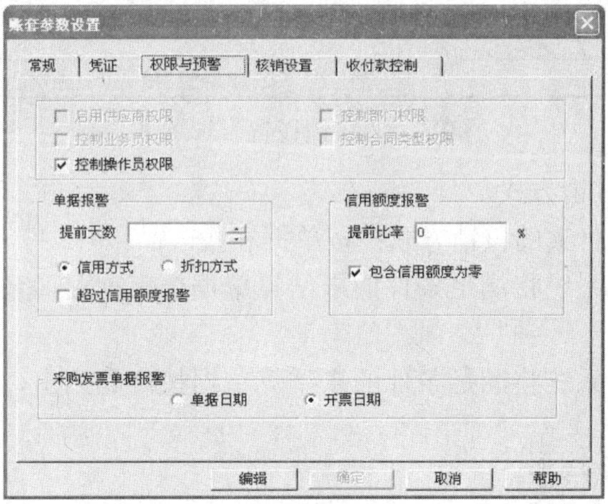

图9-4　“权限与预警”选项卡

①选择单据报警

可以选择按信用方式报警还是按折扣方式报警。

如果选择了按信用方式报警，那么还需要设置报警的提前天数。系统会将单据到期日-提前天数≤当前登录日期的已审核单据显示出来，以提醒哪些款项应该付款了。

如果选择了按折扣方式报警，那么也需要设置报警的提前天数。系统会将单据最大折扣日期-提前天数≤当前登录日期的已审核单据显示出来，以提醒哪些采购业务再不付款就不能享受现金折扣待遇。

如果选择了超过信用额度报警，则满足上述设置的单据报警条件的同时，还需满足该供应商已超过其设置的信用额度这个条件才可报警。

②选择信用额度报警

选择根据信用额度进行预警时，需要输入预警的提前比率，且可以选择是否包含信用额度=0的供应商。

当使用预警平台预警时，系统根据设置的预警标准显示满足条件的供应商记录。即只要该供应商信用比率（=信用余额/信用额度，信用余额=信用额度-应付账款余额）小于等于设置的提前比率时就对该供应商进行报警处理。若选择信用额度=0的供应商也预警，则当该供应商的应付账款>0 时即进行预警。

（4）核销设置，如图9-5所示

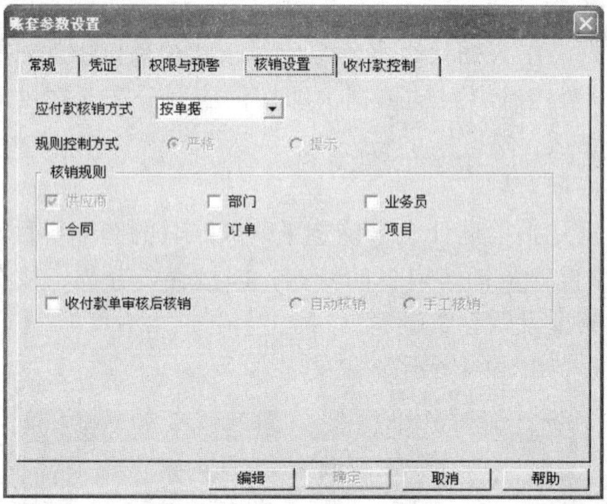

图9-5 “核销设置”选项卡

①选择应付款的核销方式

系统提供了2种应付款的核销方式：按单据和按产品。

- 按单据核销：系统将满足条件的未结算单据全部列出，系统根据用户选择的单据进行核销。
- 按产品核销：系统将满足条件的未结算单据按产品列出，系统根据用户所选择的产品进行核销。

②收付款单审核后核销

该选项默认为不选择，表示收付款单审核后不进行立即核销操作。选中该选项，系统默认收付款单审核后自动核销。

2．基础信息设置

启用应付款管理系统后，增加了对业务环节的控制和管理，需要增补业务中需要使用的基础信息，如付款条件、本单位开户银行等。另外根据企业实际管理需要，还可以对业务单据的格式进行设计。

3．初始设置

初始设置的作用是建立应付款管理的业务处理规则，如应付款系统自动凭证科目的设置、单据类型的设置、账龄区间的设置等，如图9-6所示。

图9-6 “初始设置”界面

（1）设置科目

如果企业应付业务类型较固定，生成的凭证类型也较固定，为了简化凭证生成操作，可以在此处将各业务类型凭证中的常用科目预先设置好。系统将依据制单规则在生成凭证时自动带入。

①基本科目设置

基本科目是在应付业务管理中最经常使用的科目。包括应付账款、预付账款、采购科目、税金科目、商业承兑科目、银行承兑科目等。

②控制科目设置

如果在选项设置中设置了控制科目依据，那么需要在此根据选择的控制科目依据进行应付科目和预付科目的设置。如选择了控制科目的依据“按供应商分类”，则需要按供应商分类设置不同的应付科目和预付科目。

如果不做设置，则系统默认控制科目即为基本科目中设置的应付科目和预付科目。

③产品科目设置

如果在选项设置中设置了产品科目依据，那么需要在此根据选择的产品科目依据进行采购科目、产品采购税金科目、税率的设置。

如果不做设置，则系统默认产品科目即为基本科目中设置的采购科目和税金科目。

④结算方式科目设置

可以为前期定义的每一种结算方式设置一个科目，以便在进行付款结算时，通过付款单据上选择的结算方式生成对应的入账科目。

（2）账龄区间设置

为了对应付账款进行账龄分析，应首先在此设置账龄区间。

U8应付款账龄设置分为两部分：账期内账龄区间设置、逾期账龄区间设置。

（3）报警级别设置

通过对报警级别的设置，将供应商按照供应商欠款余额分为不同的类型，以便于掌握对供应商的付款情况。

（4）单据类型设置

单据类型设置是将企业的往来业务与单据类型建立对应关系，达到快速处理业务以及进行分类汇总、查询、分析的效果。

系统提供了发票和应付单两大类型的单据。发票包括采购专用发票和普通发票。

应付单记录采购业务之外的应付款情况。在本功能中，只能增加应付单，应付单可划分为不同的类型，以区分应付货款之外的其他应付款。例如，可以将应付单分为应付费用款、应付利息款、应付罚款、其他应付款等。

4．期初数据录入

初次使用应付款管理系统时，需要将未处理完的单据录入系统，以保证数据的连续性和完整性。需要输入的期初数据包括未结算完的发票和应付单、预付款单据、未结算完的应付票据以及未结算完毕的合同金额。

在应付款管理系统中，期初余额按单据形式录入。应付账款通过发票录入、预付账款通过付款单录入、其他应付通过其他应收单录入，以便在日常业务中对这些单据进行后续的核销、转账处理。

期初余额录入后，可以与总账中客户往来账进行核对，检查明细与科目账是否相等。

9.2.4 应付款管理系统日常业务处理

初始化工作虽然工作量比较大，但属于一次性任务。而日常业务处理是每个月需要重复使用的功能。

1．应付单据处理

应付单据处理主要是对应付单据（采购发票、应付单）进行管理，包括应付单据的录入和审核。

（1）应付单据录入

单据录入是应付款系统处理的起点。在此可以录入采购业务中的各类发票，以及采购业务之外的应付单。

如果同时使用应付款管理系统和采购管理系统，则发票由采购系统录入，在应付款系统可以对这些单据进行审核、弃审、查询、核销、制单等功能。此时，在应付款系统中需要录入的单据仅限于应付单。如果没有使用采购系统，则各类发票和应付单均在应付款管理系统录入。

（2）应付单据审核

应付单据审核是对应付单据的正确性进一步审核确认。单据输入后必须经过审核才能参与结算。审核人和制单人可以是同一个人。单据被审核后，单据处理功能中将不再出现，但可以通过单据查询功能查看此单据的详细资料。

系统提供手工审核和自动批审两种方式。

（3）单据制单

单据制单是可在单据审核后由系统自动编制凭证，也可以集中处理。在应付款子系统中生成的凭证将由系统自动传送到总账子系统中，并由有关人员进行审核和记账等账务处理工作。

2．付款单据处理

付款单据处理主要是对结算单据（付款单、收款单即红字付款单）进行管理，包括付款单、收款单的录入和审核。

（1）付款单据录入

付款单据录入，是将支付供应商款项或供应商退回的款项，录入到应付款管理系统，包括付款单与收款单（即红字付款单）的录入。

付款单用来记录企业支付给供应商的款项，当企业对外付款时，应明确该款项是结算供应商货款，还是提前支付给供应商的预付款，或是支付给供应商的其他费用。系统用款项类型用来区别不同的用途，录入付款单时需要指定该笔付款的款项用途。如果一张付款单包含不同用途的款项，需要在表体记录中分行显示。

对于不同用途的款项，系统提供的后续业务处理不同。对于冲销应付款，以及形成预付款的款项，后期需要进行付款结算，即将付款单与其对应的采购发票或应付单进行核销勾对，进行冲销企业债务的操作。对于其他费用用途的款项则不需要进行核销。

若一张付款单中，表头供应商与表体供应商不同，则视表体供应商的款项为代付款。

应付款子系统的收款单用来记录发生采购退货时供应商退回企业的款项。该收款单可与应付、预付性质的付款单、红字应付单、红字发票进行核销处理。有时，要付一个单位的一笔款项，但该款项又包括另外一个单位付的款。这时有两种处理方式：

- 将付款单位直接记录为另外一个单位，金额为代付金额，即是正常的付款单。
- 将付款单位仍然记录为该单位，但通过在表体输入代付供应商的功能处理代付款业务。这种方式的好处是既可以保留该笔付款业务的原始信息，又可以处理同时代多个单位付款的情况。具体的操作步骤如下所述。

①首先进入付款单据录入界面，输入此张付款单，表头供应商输入付款单位信息，表头金额为总金额。

②在表体中，输入此张付款单中，代付供应商的名称及代付金额。

③单击“核销”按钮，输入过滤条件，即可对付款单位进行核销，也可过滤代付单位，进行核销。

（2）付款单据审核

付款单据输入后必须经过审核才能进行核销、制单等后续处理。

系统提供手工审核和自动批审两种方式。

（3）核销处理

单据核销的作用是解决对供应商的付款核销该供应商应付款的处理，建立付款与应付款的核销记录，监督应付款及时核销，加强往来款项的管理。明确核销关系后，可以进行精确的账龄分析，更好地管理应付账款。

单据核销可以由计算机自动进行核销，也可以由手工进行核销。

3．票据管理

可以在票据管理中对银行承兑汇票和商业承兑汇票进行管理，包括：记录票据详细信息、记录票据处理情况。

当支付给供应商承兑汇票时，将汇票录入应付系统的票据管理中。如果系统选项中“应付票据直接生成付款单”为选中状态，那么系统保存当前票据的同时生成一张付款单，否则需要单击“付款”按钮才生成付款单。

在票据管理中，可以对该票据进行计息、贴现、转出、结算、背书等处理。

4．转账处理

转账处理，是在日常业务处理中经常发生的应付冲应收、应付冲应付、预付冲应付以及红票对冲的业务处理。

（1）应付冲应收

应付冲应收是指用某供应商的应付账款冲抵客户的应收款项。系统通过应付冲应收功能将应付款业务在供应商和客户之间进行转账，实现应付业务的调整，解决应付债务与应收债权的冲抵。

（2）应付冲应付

应收冲应收是指将一家供应商的应付款转到另一家供应商。通过应付冲应付功能可将应付款业务在供应商、部门、业务员、项目和合同之间进行转入、转出，实现应付业务的调整，解决应付款业务在不同供应商、部门、业务员、项目和合同间入错户或合并户问题。

（3）预付冲应付

预付冲应付是指处理对供应商的预付款和该供应商应付欠款的转账核销业务。

（4）红票对冲

红票对冲可实现某供应商的红字应付单与其蓝字应付单、付款单与收款单中间进行冲抵。例如：当发生退票时，用红字发票对冲蓝字发票。红票对冲通常可以分为系统自动冲销和手工冲销两种处理方式。自动冲销可同时对多个供应商依据红票对冲规则进行红票对冲，提高红票对冲的效率。手工冲销对一个供应商进行红票对冲，可自行选择红票对冲的单据，提高红票对冲的灵活性。

5．制单处理

使用制单功能进行批处理制单，可以快速、成批地生成凭证。制单类型包括应付单据制单、结算单制单、转账制单、汇兑损益制单等。企业可根据实际情况选取需要制单的类型。

6．信息查询

应付款系统的一般查询主要包括：单据查询、凭证查询以及账款查询等。用户在进行各种查询结果的基础上可以进行各项统计分析。统计分析包括：欠款分析、账龄分析、综合分析以及收款预测分析等。通过统计分析，可以按用户定义的账龄区间，进行一定期间内应付账款账龄分析、付款账龄分析、往来账龄分析、了解各个供应商应付款的周转天数及周转率，了解各个账龄区间内应付款、付款及往来情况、及时发现问题，加强对往来款项的动态管理。

（1）单据查询

单据的查询包括发票、应收单、结算单和凭证的查询。可以查询已经审核的各类型应付单据的付款、结余情况；也可以查询结算单的使用情况；还可以查询本系统所生成的凭证，并且对其修改、删除、冲销等。

（2）业务账表查询

业务账表查询可以进行业务总账、业务明细账、业务余额表和对账单的查询，并可以实现总账、明细账、单据之间的联查。

通过业务账表查询可以查看客户、客户分类、地区分类、部门、业务员、客户总公司、主管业务员、主管部门在一定期间所发生的应收、收款以及余额情况。

（3）业务账表分析

业务账表分析是应收款管理的一项重要功能，对于资金往来比较频繁、业务量大、金额也比较大的企业，业务账表分析功能更能满足企业的需要。业务账表分析功能主要包括：应付账款的账龄分析、付款账龄分析、欠款分析、收款预测等。

7．期末处理

企业在期末主要应完成计算汇兑损益和月末结账两项业务处理工作。

（1）汇兑损益

如果供应商往来有外币核算，且在应付款子系统中核算供应商往来款项，则在月末需要计算外币单据的汇兑损益并进行相应的处理。在计算汇兑损益之前，应首先在系统初始设置中选择汇兑损益的处理方法。通常系统会提供两种汇兑损益的处理方法：月末计算汇兑损益和单据结清时计算汇兑损益。

（2）月末结账

如果确认本月的各项业务处理已经结束，可以选择执行月末结账功能。结账后本月不能再进行单据、票据、转账等任何业务的增加、删除、修改等处理。另外，如果上个月没有结账，则本月不能结账，同时一次只能选择一个月进行结账。

如果用户觉得某月的月末结账有错误，可以取消月末结账。但取消结账操作只有在该月账务子系统未结账时才能进行。如果启用了采购子系统，采购子系统结账后，应付款子系统才能结账。

结账时还应注意本月的单据（发票和应收单）在结账前应该全部审核。若本月的结算单还有未核销的，不能结账；如果结账期间是本年度最后一个期间，则本年度进行的所有核销、转账等处理必须制单，否则不能向下一个年度结转，而且对于本年度外币余额为零的单据必须将本币余额结转为零，即必须执行汇兑损益。

9.3 技能解析

9.3.1 设置基本科目

设置基本科目时，需要提供基础科目种类、科目及币种3项信息。

- 基础科目种类：从下拉列表中选择。下拉列表中提供了核算应付款项经常用到的科目。
- 科目：设置的科目必须是最明细科目。
- 币种：本位币为人民币。

9.3.2 结算方式科目设置

设置结算方式科目时，需要提供结算方式、币种、本单位账号及科目信息。

- 结算方式：可以输入结算方式编号，也可以输入结算方式名称，还可以通过参照输入。
- 币种：可以输入币种名称，也以通过下拉框选择输入。
- 本单位账号：可以输入本单位账号，也可以通过参照输入。
- 科目：可以输入科目编号，也可以输入科目名称，还可以通过参照输入。

9.3.3 录入应付期初余额

在应付款管理系统中，期初余额按单据形式录入。应付货款通过发票录入、预付货款通过付款单录入、其他应付通过其他应付单录入，以便在日常业务中对这些单据进行后续的核销、转账处理。

9.3.4 与总账对账

期初余额录入后，可以与总账中供应商往来账进行核对，检查明细与科目账是否相等。对账时，是根据受控科目进行一一对账。

9.3.5 付款单据录入、审核制单

1．录入付款单据

付款单据录入，是将支付供应商款项录入到应付款管理系统，包括付款单与收款单（即红字付款单）的录入。

应付系统的付款单用来记录企业所支付的款项，企业支付每一笔款项时，应知道该款项是结算供应商货款，还是提前支付供应商的预付款，或是支付供应商其他费用。系统用款项类型来区别不同的用途。录入付款单时，需要指定其款项用途。如果同一张付款单包含不同用途的款项，应在表体记录中分行显示。

对于不同的用途的款项，系统提供的后续业务处理不同。

2．审核制单

如果选择了“业务发生后立即制单”选项，那么审核付款单据时，系统会提示是否立即制单，如果选择“是”，系统将自动生成一张付款凭证。按照付款单表体中的款项类型借记应付账款、预付账款等相关科目，贷记银行存款等相关科目。有时收到一个单位的一笔款项包括另外一个单位付的款，这时有两种处理方式：

- 将付款单位直接记录为另外一个单位，金额为代付金额（即是正常的收款单）。
- 将付款单位仍然记录为该单位，但通过在表体输入代付客户的功能处理代付款业务。这种方式的好处是既可以保留该笔付款业务的原始信息，又可以处理同时代多个单位付款的情况。具体的操作步骤所下所述。

①首先进入收款单据录入界面，输入此张收款单，表头客户输入付款单位信息，表头金额为总金额。

②在表体中，输入此张收款单中，代付客户的名称及代付金额。

③单击“核销”按钮，输入过滤条件，即可对付款单位进行核销，也可过滤代付单位，进行核销。

9.3.6 核销处理

对于冲销应付款，以及形成预付款的款项，要进行付款结算，即将付款单与其对应的采购发票或应付单进行核销勾对，进行冲销企业债务的操作。对于其他费用用途的款项则不需要进行核销。

核销时，存在3种情况：

- 付款单的数额等于应付单据的核销数额，付款单与应付单据完全核销。
- 付款单的数额大于应付单据的数额，全部核销完应付单据后，余额部分可再次核销。
- 付款单的数额小于应付单据的数额，应付单据仅得到部分核销。

9.3.7 转账处理并生成凭证

转账处理包括应付冲应收、应付冲应付、预付冲应付以及红票对冲4种类型。

转账处理时注意正确输入转出方和转入方及转账金额。

9.4 样题示范

已经以系统管理员身份引入账套Y8_02，并以2021账套主管的身份（密码为1）登录202账套，登录日期为“2017-01-01”。

1．设置基本科目

（1）执行“设置”→“初始设置”命令，进入“初始设置”窗口。

（2）选择“基本科目设置”，单击“增加”按钮，双击“基本科目种类”出现下拉列表，选择“应付科目”，科目一栏选择“2202”。按题目要求设置其他基本科目，如图9-7所示。

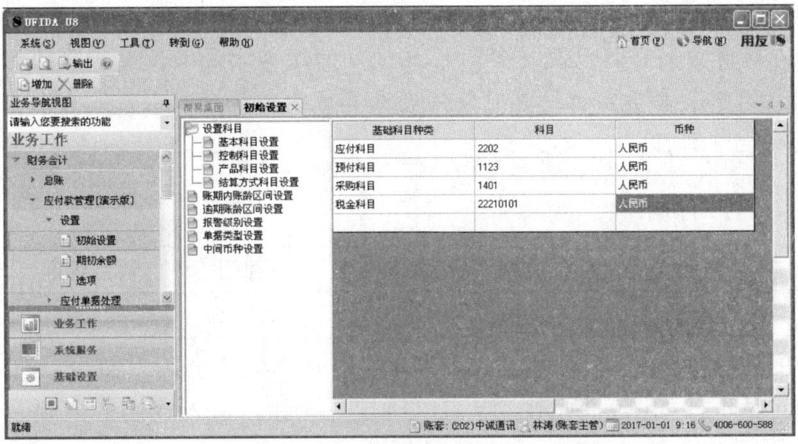

图9-7　基本科目设置

提示：

- 在基本科目设置中设置的应付科目“2202应付账款”、预付科目“1123 预付账款”应在总账系统中设置其辅助核算内容为“供应商往来”，并且其受控系统为“应付系统”，否则在此不能被选中。
- 只有在此设置了基本科目，在生成凭证时才能直接生成凭证中的会计科目，否则凭证中将没有会计科目，相应的会计科目只能手工再录入。
- 如果应付科目、预付科目按不同的供应商或供应商分类分别进行设置，则可在“控制科目设置”中进行设置，在此可以不设置。
- 如果针对不同的存货分别设置采购科目，则在此不用设置，可以在“产品科目设置”中进行设置。

2．结算方式科目设置

选择“结算方式科目设置”，在右侧界面中选择结算方式“3电汇”、币种“人民币”、科目“10020101”，如图9-8所示。

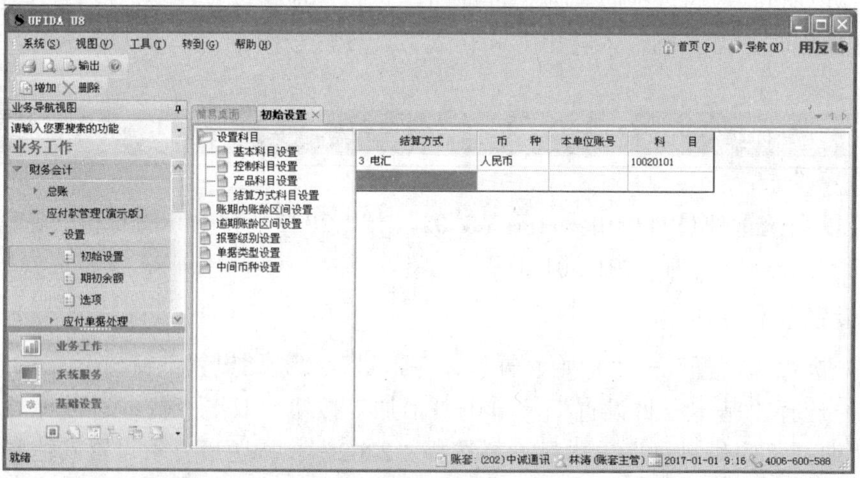

图9-8　结算方式科目设置

提示：结算方式科目设置是针对已经设置的结算方式来设置相应的结算科目。即在收款或付款时只要告诉系统结算时使用的结算方式，就可以由系统自动生成该种结算方式所使用的会计科目。

3．录入应付期初余额

单据名称	方向	开票日期	供应商	部门	科目编码	金额（元）
其他应付单	正	2016.10.10	美安	采购部	2202	16 380

（1）在应付款管理系统中，执行“设置”→“期初余额”命令，打开“期初余额--查询”对话框，如图9-9所示。单击“确定”按钮，进入“期初余额”界面，如图9-10所示。

图9-9　“期初余额--查询”对话框

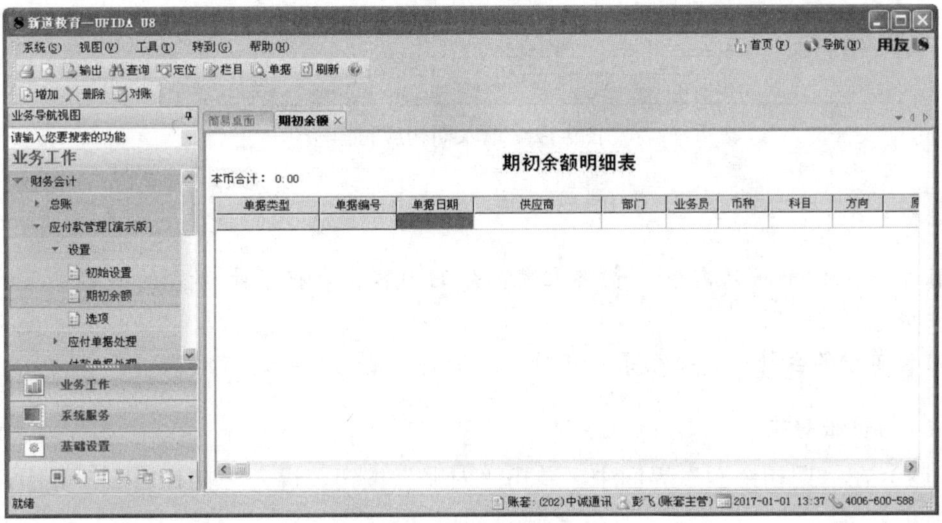

图9-10　“期初余额”界面

（2）单击“增加”按钮，打开“单据类别”对话框，如图9-11所示。选择单据名称“应付单”、单据类型“其他应付单”，单击“确定”按钮，进入“应付单”界面。

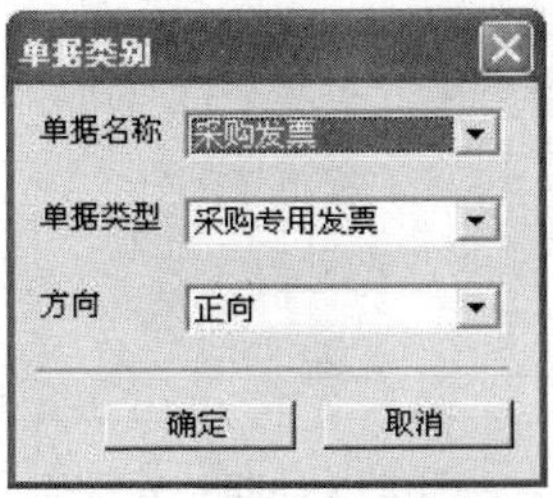

图9-11　“单据类别”界面

（3）单击“增加”按钮，输入其他应付单信息，如图9-12所示。

（4）单击“保存”按钮。

（5）关闭“应付单”界面。

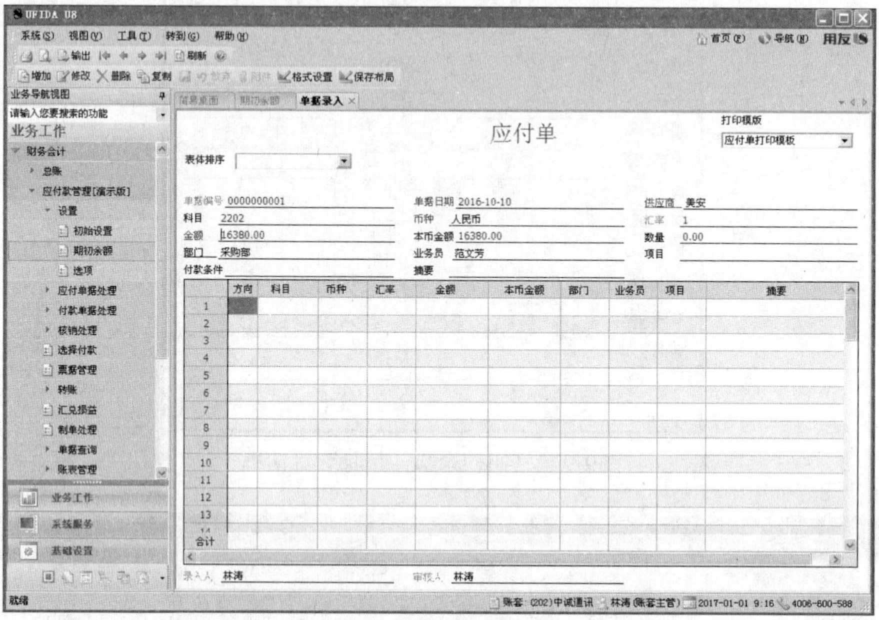

图9-12 录入期初应付单

提示：

- 在录入应付单时只需录入表格上半部分的内容，表格下半部分的内容由系统自动生成。
- 应付单中的会计科目必须录入正确，否则将无法与总账进行对账。

4．与总账对账

（1）在“期初余额”界面中，单击“对账”按钮，进入“期初对账”界面，如图9-13所示。

（2）查看应付系统与总账系统的期初余额是否平衡。

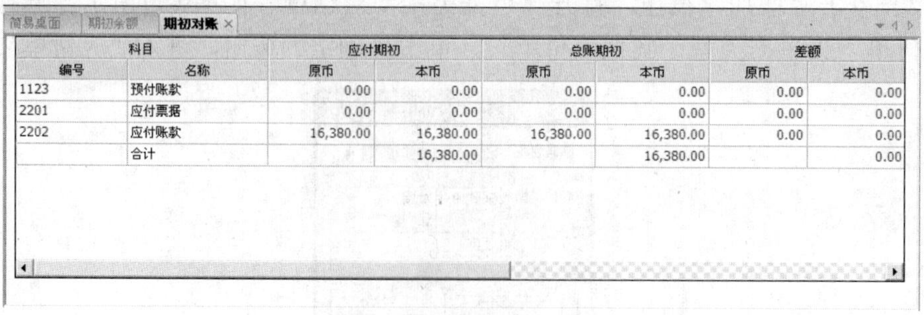

科目		应付期初		总账期初		差额	
编号	名称	原币	本币	原币	本币	原币	本币
1123	预付账款	0.00	0.00	0.00	0.00	0.00	0.00
2201	应付票据	0.00	0.00	0.00	0.00	0.00	0.00
2202	应付账款	16,380.00	16,380.00	16,380.00	16,380.00	0.00	0.00
	合计		16,380.00		16,380.00		0.00

图9-13 期初对账

提示：

- 当完成全部应付款期初余额录入后，应通过“对账”功能将应付系统期初余额与总账系统期初余额进行核对。
- 应付系统与总账系统的期初余额的差额应为零，即两个系统的客户往来科目的期初余额应完全一致。
- 当第一个会计期已结账后，期初余额只能查询不能再修改。

5．付款单据录入、审核制单

以电汇方式向美安支付10 000元，用于支付前欠货款16 380元中的部分货款。

（1）录入收款单

①在应付款管理系统中，执行“付款单据处理”→“付款单据录入”命令，进入“付款单”界面。

②单击“增加”按钮。选择供应商“美安”、结算方式“电汇”、金额“10 000”。

③单击“保存”按钮，表体第1行由系统自动生成，如图9-14所示。

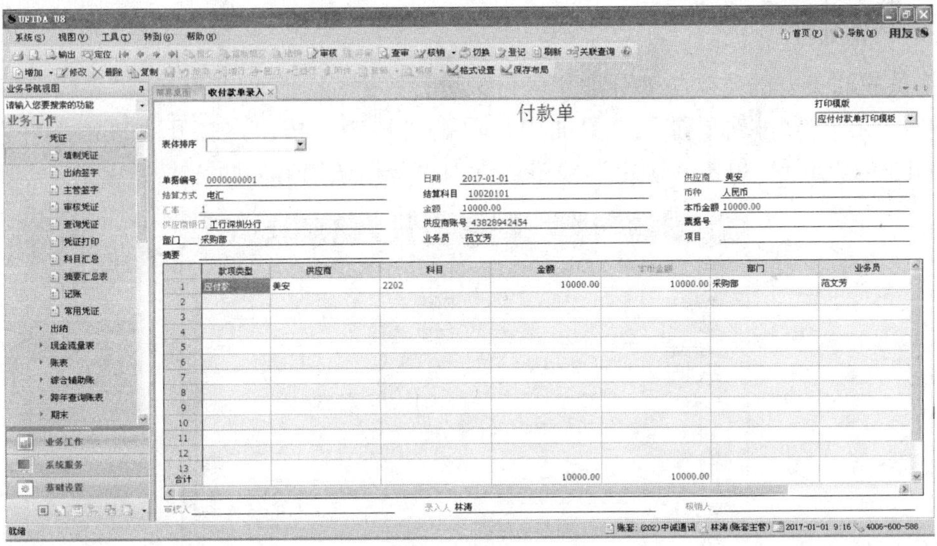

图9-14　付款单

（2）审核制单

①在付款单界面，单击“审核”按钮，系统弹出“是否立即制单？”信息提示框，如图9-15所示。

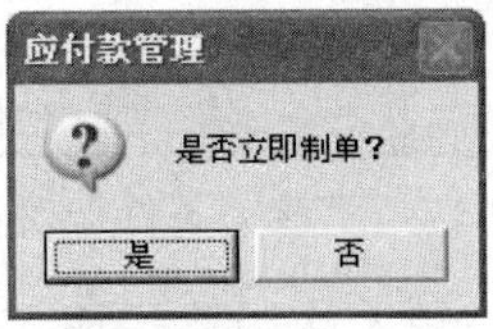

图9-15　信息提示框

②单击“是”按钮，进入“填制凭证”界面。选择相应科目名称，然后单击“保

存”按钮，如图9-16所示。

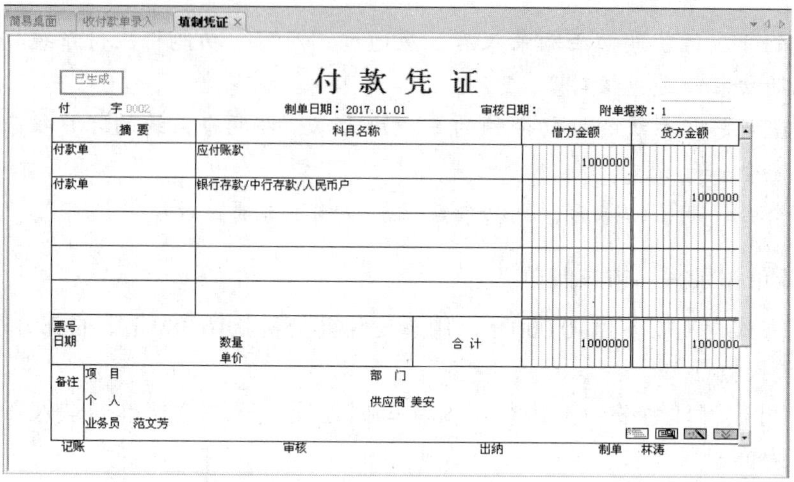

图9-16　付款单审核生成凭证

③关闭“填制凭证”界面。

6．核销处理

将供应商美安的付款与部分期初应付款进行核销。

（1）在“收付款单录入”界面中，单击“核销”按钮，打开“核销条件”对话框，如图9-17所示。单击“确定”按钮，进入“单据核销”界面。

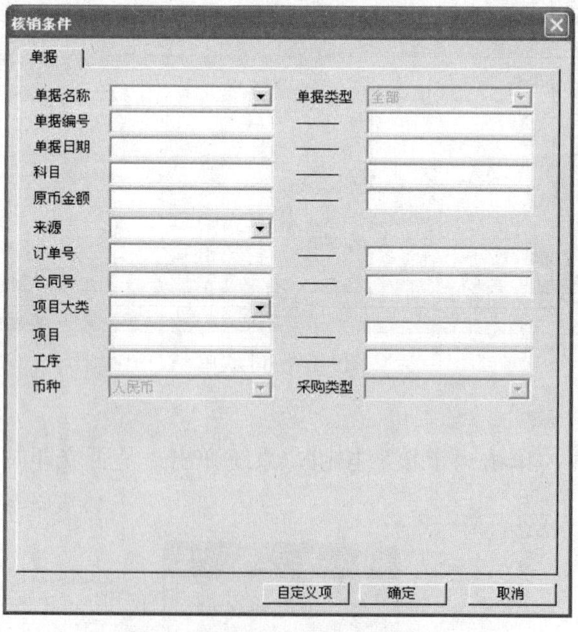

图9-17　“核销条件”对话框

（2）在2016-10-10的其他应付单本次结算栏输入“10 000”，如图9-18所示。

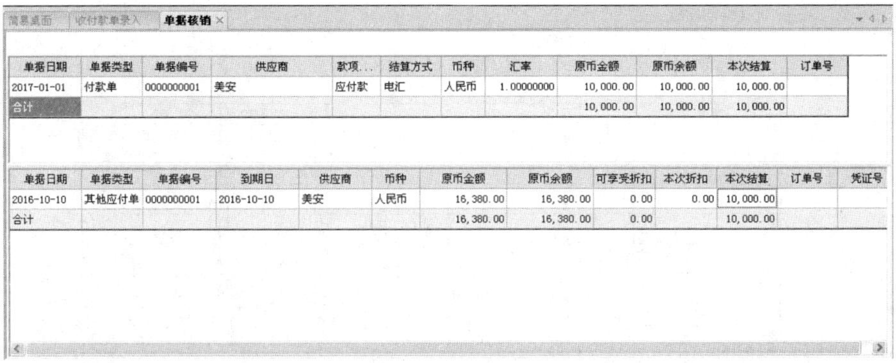

图9-18 核销

（3）单击“保存”按钮，关闭界面。

7．转账处理并生成凭证

经三方协商，将美安应付款6 380元转给新锐科技。

①执行“转账”→“应付冲应付”命令，进入“应付冲应付”界面。

②输入日期“2017-01-01”；选择转出客户“002美安”，转入客户“001新锐”。

③单击“查询”按钮。系统列出转出户未核销的应付款。

④在2016-10-10其他应付单的并账金额处输入“6 380”，如图9-19所示。

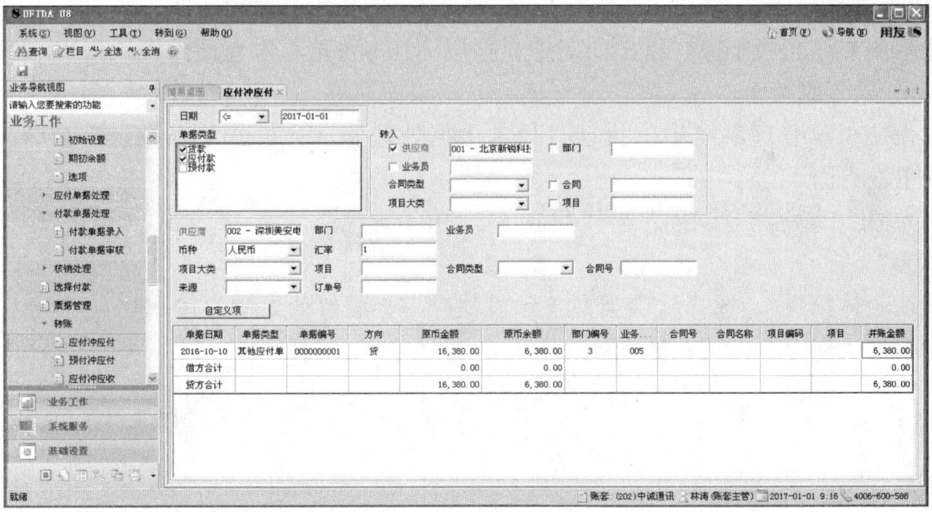

图9-19 应付冲应付

⑤单击“保存”按钮。系统弹出“是否立即制单？”信息提示框。

⑥单击“是”按钮，进入“填制凭证”界面，默认“付款凭证”。修改凭证类别为“转账凭证”，单击“保存”按钮，凭证左上角显示“已生成”字样，如图9-20所示。

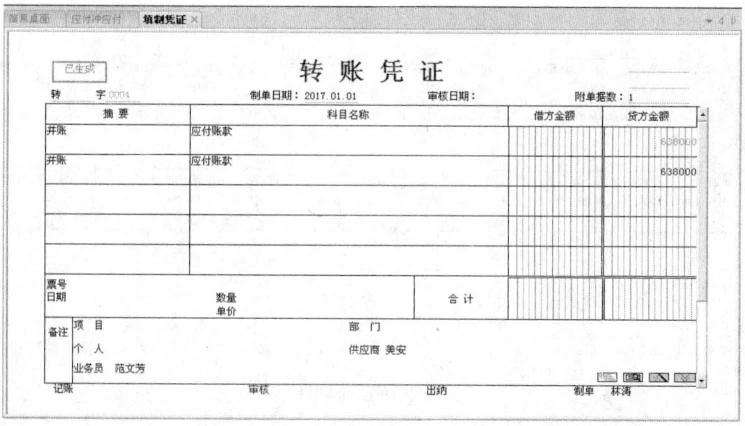

图9-20　应付冲应付生成凭证

8．输出账套

将操作结果输出至“考生文件夹\X8_02”文件夹中。

9.5　拓展训练

1．预付款

【示例】：2017年1月1日，向新锐科技电汇10 000元，作为预付货款。

（1）录入副款单

①在应付款管理系统中，执行“付款单据处理”→“付款单据录入”命令，进入“付款单”界面。

②单击“增加”按钮。选择供应商“001新锐”、结算方式“电汇”、金额“10 000”。

③在表体第1行，选择款项类型“预付款”，金额自动显示为10 000。

④单击“保存”按钮，如图9-21所示。

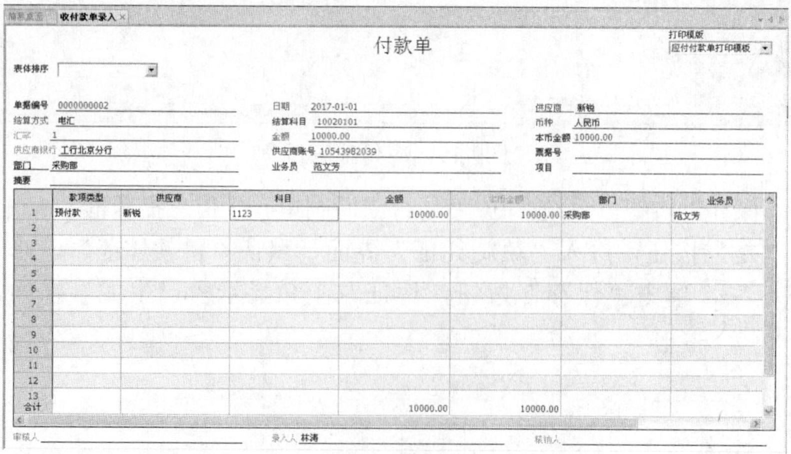

图9-21　预付货款

（2）审核制单

①在付款单界面，单击“审核”按钮，系统弹出“是否立即制单？”信息提示框。

②单击“是”按钮，进入“填制凭证”界面。单击“保存”按钮，如图9-22所示。

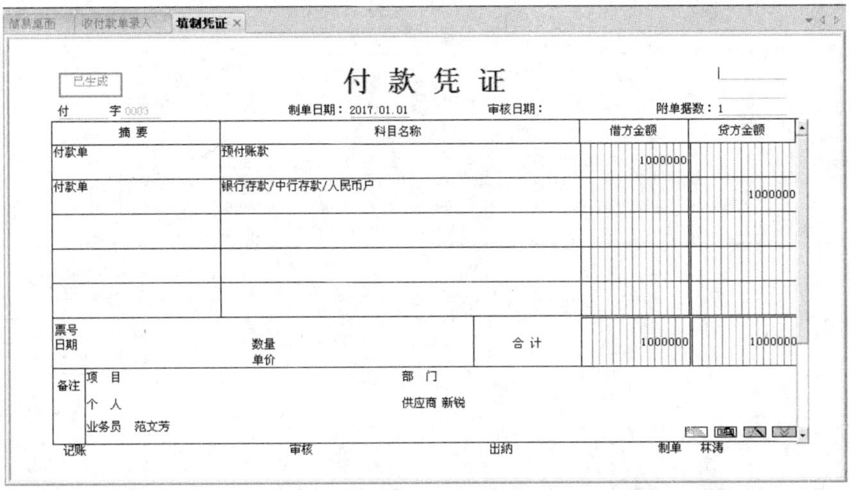

图9-22　预付款生成凭证

2. 预付冲应付

【示例】：经双方协商，将新锐科技应付余款用上例中的预付款冲销。

（1）执行“转账”→“预付冲应付”命令，进入“预付冲应付”对话框。对话框中包括两个选项卡“预付款”和“应付款”。

（2）输入日期“2017-01-01”；单击“预付款”选项卡，选择客户“001新锐”。单击“过滤”按钮，系统列出客户预付款记录。

（3）在2017-01-01付款单的转账金额处输入“6 380”，如图9-23所示。

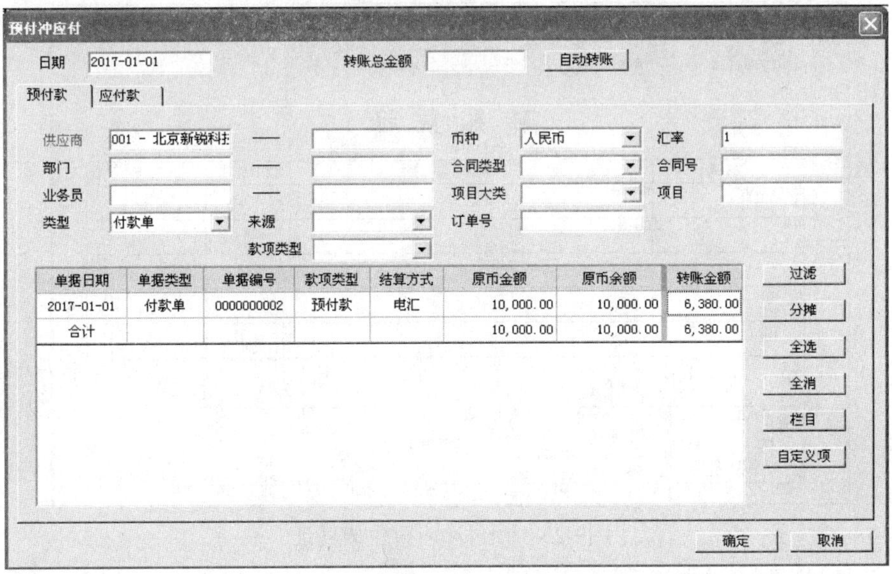

图9-23　预付冲应付 - 选择预付款

（4）单击“应付款”选项卡，在转账金额栏输入“6 380”，如图9-24所示。

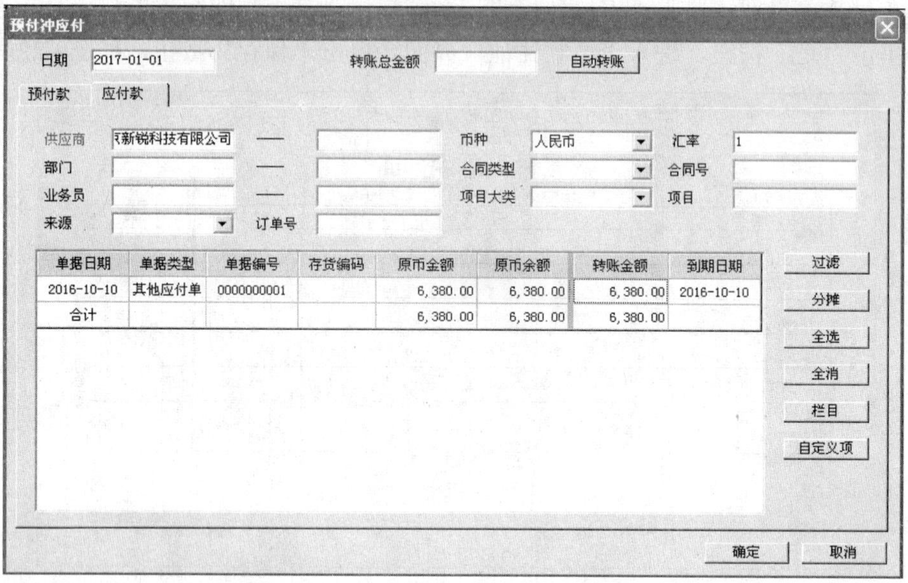

图9-24　预付冲应付 - 选择应付款

提示：“预付款”选项卡中录入的转账金额与“应付款”选项卡中录入的转账金额必须完全一致。

（5）单击“确定”按钮。系统弹出“是否立即制单？”信息提示框。

（6）单击“是”按钮，进入“填制凭证”界面，默认“收款凭证”。修改凭证类别为“转账凭证”，单击“保存”按钮，凭证左上角显示“已生成”字样，如图9-25所示。

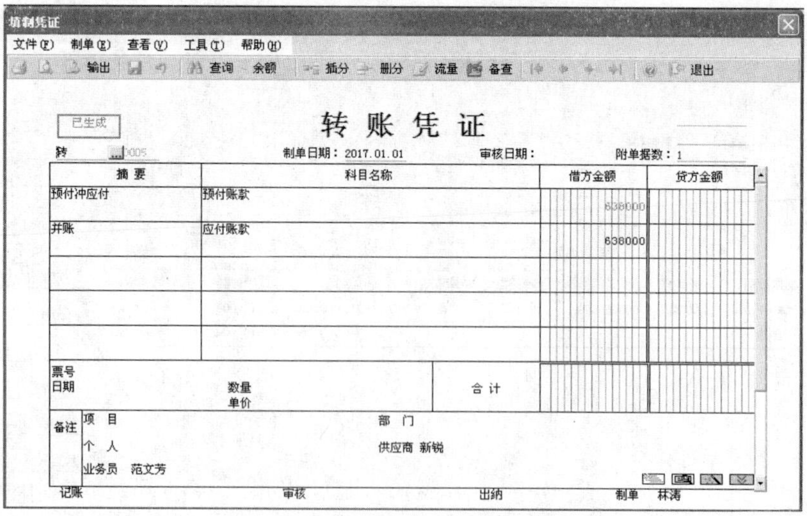

图9-25　预付冲应付生成凭证